湖南师范大学
大学生2021年暑期社会调研
报告荟萃

主　编／谭吉华　龚　舒
副主编／陈红桂　周旺蛟　胡　滢

湖南师范大学出版社

·长沙·

图书在版编目（CIP）数据

湖南师范大学大学生 2021 年暑期社会调研报告荟萃／谭吉华，龚舒主编；陈红桂，周旺蛟，胡滢副主编. —长沙：湖南师范大学出版社，2022.6
ISBN 978 - 7 - 5648 - 4590 - 2

Ⅰ.①湖…　Ⅱ.①谭…②龚…③陈…④周…⑤胡…　Ⅲ.①大学生—社会调查—调查报告—湖南　Ⅳ.①G652.45

中国版本图书馆 CIP 数据核字（2022）第 100993 号

湖南师范大学大学生 2021 年暑期社会调研报告荟萃

Hunan Shifan Daxue Daxuesheng 2021 Nian Shuqi Shehui Diaoyan Baogao Huicui

主　编　谭吉华　龚　舒
副主编　陈红桂　周旺蛟　胡　滢

◇出 版 人：吴真文
◇责任编辑：孙雪姣　张　雪
◇责任校对：张晓芳
◇出版发行：湖南师范大学出版社
　　　　　　地址/长沙市岳麓山　邮编/410081
　　　　　　电话/0731 - 88873071　88873070　传真/0731 - 88872636
　　　　　　网址/https：//press. hunnu. edu. cn
◇经销：新华书店
◇印刷：长沙印通印刷有限公司
◇开本：710 mm×1000 mm　1/16
◇印张：18
◇字数：300 千字
◇版次：2022 年 6 月第 1 版
◇印次：2022 年 6 月第 1 次印刷
◇书号：ISBN 978 - 7 - 5648 - 4590 - 2
◇定价：68.00 元

前言

　　值此中国共产党百年华诞之际，为引领广大青年学生深入学习贯彻习近平新时代中国特色社会主义思想，贯彻落实习近平总书记关于青年工作的重要思想，充分发挥实践育人优势，同时，也为引导和帮助广大青年学生上好与现实相结合的"大思政课"，在社会课堂中受教育、长才干、做贡献，在观察实践中学党史、强信念、跟党走，努力成为担当民族复兴大任的时代新人，我们以"永远跟党走、奋进新时代"为主题，精心组织了湖南师范大学2021年大学生暑期社会实践调研活动。

　　"学习党史·牢记初心使命"庆祝建党100周年活动。依托各地红色资源，组织青年学生通过组建党史学习实践团的方式，共同开展重走红色足迹、追溯红色记忆、访谈红色人物、挖掘红色故事、体悟红色文化等多种形式活动，引导青年学生学史明理、学史增信、学史崇德、学史力行，更好地传承红色基因、担当时代责任。

　　"聚焦乡村·勇担时代重任"科教文卫下乡活动。旨在帮助和引导更多青年学生了解认知当前的乡村状况、踊跃支持、参与乡村振兴战略实施，特面向广大乡村特别是边远地区、少数民族聚居区和欠发达地区乡村，组织开展科技支农、科普宣讲、调研献策、志愿服务等形式的实践活动。

　　"深入群众·共话党政时事"红色论坛进农村、进社区活动。组织引导青年学生将理论学习与社会实践相结合，同时将学习党的历史与讲述党的故事结合起来，深入一线基层、深入人民群众，面对面开展小规模、互动式、有特色、接地气的宣讲活动。

"着眼基层·关注民生百态"大学生国情考察活动。鼓励学生结合自身专业，深入基层、走进群众，以脱贫攻坚历史性成果、全面建成小康社会决定性成就等为现实教材，通过参观考察、国情调研、学习体验等多种形式开展社会实践活动，真正了解国情、关注体察民生。

"守护蓝天·共创美好家园"共建绿色文明家园活动。积极倡导绿色环保生活理念，鼓励大学生开展群众性环保公益活动，做"生态文明使者"，鼓励学生进入农村、县城、镇和城市社区，围绕物种灭绝、植被破坏、土地退化等生态环境问题开展公益宣讲和实践调研，通过多种方式普及生态文明理念、倡导健康生活方式，推动美丽中国建设。

广泛征求调研选题，深入开展实践调研，组织专家进行专题指导，反复讨论修改，最后形成了呈现在大家面前的这本调研成果——《湖南师范大学大学生 2021 年暑期社会调研报告荟萃》。

目录

第四部分　中国特色社会主义社会发展篇

第五部分　中国特色社会主义生态文明发展篇

第一部分　中国特色社会主义经济发展篇

关于人民群众对于
百年党史认知的调研
——以长沙市岳麓区坪塘街道兴合村为例

课题组成员：王子杰，陈乐怡，杨华敏，何怡玄，李　羽
指导老师：张　凤，罗　薇

摘要： 2021 年是中国共产党成立的第一百周年。在中国共产党的坚强领导下，中华民族离伟大复兴的目标越来越近。为了进一步了解人民群众对百年党史的认知，本小组通过线上问卷与线下访谈的方式深入群众，调查、学习、研究党史，根据实际结果进行准确分析并给出合理的建议。此次学习研究的意义在于，明确学习党史的重要性，了解人民群众对百年党史的认知程度，进一步为人民群众学习党史提供建议。

关键词： 百年党史；人民群众；党史认知

一、调研背景

习近平总书记指出，学习党史、国史是我们坚持和发展中国特色社会主义的必修课。中共党史就是一部中国共产党领导人民进行革命建设的奋斗史、光荣史，只有正确了解党的历史，汲取党史中的教训和经验，广泛开展宣传教育，加强思想舆论领导，不断增强人民群众对伟大祖国、中华民族、中华文化、中国共产党、中国特色社会主义的认同，有效提升党和国家的国际影响力，才能更好地凝聚力量，为建设更加和谐美好的社会主义中国而奋斗。

中国共产党的每一段历史都是一段理想信念的生动教材，不仅要学习党史，更要学好党史，把学习党史当作中国特色社会主义建设中的一堂必修课。了解党和国家事业的来龙去脉，知道党和国家的重大历史事件，了解党和国家建设中的困难险阻，明白马克思主义与社会主义道路的利处，有利于中国共产党更好地领导中国人民建设中国特色社会主义，有利于增强人民群众对

中国特色社会主义的道路自信、理论自信、制度自信、文化自信。

正值建党一百周年，为了解人民群众对党史的认知程度，本小组针对长沙市岳麓区坪塘街道兴合村村民对党史的了解情况进行了调查。

二、选题意义

习近平总书记在党史学习大会上指出，在全党开展党史学习教育，是党中央立足党的百年历史新起点、统筹中华民族伟大复兴战略全局和世界百年未有之大变局，为动员全党全国满怀信心投身全面建设社会主义现代化国家而做出的重大决策。习近平总书记还强调："全党同志要做到学史明理、学史增信、学史崇德、学史力行，学党史、悟思想、办实事、开新局。"

（一）学习党史，有利于明确前进方向

用党的光荣传统和优良作风坚定信念、凝聚力量、砥砺品格。通过对党的历史进行学习与总结，会有更深层次的领悟，也增强对党的认同感与归属感。党史贯穿于整个中国近代史，学习党史能加深我们对中国特色社会主义理论的理解，坚定走中国特色社会主义道路。在学习党的历史过程中，只有了解历史，才能开阔我们的视野，才能坚持正确的路线、方针与政策，树立正确的思想观念。

（二）学习党史，有利于增强理想信念

中国共产党之所以从弱到强、从小到大，就在于对马克思主义的信仰、对共产主义的信念，对实现中华民族伟大复兴的信心。学习党史有利于激励广大人民群众，党史中的信仰、信念、信心，使一代又一代中国共产党人为之实践，为之奋斗，为之牺牲，从而彻底改变了中国人民和中华民族的命运。

（三）学习党史，有利于推动实践创新

习近平总书记强调，我们党一步步走过来，很重要的一条就是不断总结经验、提高本领，不断提高应对风险、迎接挑战、化险为夷的能力水平。要更好应对前进道路上各种可以预见和难以预见的风险挑战，必须从历史中获得启迪，从历史经验中提炼出克敌制胜的法宝。党的百年历史，也是我们党不断保持党的先进性和纯洁性，不断防范被瓦解、被腐化的危险的历史。要抓住和利用好各种历史机遇，提出相应的战略策略，不断创新。

（四）学习党史，有利于传承红色基因

革命时期形成了井冈山精神、长征精神、抗战精神、延安精神、红岩精神，社会主义革命和建设时期形成了大庆精神、大寨精神、雷锋精神、红旗渠精神，改革开放新时期形成了抗洪精神、航天精神、奥运精神，等等。这些作风和精神激励着中国人民朝着更远大的理想前行。一代又一代中国共产党人顽强拼搏、不懈奋斗，涌现了一大批视死如归的革命烈士、一大批顽强奋斗的英雄人物、一大批忘我奉献的先进模范，形成了一系列伟大精神，有利于人民群众学习并发扬。

三、研究领域

（一）对百年党史重要性的研究

百年党史，是研究中华人民共和国成立后中国共产党作为执政党的历史。其主要内容，一是怎样执政，即怎样把马克思主义与中国实际和时代特征相结合，提出社会主义革命和建设与改革开放的理论、路线、方针和政策；二是通过宪法和法律把它们变成国家的意志，贯彻到国家生活的各个领域。它积累了无数成功的经验，为国家的发展指明了前进的方向。

习近平总书记强调，在全党开展党史学习教育，是党中央立足党的百年历史新起点、统筹中华民族伟大复兴战略全局和世界百年未有之大变局、为动员全党全国满怀信心投身全面建设社会主义现代化国家而作出的重大决策。简单说学习党史就是为了能够让每一名国人都能在历史中汲取精神力量，从而为实现"中国梦"注入无限生机和活力；就是为了让每一名党员干部的信念与信仰无比坚定，在引领发展中不迷失方向。加强党员干部对党史的学习，是新时期党的建设的需要；是不断提高政治判断力、政治领悟力、政治执行力，持续营造风清气正的发展环境的需要。

（二）对百年党史学习教育意义的研究

中国共产党自 1921 年成立以来至今已历经了 100 年，这是伟大的 100 年，它的存在对国家的教育存在着极其重要的意义。教育是群众思想、思维发展的关键。

中共党史是党和国家的宝贵财富，是大学生思想政治教育的重要内容。

它内涵丰富，具有凝聚亲和、导向指引、激励塑造和道德示范等育人功能，对加强和改进大学生思想政治教育具有重要意义。中共党史学习教育主要包含党的奋斗发展史、理论创新史、自身建设史等内容，坚持与弘扬爱国主义精神相结合、坚持与弘扬艰苦奋斗精神相结合、坚持与形势政策教育相结合等原则，采取多种教育方法。从国家层面上而言，百年党史不仅是党的发展史，更是国家的复兴史，全民学习党史，投身建设国家。

（三）百年党史对群众认知影响的研究

百年党史是群众路线史，党的群众路线，就是"一切为了群众，一切依靠群众，从群众中来，到群众中去，把党的正确主张变为群众的自觉行动"。它实质是回答党与群众的关系问题，回答党的正确路线"从哪里来"，党的宗旨"到哪里去"。所以党史对群众的认知影响起到了至关重要的作用。

党的群众路线是党的生命线。党的利益就是人民的利益，党的宗旨就是"一切为了人民"，立党为公、执政为民。党从人民中来，党员是人民的一分子，党离开人民就如同"鱼儿离开了水"，就失去了存在的基础和条件。在革命、建设和改革的各个历史时期，党得到人民的拥护和支持，才能不断发展壮大。

个人的素质是认知中不可或缺的一个重要环节。党史从素质教育入手，进一步提升个人素质、促进全面综合素质发展。因而要把党史教育立足于素质教育和其本身功能的基础上，在中共党史教育中贯彻素质教育，一方面积极普及中共党史学习教育，努力提高全民的思想政治道德素质，为中国特色社会主义建设提供精神动力和智力支持；另一方面注重专业素质培养，让教育者先受教育，大力培养中共党史学习教育之"才"。

四、研究方法

资料收集方法：问卷法，是国内外社会调查中较为广泛使用的一种方法。本次问卷调查采用线上问卷调查，选择百年党史中各阶段的代表事件作为问卷设计的问题，了解当地村民对于百年党史中重要事件的了解程度，以便分析人民群众对百年党史的认知广度。

访谈法：访谈法是指通过访员和受访人面对面地交谈来了解受访人的心理和行为的心理学基本研究方法。本次访谈在绿荷塘小学周边部分村民家中进行，通过询问村民们学习百年党史的内容、方式、感想与思考等，了解人民群众对于百年党史的认知深度。

文献分析法：通过在"知网"等专业平台检索"百年党史""党史学习"等关键词，阅读国内学者在人民群众对百年党史的认知方面的研究，并结合"知网"党史学习专题，对其进行归纳分析和总结，对我国百年党史以及人民群众对党史的认知有一个整体的把握，为本组调研奠定理论基础。

五、创新点与不足之处

（一）创新点

一是通过查阅文献，本组成员发现大部分党史学习教育的研究都是针对党员或者高校，仅有少数研究对象为人民群众。本组此次调研，基于中国共产党百年华诞的契机，以人民群众对党史的认知为对象，具有一定的特殊性。

二是本次调研将百年党史分为四个阶段对调查问卷统计结果进行分析。通过数据分析与对比，对受访者关于党史各阶段的认知情况及形成原因作出陈述与解释。

三是采取线上问卷调查与线下实地访谈相结合的方法进行调研，线上问卷调查可收集比较丰富的数据资料，线下访谈可以了解人民群众更多主观上的想法，两者相结合具有互补作用。

（二）不足之处

本次调研主要基于长沙市岳麓区坪塘街道兴合村的村民，覆盖的地区范围较小，具有一定的局限性。且由于线上问卷收集时间较短，导致样本量偏小，且线下调研由于实际条件的限制，仅走访绿荷塘小学周边村民家，因此对于结果的准确性有一定的影响。

六、现状分析

（一）人民群众对百年党史内容的认知

通过线上形式收集到了 58 份有关对党史内容了解程度检测的问卷。问卷分为四个时期来检测受访者的了解程度，分别是新民主主义革命时期、社会主义革命和建设时期、改革开放和社会主义现代化建设新时期，以及中国特色社会主义新时代。（如表 1 所示）

表 1　各阶段答题正确率

时期	题目序号	正确率	平均数	最大值	最小值
新民主主义革命时期	4	（上海）51.72% （湖南）70.69%	66.55%	91.38%	51.72%
	5	91.38%			
	6	55.17%			
	7	63.79%			
社会主义革命和建设时期	8	56.90%	62.50%	75.86%	56.90%
	9	60.34%			
	10	75.86%			
	13	56.90%			
改革开放和社会主义现代化建设新时期	11	74.14%	81.04%	100.00%	63.79%
	12	100.00%			
	14	86.21%			
	15	63.79%			
中国特色社会主义新时代	16	94.83%	80.18%	94.83%	65.52%
	17	65.52%			

由表 1 可知：从平均正确率来看，受访者对改革开放和社会主义现代化建设新时期的平均了解程度最高。调研组在走访过程也发现这一现象，当询问当地村民记忆深刻的党史事件时，大部分村民都提到了改革开放，这实实在在改善了他们的生活质量，提高生活水平，让百姓家庭更加富裕。

答题正确率居第二位的是与中国特色社会主义新时代的有关问题，我国正处于这个时期，且问卷提到的事件发生于近年，比如我国已经迈进全面小康社会，脱贫攻坚任务也圆满完成。再加上政府近些年越来越重视党在人民群众中的宣传工作，包括党史、正在做的大事。群众对这个时期的党史了解更多也是在意料之中。

新民主主义革命时期答题正确率相比前两个时期不高，且正确率最小值只刚刚过了一半，是关于建党时间和地点的问题，大部分受访者都知道在嘉兴南湖，但是不知道前期准备会议还在上海召开过，这说明党史的普及深度还有待加强。当地村民对于长征、抗日战争、解放战争的关键性战役印象比较深刻，有一个重要原因是有关这个时期，尤其是抗日战争时期的影视作品发挥了一部分党史教育的作用，这是在此次实地访谈时与一些中老年人交谈时发现的。

社会主义革命和建设时期的答题正确率最低，无论是平均数还是最大值都与其他时期差距较大，说明群众对这个时期的党史并不是那么明了。访谈时发现，那个时期的人只要填饱肚子，屋子能遮风挡雨就已经心满意足，对精神层面的事物关注度较低，某些历史原因导致人民群众对当时发生的事件也不太清楚。

（二）人民群众对党史学习教育的认知

为了了解更多人民群众对党史学习教育的看法和熟悉程度，调研组在坪塘街道开展了实地访谈，分别拜访了不同年龄层的受访者。在问及党史教育的意义时，受访者们不约而同地给出了同一个答案：没有共产党就没有新中国。共产党带领中华民族推翻"三座大山"，人民当家作主从此站起来了。受访者一致认为党史的普及教育非常重要且必要，要牢记历史，时刻保持居安思危的发展心态；要以史为鉴，从历史中吸取经验教训。不过访谈中也有群众认为党史教育是党员需要接受的教育，与自己关系不大，这种情况不在少数，也应该有一个好的解决方法。

在线下访问中，调研小组发现有些群众对接受党史教育的途径不太清楚，不清楚自己是否参加过类似教育活动，在一定引导下发现影视剧也属于一种教育形式。相对于线上问卷而言，只有极少数人（6.90%）认为自己没有接受过党史教育，这可能是题目选项设置起到了一定引导作用。大部分人（70.69%）认为在义务教育阶段接受过学校里的党史教育，这个数据也与受试者人群受教育程度相关。参加专题讲座、观看专题影视剧或展览，这些活动在群众中参加率较低，但是同样有改善以及提升的空间。

七、问题分析

（一）人民群众对党史认识不足

党史的功能和作用历来为中国共产党人所重视，毛泽东早在延安整风时就指出，"如果不把党的历史搞清楚，不把党在历史上所走的路搞清楚，便不能把事情办得更好""研究哪些是过去的成功和胜利，哪些是失败，前车之覆，后车之鉴""党史不仅要与共产党员联系在一起，更要与人民群众紧紧相依。始终把体现人民群众的意志和利益作为我们一切工作的出发点和归宿，始终把依靠人民群众的智慧和力量作为我们推进事业的根本工作路线"。

在本次调研的线上问卷和线下访谈中都集中反映了一个问题，即部分群众对党史的认识不足，表现在对党史的了解程度不够、对党史的意义和作用认识不到位、对党史学习教育的意义不明确。

在线上问卷中，本小组对受访者的党史了解情况作了统计分析。受访者对党所经历的不同时期的了解状况有明显差异，其中在改革开放和社会主义现代化建设新时期与中国特色社会主义新时代两个时期里，回答率高达 80% 以上。在新民主主义革命时期以及社会主义革命和建设时期正确率明显下降。这反映出党史普及范围广，开展形式较为多样，但群众对党史认识不够深入，没有真正掌握来龙去脉。

在线下访谈中，调研小组了解到大部分受访者对党史的认知仅停留在中国共产党的历史上，没有更深入的理解分析，对中国共产党的发展一知半解甚至一头雾水。在目前上至国家各部门，下至县、镇、村委会大力宣传党史的情况下，仍然出现了这种情况，反映了党史普及教育没有落到实处，只是做表面功夫，或者是开展活动针对的对象范围狭小，大部分群众不了解或者不愿意参加类似的活动。

（二）党史宣传力度有限

就访谈结果而言，受访者学习党史的方式大多是自主学习。从报纸中新闻的报道了解实事，从电视剧中一些与中国共产党相关的历史事件来了解历史。部分受访者在有条件的情况下会通过参观博物馆的形式来了解党史。当地村民认为线下开展的活动较少。据了解，在百年党庆期间，社区有党史相关的宣传活动，包括文艺活动、讲党史、上党课。但在日常生活中，明显存在宣传力度不够的问题。初步分析原因在于社区没有成立专门的党史学习小组，各级党组织应更积极地开展相关活动，将党史学习落到实处。在进行党史宣传工作时，要加大宣传力度，从市、区到乡、镇，小到街道、片区，切实给人民群众提供学习党史的渠道。

（三）缺乏系统学习党史的机会

就访谈结果而言，受访者学习党史的时间段部分集中在学校教育阶段。对党史的认知大多停留在表面，不够深入。普通人民群众与党员之间的区别在于，党员能够更加系统地学习党史，对党史的认知更全面，更具体，有全局观念。而普通人民群众往往是通过自主学习和参与一些活动进行的无系统的学习。在这种情况下，人民群众对党史的认知比较零碎、片面，不能够将一些历史信息进行串联，在这方面，各级党组织要在保证党员干部学习掌握党史的基础上，加强普通人民群众对党史的系统学习，建立完备体系。

（四）党史学习覆盖率高但深度不够

党的十八大以来，习近平总书记围绕学习党的历史发表一系列重要论述，为党史学习教育指明了方向，为党史学习内容提供了方向指引和根本遵循。学党史到底要学什么呢？学党史就是要学习党的奋斗史，学习党的伟大历史贡献，学习党的创新理论，学习党的伟大精神。

根据线上问卷结果可知，当地党史学习覆盖率高，大多数人对党史都有一定程度的了解。但在访谈过程中，小组成员发现，提起党史，受访者首先想到的是战争年代中国共产党带领人民群众抗战的历史，经提醒能对新中国时期党史作简单的描述，能对改革开放前后的生活变化做出描述且了解中国共产党在这一转变中所起的重要作用。但对大部分事件的了解停留在表面，仅大致知道什么时期发生了什么事件，但对事件的起因、较为具体的展开过程以及造成的结果都不太了解，而且缺乏对党的理念、创新理论、具体贡献以及伟大精神的认知。人民群众对党史的认知还需进一步走实、走深。

（五）部分群众对主动学习党史积极性不高

在本次的调研中反映出来了一个问题，即部分群众对学习党史的积极性不足。交谈过程中受访者表示自己所在居委会以及周边学校都有组织过党史学习，但是受访者认为自己非党员没有必要去参加学习，还表示虽然群众的思想意识在逐步提高，但是自己身处落后的农村地区且自身年纪太大，所以没有学习的必要性。

中国共产党的百年历史，包含了中国近代以来革命、建设和改革的基本规律和经验。全面开展党史学习，是党中央立足当下，结合中国国情和国际环境做出的决定，意在调动全党、全国人民积极投身于中国特色社会主义建设之中。学习党史不仅能增强对党史的认同感与归属感，还能继承与发扬党史，领略党的方针与政策，从党史中汲取教训与经验，有利于在后续的道路上更好地探索正确方向，更好地建设中国特色社会主义。学史崇德，修好党史学习的必修课，有利于教育引导全党全国发扬红色传统、传承红色基因，有利于形成正确的社会风气，树立正确的价值观，培养良好的品质。

八、相关建议

（一）加强学习党史力度，改善学习条件

学习党史、了解思想、办实事、开创新局面，是一个有机的整体。学习党史和了解思想是手段，办实事、开创新局面是目的。要自觉以革命先烈和先进典型为标杆，找出与他们的差距，理清思路，布局提纲，谋划下一步工作，把党史学习教育作为提高境界、提高素质、推动工作的绝好时机。

在组织学习党史的过程中要避免形式主义，需加强各级间的监督管理。党员干部无论是领导还是基层干部，都要认真学习。领导干部要按时参加"三会一课"和各项教育活动，要积极参与党组织的生活，认真参加交流和讲话，没有例外。但是，普通党员和群众必须提高认识，不能只听党的历史，还需要深入彻底地学习。普通党员和人民群众要积极认识红色历史的成因和过程，深刻感受老一辈革命先烈的伟大壮举，用不朽的精神武装头脑，指导工作实践和人生方向。

在学习党史的过程中，要创新形式。除了在历史博物馆进行宣讲，还可以邀请革命老兵分享故事，拉近与群众的距离，增加活动的趣味性。在校园里，学校和老师可以用有利于学生理解和感兴趣的方式开展更有意义的活动。社会层面上，也可以举办一些比赛，吸引人们参与和学习。在开展过程中，注意线上线下的结合，可以开展下基层宣传活动，还可以在新媒体上分享和观看视频，切实改善群众学习党史的条件。

（二）深化党史内容学习

虽然党史学习教育在人民群众中普及范围较广，人民群众对党的历史进程各阶段都有所了解，但认知深度远远不够。为深化对人民群众的党史学习教育，提出下列建议：

党史学习教育首先要让人民群众了解"党史学什么"。在普及党史的时候可以以讲故事的形式进行，探讨其起因、经过及结果，挖掘其中体现的精神内涵及理念，通过深入了解党的一个个奋斗故事，深化对党史的认知。

带领人民群众学习先辈先烈的精神。在中国共产党的奋斗历程中，涌现了一大批视死如归的革命先烈、顽强奋斗的英雄人物和忘我奉献的先进模范。在调查中，本小组也发现，人民群众对这些先辈先烈都有着天然的崇敬之情。组织人民群众学习了解先辈先烈的故事，不仅可以普及党史发展过程中的各

种历史事件，还可以传承红色基因，以党的伟大精神促进人民群众奋斗，进一步学习党史。

（三）立体审视，建立健全完备的党史学习系统

自上而下建立完备的党史学习渠道，百年党史的学习不应该是刻板的、片面的，需要依靠上级各部门统筹兼顾，创造、提供学习党史方式和渠道，因此建立一个完备的学习系统是必要的。不仅各级宣传部门要行动起来制定政策，地方各级部门也要积极执行并有自己的想法。

为了实现社会效益与经济效益有效结合，可以考虑出版优质的党史类图书，以专题的形式介绍党史，以精品来赓续红色血脉，传承红色基因。在网络如此发达的今天，采取线上线下融合的方式是时代的潮流。线下积极开展图书主题展示活动，在博物馆等摆放党史类图书进行重点宣传；同时以视频等新媒体形式在相应的 LED 展示墙上展示推广，配合党史学习教育组织高端作者学术交流活动，邀请知名党史专家进行党史宣传的交流。线上充分利用新媒体做好党史宣传，围绕百年党史，邀请党校、党史和文献研究院的专家录制微课堂，系统完整地将建党至今的党史讲清楚、讲透彻。在各平台大力宣传，让人民群众了解到学习党史的方式，从而贯彻落实党史学习教育。

（四）以群众喜闻乐见的形式开展活动

1. 通过群众听得懂的语言、喜欢的形式开展党史学习活动

党史的宣传教育要做到深入人心就要从群众角度出发，以通俗易懂的语言和接地气的方式组织党史学习活动。要用生动有趣的方式讲好党的故事，让群众参与到讲的过程中去，把党的故事与群众的故事相结合，写成通俗易懂的小故事或改编成电视剧、短视频等，充分运用社交平台传播。切忌形式官方、单调，不要以强迫的形式要求群众进行党史学习。

2. 针对不同思想觉悟的群众开展不同形式的活动

不同年龄层次、身份地位、政治面貌、居住地方、教育水平的群众的思想意识不同，应该针对性地开展不同形式的活动。针对思想觉悟相对较高的青年学生可以采取更加统一化的组织方式去进行党史学习；针对年龄较大及农村的群众可以采取把党史故事改编成戏曲、电影的方式进行宣传，还可在宣传时适当地进行一些奖励。

3. 党史学习教育要落到实处，让人民群众真正学到东西

部分村民之所以对党史学习的主动性不高是因为他们认为学习党史是无

用的。在进行党史学习教育时要落到实处，学习的内容要有代表性。党史学习还应包括对党史学习重要性的学习，让人民群众真正意识到党史学习的必要性。习近平强调，我们党历来重视党史学习教育，注重用党的奋斗历程和伟大成就鼓舞斗志、明确方向，用党的光荣传统和优良作风坚定信念、凝聚力量，用党的实践创造和历史经验启迪智慧、砥砺品格。为推进中国特色社会主义的建设，学习党史是人民群众的一门必修课。

参考文献

［1］彭聃龄．普通心理学［M］．修订版．北京：北京师范大学出版社，2001．

［2］李伟雄．中共党史教育：大学生思想政治教育的重要内容［J］．山东省青年管理干部学院学报，2010（6）．

［3］张赟，王超．习近平：在党史学习教育动员大会上的讲话［J］．新课程导学，2021（13）．

［4］张海燕．中共党史教育工作是素质教育的重要战线［J］．井冈山学院学报，2009，30（1）．

［5］党史斌．坚持正确的群众观［J］．领导之友，2004（3）．

［6］陈荣武．党史学习教育的历史考察与发展路向［J］．思想理论教育，2021（3）．

［7］张娟．论学习党史的重要性［N］．榆林日报，2021－03－22（005）．

［8］唐双宁．中共党史就是一部"群众路线史"［N］．金融时报，2013－08－12（009）．

［9］周鹏．党史学习教育有力度更要有精度［N］．中国移民管理报，2021－04－23（001）．

［10］确保交出党史学习教育高质量答卷［N］．昆明日报，2021－06－30（013）．

"空白时间"
需不需要有点"红"？
——党史教育在青少年闲暇教育中的普及情况调查

课题组成员：王家瑶，张谨怡，王艺橙
指导老师：罗 薇

摘要： 正确利用闲暇时间开展党史教育，是提高青少年思想道德水平、发展信仰道德教育观念的一个关键环节。本次调研借助暑期三下乡实践活动开展，采用问卷调查法以及访谈法，针对中方县中方镇炉亭坳学校三至八年级部分学生开展调研。结果显示，当地学生在闲暇时接触党史知识的路径共三条，但三条路径的主体之间的联系并不紧密，需要社会、家庭、学校三方形成一股教育合力，提高炉亭坳学生党史知识水平以及思想道德水平。通过多方合力，党史教育才能真正进入青少年的生活，让青少年汲取成长营养，立大志、明大德、成大才、担大任，成为堪当民族复兴重任的时代新人。

关键词： 闲暇教育；党史教育；信仰道德教育

一、概述

（一）调研背景

马克思说："人们有了充裕的闲暇时间，就等于享有充分发挥自己的一切爱好、兴趣、才能、力量的广阔空间，有了为'思想'提供自由驰骋的天地。"近年来，学生校外生活时间比重日渐增加，如何利用这段闲暇时间，促进中小学生健康全面成长，加强信仰道德教育，起到导向指引、激励塑造和道德示范等育人功能是一项重要任务。然而，我国目前仍客观存在乡村地区闲暇教育水平低、父母重视程度不高、跟红色资源结合不紧密等问题。本团队基于以上背景，从闲暇教育与信仰道德教育角度出发，调查当前中小学生闲暇生活现状及存在的问题，探索具体实施，开展党史教育在青少年闲暇教育中的普及情况的调研。

1. 乡村地区闲暇教育水平低

随着我国大力开展社会主义新农村建设，乡村地区经济水平不断提高，生产方式逐渐改变，乡村居民闲暇时间增多。然而，已有研究证明，闲暇无意义问题普遍存在于乡村居民当中，这归根结底是一种文化失调现象。因此，如何利用闲暇时间以提高文化水平与生活品质是一项关键任务。习近平总书记强调，教育兴则国家兴，教育强则国家强。然而，我国对于闲暇教育的研究起步较晚，且存在一些误解，尤其是在乡村地区，许多父母受自身文化水平影响，对闲暇教育不够重视，造成青少年闲暇时间无意义。因此，闲暇教育的开展至关重要。

2. "双减"政策下闲暇时间增多

近日，中共中央办公厅、国务院办公厅印发《关于进一步减轻义务教育阶段学生作业负担和校外培训负担的意见》，主要措施有三项：一是减轻义务教育阶段学生课业负担，二是提升学校课后服务水平，三是规范校外培训行为。这意味着青少年课余时间增多，如何利用这段闲暇时间，提高青少年综合素养、提高思想道德水平是当今时代背景下的一个重要问题。

3. 传承红色基因的使命担当

闲暇教育的内容包括心理健康教育、信仰道德教育、社会实践、健身运动、参观游览以及人际交往六大方面。而信仰道德教育在我国一直是教育的重点。在我国，信仰道德教育主要指对青少年学生进行共产主义信念、社会主义道德的教育。信仰道德教育有利于让青少年汲取成长营养，成为堪当民族复兴重任的时代新人。2021 年 5 月，中共中央办公室印发《关于在全社会开展党史、新中国史、改革开放史、社会主义发展史宣传教育的通知》，《通知》强调，应当组织好青少年学习教育，厚植爱党爱国爱社会主义的情感，让红色基因、革命薪火代代传承。因此，党史教育不仅应该融入学校教育当中，更应该重视在闲暇教育中，将红色精神与信仰融入青少年的思想当中，引导青少年树立正确的理想信念，为实现中华民族的伟大复兴而不懈奋斗。

（二）调研目的

目前，党史教育在学校教育当中已经普及。然而，闲暇教育中的党史学习也同样值得重视。团队实体考察后发现，中方镇炉亭坳学校学生总量不多，共有九个年级，且留守儿童居多。通过与学校老师的初步谈话发现存在孩子在课余时间沉迷手机而家长无作为的现象，闲暇时间利用率较低。不仅如此，闲暇时间对于党史学习也不够重视。因此，本次调研活动主要目的是了解中方县中方镇炉亭坳学校学生闲暇教育的现状以及党史教育在闲暇教育当中的普及程度，从中找出不足之处，并对其进行分析。

（三）调研意义

1. 理论意义

（1）丰富信仰道德教育本土化内涵

在倡导社会主义的中国，信仰道德教育更多指代共产主义信念、社会主义道德教育。中国的闲暇教育起步较晚，但极具中国特色。中国坚持党的领导地位，一切跟党走，倡导无神论。习近平总书记在十九大报告中强调，我们党团结带领人民完成社会主义革命，确立社会主义基本制度，为当代中国一切发展进步奠定了根本政治前提和制度基础。理想信念是人生"第一粒扣子"，指引人生方向，引领道德追求。人民有信仰，国家有力量，民族有希望。在此基础上，研究者将信仰道德教育本土化，重视共产主义信念和党史教育，帮助学生筑牢理想信念之基，推动思想道德建设和爱国主义教育开创新局面。

（2）扩展闲暇教育中信仰道德教育的区域化研究

已有研究大多针对闲暇教育的整体趋势进行研究，较少关注其地域特点。在我国，地域文化源远流长、独具特色，是特定区域社会习俗、生产生活方式、传统、习惯等文明的表现。它在一定的地域范围内与环境相融合，因而打上了地域的烙印，具有独特性。中国地域庞大，生活方式各异，如务农、务工等。这极大地影响了不同地区对于闲暇教育中信仰道德教育的关注程度，从而影响其在中国不同地域的普及情况。本次社会调研针对炉亭坳地区的闲暇教育中信仰道德教育的普及情况进行调查，结合当地文化和生产背景，了解区域特色对于教育的影响，丰富闲暇教育中信仰道德教育的区域化研究。

2. 实践意义

（1）发挥德育作用，树立正确理想信念

从学生个体角度看，信仰道德教育可以教导学生明辨是非，分辨善恶，引导学生形成健康向上的强大精神力量。此外，信仰道德教育同样可以对学生的认知和行为提供正确导向，帮助其塑造良好人格。当代学生作为国家未来的接班人和建设者，其道德水平对国家的前途和命运起着至关重要的影响，

深刻关系到我国未来战略和目标的成功。

（2）完善教育体系，增添新的时代内涵

从教育体系看，学生的信仰道德教育体系理应教育学生成为"一个高尚的人，一个纯粹的人，一个有道德的人，一个脱离了低级趣味的人，一个有益于人民的人"。归根结底，加强学生信仰道德教育，加强党史教育，有利于引导其树立正确的世界观、人生观和价值观。

（四）调研方法

1. 文献法

调研前期团队成员查阅大量关于闲暇教育的文献资料，确定调研主题。调研中期通过查找相关政策以及宣传报告，收集我国目前闲暇教育的成果以及问题。后期，进行文献综述以支撑调研报告的观点。

2. 访谈法

通过查阅文献资料，结合炉亭坳学生的状况分别针对学生以及学生家长制订了访谈提纲。我们对三至八年级的学生以及家长进行访谈。

3. 问卷调查法

针对炉亭坳学生设置了详细的问卷，在三年级至八年级当中发放问卷 48份，回收有效问卷 45 份，有效率为 93.75%。

（五）调研工具

问卷涉及对样本的基本情况等闲暇教育相关方面，采用 SPSS 25.0 进行数据处理。在三年级至八年级当中发放问卷 48 份，回收有效问卷 45 份，有效率为 93.75%。

二、文献综述

（一）国内闲暇教育相关研究

就我国教育现状来看，国内大多数学者认为，我国学生的闲暇时间已经接近发达国家水平，但真正意义上的闲暇教育时间却微不足道。充裕的闲暇时间和缺失的闲暇教育之间的矛盾严重阻碍了我国教育素质的深化。根深蒂固的传统思想使人们始终认为学生的根本任务是学习知识，由此闲暇教育对人发展的重要性便被忽视了。此外，在学校教育工作中，诸如"课外活动""校外教育"等闲暇教育具体内容也仅仅作为学校教育和课程要求的延伸和补充，而非作为一种素质教育方式。对于如何有组织、有目标地培养学生的线下态度、闲暇价值观、实施闲暇教育的理念方式等，则多为空白。以上所提到的种种因素极大地阻碍了国内闲暇教育的研究。

随着我国生产力的进一步发展和素质教育的实施，如何利用闲暇时间对学生进行教育受到了广泛关注。对于如何推进素质教育的思考，以及闲暇教育观念和国外闲暇教育研究的普及，带动了我国闲暇教育的研究热潮。我国对闲暇教育的研究起步比较晚，但方兴未艾。目前，学者田友谊通过回顾我国闲暇教育研究近二十年的历程，总结了国内闲暇教育的三个主流研究趋势：第一，学理研究——从多学科、多领域开展闲暇教育研究。第二，实证研究——针对地域的具体情况开展闲暇教育研究，了解不同群体闲暇特点。第三，地域研究——研究民族和地区的闲暇特点，丰富闲暇教育的本土化、地域化特色。

针对闲暇时间利用情况，我国学者也提出了相应的解决方式，尝试将职业素养培育、思想政治教育等融入闲暇教育中。但相关构想还不成熟，闲暇时间如何开展教育有待进一步研究。

（二）国内信仰道德教育相关研究

一般而言，研究者对于信仰道德教育的理解具有狭义和广义之分。广义的信仰道德教育主要涵盖学生的思想品德教育培养、政治品质教育培养以及道德品质教育培养等，狭义的信仰道德教育则分别指信仰教育以及道德教育。而在中国的现行信仰道德教育体制下，突出强调马克思主义信仰教育和党史教育。习近平总书记强调："我们办中国特色社会主义教育，就是要理直气壮开好思政课。"办好思政课，就要把马克思主义信仰教育和党史教育作为重中之重，正确处理马克思主义信仰教育、党史教育与其他知识教育的关系。而马克思主义信仰教育和党史教育，就是使受教育者接受、确立马克思主义信仰和中国共产党信仰，并不断践行的过程。对于信仰道德教育的本土化理解，实际上反映了我国对于信仰道德教育范畴理解的价值取向和中国特色社会主义的教育要求。

生产力的发展，使人们生活中的闲暇时间日益增多。于学生而言，能够在闲暇时间中广泛参加各类党史学习活动，从社会主义文化中汲取知识，夯实马克思主义信仰。但目前学生对于闲暇时间的重要价值缺乏正确的认知，忽视闲暇时间的教育作用，大部分学生以不健康的娱乐消遣方式度过闲暇时间，如暴力游戏等。消极的闲暇利用进一步体现出当前闲暇教育的必不可缺。人们日益增长的闲暇时间与缺失的思想教育之间的矛盾促使学者提出将思想政治教育寓于闲暇生活中。闲暇是重要的思想教育资源，闲暇教育具有强烈的思想教育功能，能够为学校的思想教育工作提供新思路、新途径。通过思想教育视角加强学生的闲暇教育，能够提升学生闲暇生活的价值，并有效增强学生思想教育的实效性。

随着教育模式的深化改革和双减政策的进一步落实，中学生的闲暇时间将会越来越多。闲暇时间已成为当代影响学生身心健康的重要因素，对其信仰道德发展、人生观、世界观和价值观具有不可估量的影响。因此，通过将信仰道德教育纳入学生的闲暇生活，培养学生正确的闲暇态度、观念，能够有效提高学生的闲暇生活质量，并促进学生的身心健康，形成"学校教育 + 闲暇教育"双路径。

三、调研结果

（一）学生问卷调查结果

问卷涉及闲暇时间利用情况、闲暇时间对于党史教育的接受度、闲暇时间进行党史教育情况、党史教育可接受形式四个方面，在炉亭坳学校三年级至八年级当中发放问卷 48 份，回收有效问卷 45 份，有效率为 93.75%，其中，男生 19 人，女生 26 人，0～11 岁占比 43%，12～18 岁占比 57%。

1. 闲暇时间利用情况

在有效问卷中，59% 的学生闲暇时间用于完成作业的为 30～60 分钟，少部分学生完成作业的时间为 30 分钟以下和 60 分钟以上。此外，38% 和 25% 的学生选择在闲暇时间看电视、玩游戏和找伙伴在室外玩耍，即较多学生会在闲暇时将时间用在娱乐方面。与此同时，在面对"你在闲暇时间里学到了什么"的问题时，课外知识和技能类分别占比 35%、37%，思想道德提升仅占 24%。

2. 闲暇时间接受党史教育的意愿

题目"如果你有空闲的时间，你会愿意"为多选题。在此题中，愿意在闲暇时间接受心理健康类教育和党史教育的学生仅分别占比 9%，不仅如此，在闲暇时接受先锋模范熏陶以及参与社会公益与社会实践的意愿也较低，分别占比 3% 和 7%，即学生对关于信仰道德方面的闲暇教育接受度较低。在"你了解党史知识吗"的题目中，大部分学生为"有所了解"以及"听过但不了解"。

3. 闲暇时间接受党史教育的情况

"闲暇时上网的主要内容是""你最喜欢的电视类型节目""接触党史教育的途径""党史知识阅读常用平台"四道题目均为多选题。18%和27%的学生选择在闲暇时利用网络查找资料、玩游戏，47%的学生选择看电视类节目。在最喜欢的电视类节目类型题目中，仅有12%的学生选择红色影片，26%和34%的学生选择动画、电视剧或电影。此外，62%的学生是通过纸质宣传和网络宣传接触到党史教育，而学校和社区占比较少。在"党史知识阅读常用平台"中，66%的学生选择各大视频网站。

4. 闲暇时间接受党史教育的形式

"党史知识宣传触动元素""喜欢的党史知识宣传形式"两题均为多选题。52%的学生认为在党史知识宣传触动元素中，最触动自己的是故事情节背景；选择人物元素的学生占比36%，即在党史宣传中，学生认为英雄先烈的事迹最为吸引人。在"喜欢的党史知识宣传形式"题目中，专家讲解或典型人物现身说法占比31%，而动漫宣传形式占比29%，各有16%的学生选择知名青年人物宣传和专题竞赛。

（二）家长访谈调查结果

表1　炉亭坳学校闲暇时间利用状况的条目编码、归类与频次统计

类别	次级类别	条目编码	条目被提及的频次
1. 认知层面	1.1　希望孩子能在闲暇时间得到提升	1.1.1　闲暇时间利用方式应多样化 1.1.2　应利用闲暇时间提升自我 1.1.3　应合理分配闲暇时间	15
	1.2　明白党史教育的意义	1.2.1　认为党史教育有必要 1.2.2　应进行一定的党史教育	9
2. 行为层面	2.1　忽视闲暇教育	2.1.1　闲暇时间以单纯娱乐为主 2.1.2　闲暇时间利用方式单一 2.1.3　主张闲暇时间自主利用	29
	2.2　忽视党史教育	2.2.1　缺乏党史教育 2.2.2　自身素质限制党史知识的教育	7

表 1 显示，反映炉亭坳学校闲暇时间利用状况的条目编码一共有 10 条，根据各个条目的内容，可将其归为认知和行为两个方面。其中，行为方面包括"忽视闲暇教育"和"忽视党史教育"两个次级类别。在访谈中，部分家长提到"我这么忙，管不了他空闲时间干什么呀"；也有家长会说"我自己都不懂党史知识，怎么教育他呢"。这都说明在孩子的日常生活中，家长对孩子的闲暇教育和党史教育都是有所缺失的。认知方面包括"希望孩子能在闲暇时间得到提升"和"明白党史的意义"两个次级类别。"希望孩子能在闲暇时间得到提升"表明家长仍有一定意识，认为孩子应该充实而有意义地度过自己的闲暇时间；"明白党史教育的意义"说明，纵使在闲暇时间中，由于受到主客观因素的制约，家长未能对孩子进行党史教育，但部分家长仍能明白党史知识的重要性，认为学习党史知识是有必要的。

从条目的提及频次来看，在大部分家长都缺失对孩子的闲暇教育及党史教育的同时，也有相当大一部分家长在认知上明白党史教育的意义，并且希望孩子能够利用闲暇时间得到一定程度的提升。据此，我们能够发现"希望孩子能在闲暇时间得到提升""明白党史教育的意义"是家长的普遍态度。

四、分析与讨论

目前，在闲暇时选择信仰道德类教育的学生较少，且普遍认为自身在闲暇时较少得到思想道德方面的提升。所以，党史教育不能只停留在学校教育当中，更应该重视在闲暇时间，通过社会、社区、家长以及个人四个主体共同参与，将党史渗透入生活的方方面面。学校教育受课时方面影响，宣传手段有限。因此，在大量的课余闲暇时间，可以通过多主体参与的形式，采取丰富多样、学生喜闻乐见的形式，进行党史教育普及。

（一）闲暇时接受党史教育的路径

结合学生问卷结果及家长访谈结果，将当地党史教育在闲暇教育中的实施路径归纳如图 1 所示。

在本次调研中，团队发现在学生闲暇时间接触党史教育的各途径当中，社会途径占比最大。这可能是因为当下大力开展党史教育背景，以具体政策为支撑，政府部门带头进行，在社会上形成了一股党史学习教育浪潮。结合当前政策，线上宣传以及线下宣传随处可见。因此，学生在闲暇时间对于党史知识的接触更多来自社会宣传路径。此外，在学生调查问卷中，学生在闲暇时使用电脑或手机上网的现象较为普遍，在手机使用方式中，观看电视类节目占比较高且在阅读党史知识时更愿意选择视频网站。然而，在节目类型选择上，学生对红色影片类选择度较低，即传统的宣传手段对青少年的吸引度不高。

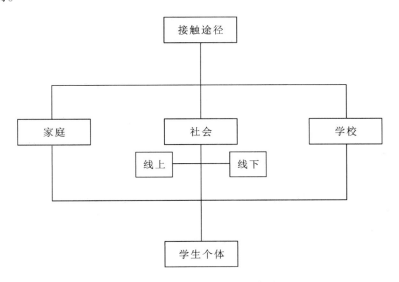

图1　党史教育在闲暇教育中的实施路径

家庭是闲暇教育的重要开展场地。在针对炉亭坳学生家长的访谈结果中，大部分家长都认为有必要在闲暇时开展党史教育。在访谈中部分家长提到"闲暇教育是有必要的""闲暇时间利用应该多样化""党史教育从革命英雄教育入手"等。

炉亭坳学生接触党史知识的途径除了线上网络宣传和线下纸质宣传，以及少量的社区宣传，还包含以学校为主体的宣传途径。在学校教育中，党史教育形式主要是课堂宣讲。而在闲暇教育当中，学校主体开展文艺演出活动以及知识竞赛活动，以提高学生党史知识水平。虽相较于传统学校教育，闲暇教育途径占比较少，但仍起着一定的作用。在实际开展调研时，团队发现炉亭坳学校校内具有较多的包含党史知识在内的宣传标语，在潜移默化中，树立学生的人生观与价值观。

（二）闲暇时接受党史教育存在的问题

1. 各主体未形成教育合力

通过分析路径，我们发现，闲暇时接受党史教育存在主体分离的现象，即家庭、社会和学校之间存在的教育隔阂。社会对于党史教育的主体起着辐射和调节的作用，能够通过线上和线下的方式整合党史教育资源。一方面，社会通过潜移默化的宣传，影响家长对于在闲暇时间进行党史教育的态度；另一方面，和学校教育相互作用，丰富学生课外党史教育的接触途径。整个社会环境的重视、关怀对于学生的信仰道德形成有着重要的影响。

2. 家长认知水平落后

数据调查显示，当地大部分家长希望孩子能够在闲暇时间得到提升，并认同党史教育的必要性。但受限于自身文化水平以及孩子自身因素，忽视党史教育，极少在闲暇时间对孩子进行党史教育。家庭作为孩子的"第一任教师"，其一言一行对孩子的信仰道德起着不可忽视的作用。加强学生的党史教育，需要重视家庭闲暇教育的作用，改变家长的认知，将家庭教育与学校教育结合起来，发挥家庭教育的辅助教学作用，增强家庭党史教育的效果，帮助孩子形成正确的信仰道德。

3. 闲暇时党史教育缺失

问卷结果显示，中方镇炉亭坳学校仅有 27% 的学生在学校接触到党史知识，其中，大部分学生是通过课堂宣讲的形式获取党史知识，而关于党史的文艺汇演、知识竞赛等在学生闲暇时组织的活动较少，这一结果揭示了当地学校对于党史教育的忽视现状。学校不仅仅需要关心应试教育中学生学科成绩的提高，同时也应该重视其综合素质的全面发展。在我国社会转型的时代背景下，在教育模式不断改革的政治背景下，要实现党史教育的普及，就必须突破传统，充分发挥教师的教育力量，加强学生的道德信仰教育，做综合素质全面发展的新型社会人才。

4. 媒体宣传力度不足

数据调查表明，当地 62% 的学生接触党史教育的途径来自纸质宣传和网络宣传，但值得反思的是，学生闲暇时上网的主要内容是看电视节目、玩游戏等，在最喜欢的电视节目类型中，仅有 12% 的学生选择了红色影片。这一看似矛盾的结果说明，当地党史教育的媒体宣传十分匮乏。闲暇时间党史教育的发展，离不开媒体宣传的支持。在建党一百周年的时代背景下，恰如其分的媒体宣传，对于党史教育起着添砖加瓦的作用。

五、对策与建议

闲暇教育是引导学生形成正确的价值观，更好地成为全面发展的人的教育活动。但是在农村地区，当地经济和文化发展水平有限，传统观念的束缚，政府不重视、学校没条件、家长没能力等因素导致了农村地区闲暇教育的发展相对滞后，更不用说利用闲暇时间对孩子进行党史教育。针对这种现状，政府、学校、家长、学生应形成四方合力提高学生闲暇时间利用效率，促进学生的健康全面发展。

（一） 发挥社会统领作用

1. 政策与资金支持

闲暇教育的开展可以弥补普通学业教育所不能及的部分，但从目前情况来看，我国农村地区闲暇教育尚未达到兼备党史教育功能的理想状态。当前，闲暇教育并未纳入我国的教育体系中，为此国家应该从政策方面加以重视，将闲暇教育纳入现有教育体系中，推动闲暇教育朝着系统化、制度化方向发展。对闲暇教育重视度提高了，作为闲暇教育重要部分的党史教育也就自然会得到重视和加强。

此外，资金、师资及课程资源的欠缺也是制约闲暇教育发展的一大因素。为此，政府可以出台鼓励政策并加大资金支持力度，完善基础设施，加强红色文化场所的建设，开展更多有关党史知识的讲座、竞赛。为闲暇教育助力，为党史教育提供"硬"实力。

2. 创新教育形式

结合上述调研结果可知，学生们更倾向于通过网络、短视频、漫画等形式学习党史知识。寓教于乐、用学生喜欢的方式宣传党史知识；线上 + 线下结合、多途径让党史教育融入其生活。探索党史教育新形式，是加强党史教育的必由之路。

3. 整合红色资源

社区、村委会等基层机关应提供宣传栏目展示；组织相关演出、活动；开展相关教育学习课程。党史教育只有走进人们的生活，才能最终走进人们的心里。此外，当地政府应完善相关基础设施建设，设立党史陈列馆，建设相关红色教育基地；同时开发挖掘红色资源，开发红色景区，让党史教育对人们的生活产生潜移默化的影响。

4. 形成正确闲暇价值观

信仰道德教育是闲暇教育的重要组成部分之一，党史教育是具有本土特色的一种重要的信仰道德教育。"立德树人"是我国教育的根本任务，闲暇又是我们日常生活不可或缺的一个重要部分。那么，基于闲暇时间而衍生的闲暇教育也应该以"立德树人"为宗旨。我国教育的目标是培养德、智、体、美、劳全面发展的社会主义建设者和接班人，可放眼望去，大街小巷各式各样的补习班，从只有几岁的孩子到成年人，从艺体特长班到语数外补习班，我们能看见培"智"、育"美"、练"体"、践"劳"，却很少看见立"德"的身影。我们国家的建设者是为中国特色社会主义事业奉献的奋斗者；我们的接班人，是领导我们从"独立"走向"自强"的中国共产党的接班人。所以，树立正确的闲暇价值观，将党史教育作为闲暇教育重要的内容，让"空白"时间带点儿"红"。

（二）重视家庭基础地位

1. 转变传统观念，分数不再是万能

《国家中长期教育改革和发展规划纲要（2010—2020 年）》中明确指出："充分发挥家庭教育在儿童少年成长过程中的重要作用。家长要树立正确的教育观念，掌握科学的教育方法。"父母是孩子的第一位老师，将党史教育融入闲暇教育，家庭应起好先锋作用。将党史教育融入孩子的闲暇生活，首先家长应自身提升对党史知识的重视程度。在当代多元化社会，"分数高""成绩好"不再是衡量一个孩子优秀与否的唯一标准，家长应摒弃"分数万能论"，新时代的青少年应该是有理想、有道德的社会主义接班人。

2. 提高自身党史素养，发挥榜样力量

家庭在儿童发展中处于基础性地位，父母自身素质对儿童的发展至关重要。父母应主动加强对党史知识的学习，起好榜样示范作用，在日常生活中与孩子一起学习党史教育，孩子与父母一同成长，整个家庭接受红色教育熏陶的同时，也是孩子增加红色情怀的过程。

（三）挖掘学校引导教育功能

1. 创设鼓励性环境

学校，是孩子学习知识的主阵地，教师在"立德树人"上起着不可替代的作用。学校及老师应为孩子们创设闲暇教育的鼓励性环境，利用课余的闲暇时间，通过组织红色景点参观、红色观影、走访老党员等社会实践活动，让孩子的"空白"时间"红"起来，逐渐塑造他们的闲暇时间利用观，提高他们的闲暇时间利用效率。

2. 提供科学性指导

孩子应该通过什么方式学习党史知识？孩子怎么学习党史知识才最高效？

这些都是学校及教师应该考虑的问题。教师可以有意识地给学生推荐一些经典文献、引导孩子进行党史学习系统规划。科学的指导，对孩子高效地学习党史知识至关重要。

（四）发挥个人主体能动作用

1. 开展自主性学习

闲暇时间，不管是自主阅读相关党史知识书籍，还是观看经典红色电影，抑或是通过对先辈故居、博物馆、陈列馆进行实地参观体验，发挥主观能动性，在自主探索中学生自会发现红色历史的魅力、提高自身党史素养。

2. 开展合作式学习

中小学生正处于快速发展时期，生理和心理状况还不稳定。经验的有限性和心智的不成熟性导致他们思考问题具有片面性。所以，学生可以与同学、老师、家长联合，开展合作式学习。众人拾柴火焰高，只有合作探究，发挥群体的互补性，才能让闲暇时间在集体每一个人的努力下真正"红"起来。

参考文献

[1] 毛泽东. 毛泽东选集（第2卷）[M]. 北京：人民出版社，1960.

[2] 高国伟. 思想政治教育视角下的大学生闲暇教育论析 [J]. 武汉理工大学学报（社会科学版），2016，29（5）：942-946.

[3] 刘策，邓宏宝. 劳动教育与闲暇教育的关系研究 [J]. 教学与管理，2021（24）：6-9.

[4] 单月英. 农村初中生闲暇教育的现状及策略探究 [J]. 农村经济与科技，2021，32（13）：308-310.

[5] 刘芷甄. 小学生闲暇教育现状及对策研究 [J]. 课外语文，2020（36）：15-16.

[6] 魏慧慧，朱成科. 闲暇教育的反思与路径重构 [J]. 教学与管理，2020（33）：6-8.

[7] 田友谊. 我国闲暇教育研究述评 [J]. 上海教育科研，2005（5）：11-13.

乡村振兴中红色旅游产业发展路径研究

课题组成员：闫炜炜，胡　玉，周志诚，

　　　　　　徐郡潞，谢宇菲，姚首琼

指 导 老 师：邢鹏飞，段峰峰

摘要：农村红色旅游产业是开展红色基因传承教育和推动乡村振兴的重要抓手。革命地理位置偏远、基础设施落后、人才资源匮乏、生态环境脆弱等因素构成了当前乡村红色旅游开发困难的基础性因素。而红色旅游"留客难"、开发模式单一、区域发展割裂、脱离群众生活等因素则进一步制约了红色旅游产业发展。推动乡村振兴中红色旅游产业发展，要加大各类要素投入，破除区位条件制约；着力打造红色旅游综合体，促进区域协同合作；听取群众意见，形成多方合力。在把握政策机遇、深耕红色内涵的基础上，充分释放乡村红色旅游发展潜力，共同促进乡村振兴与产业发展。

关键词：乡村振兴；红色文化；红色旅游

推动文化和旅游融合发展，发展红色旅游和乡村旅游，是开展红色基因传承教育和推动乡村振兴的重要抓手。中国革命走的是农村包围城市、武装夺取政权的道路，乡村承载了革命的红色记忆，推动红色旅游和乡村振兴融合发展具有天然的基础。推动乡村振兴，必须把红色资源利用好，把红色传统发扬好，把红色基因传承好。发展乡村红色旅游，充分发挥红色景点作为基层爱国主义和革命传统教育基地的重要作用，对培育和践行社会主义核心价值观、促进社会主义精神文明建设具有重大意义。我国乡村地区保留了大量红色文化遗产，但就红色资源开发和红色旅游发展现状而言，仍存在诸多问题。在此背景下，探求一条行之有效的乡村红色旅游发展道路显得尤为重要。

一、研究设计及实施过程

为探求一条行之有效的乡村红色旅游发展道路，我们团队选取了三个乡村作为调研地，采取线上与线下相结合方式进行研究，通过深度采访总计采访人次达 58 人；通过发放调查问卷共回收有效问卷 425 份。研究设计及实施过程介绍如下。

（一）调研地选取

根据乡村类型差异、红色资源差异，团队最终确定长沙县开慧村、桂东县龙头村、汝城县津江村三地为调研地。

1. 开慧村

开慧村作为集聚提升类代表，红色旅游发展主要依托名人故居，其资源分布如表 1 所示：

表 1　开慧村红色文化资源

红色资源名称	红色文化历史	红色资源类型
开慧故居	杨开慧烈士故里。国民革命失败后，杨开慧在此开展地下斗争，也在此留下了"要我与毛泽东脱离关系，除非海枯石烂"等壮志豪言。	名人故居
烈士陵园		墓碑（群）/烈士陵园
杨公庙		红色建筑
开慧陈列馆		综合性革命历史纪念馆

2. 龙头村

龙头村作为特色保护类代表，红色文化遗产主要涵盖长征与解放战争两个时期，其资源分布如表 2 所示：

表 2　龙头村红色文化资源

红色资源名称	红色文化历史	红色资源类型
"红军村"	1928 年，33 名村民跟随毛泽东、朱德上井冈山参与革命斗争并壮烈牺牲，长征时，更有百余名村民参军入伍。至今，许多老红军仍住在村中。	口述史与非物质文化遗产
郭氏客家围屋	/	红色建筑
郭名善旧居	郭名善作为北上先遣队第一大队队长，其居所是抗日革命军和北上先遣队指挥部旧址。	名人故居
石围里——湘赣边武装起义旧址	1947 年 10 月 27 日，起义军在此打响解放战争时期湖南省地方武装斗争第一枪。	革命历史事件与活动遗址

（续表）

红色资源名称	红色文化历史	红色资源类型
红军长征路	红二方面军与红四方面军经由此地北上。	革命历史事件与活动遗址
石壁山坳口战斗遗址	/	革命历史事件与活动遗址

3. 津江村

津江村作为城郊融合类代表，红色文化遗产主要集中在长征时期，其资源分布如表 3 所示：

表 3　津江村红色文化资源

红色资源名称	红色文化历史	红色资源类型
湘南起义汝城会议旧址	1928 年初，朱德、陈毅与湘南特委共同组织发起湘南起义，其最早便在汝城策划。	革命历史事件与活动遗址
朱氏祠堂	1927 年 11—12 月，朱德住于朱氏祠堂内，赠匾"世界一家"。	革命历史事件与活动遗址
汝城县工农兵政府旧址——黄氏总祠	1927 年 9 月 24—29 日，何举率领中国工农革命军第二师第一团攻占汝城，宣布秋收起义成功，组建全国第一个苏维埃政府——汝城县工农兵政府旧址。	革命历史事件与活动遗址
中共驻汝城湘南特别工作委员会旧址（含中国工农革命军二师师部旧址）	"四一二事变""马日事变"后，1927 年 7 月初，中共中央军事部指派陈东日、武文元等人来到汝城，组建了"中国工农革命军第二师""中国共产党驻汝城湘南特别工作委员会"，统一领导湘南革命。	革命历史事件与活动遗址
朱舜华故居	朱舜华是湖南地区第一位女共产党员。	名人故居

（二）研究方法

1. 线上数据抓取与分析

团队利用网络爬虫工具，对各大媒体平台上的调研地红色旅游发展动态进行抓取，并将收集的数据利用文本分析法、对比分析法等进行统计整合，为调研活动做好信息储备。

2. 线下实地调研

（1）深度访谈。团队在调研期间对当地村民、基层干部、企业骨干等进行深度访谈，总计采访人次达 58 人，意在从不同维度，把握当地红色旅游的发展状况、红色文化产业对于乡村振兴的影响以及乡村振兴的远景规划，并在充分了解当地基本情况的基础上，设计具有针对性的采访提纲。

（2）调查问卷。调查问卷针对不同乡村，共设计 3 版，设置 16 道题目，其中涉及：个人基本信息 4 道；群众生活收入 3 道；红色旅游的教育效果 3 道；影响红色旅游的主要因素 6 道。通过在红色景点的发放与入户走访，共回收有效问卷 425 份，通过后期统计并对其进行可视化处理，以直观地反映相关问题。

（3）参与式观察。团队通过参与式观察，对当地居民生活条件、基础设施建设、生态环境治理、红色景点保护与开发等进行分析记录，力求客观真实地反映调研地红色旅游发展状况。

二、乡村红色旅游产业发展现状

红色资源、绿色资源和其他资源一道，为乡村"红色＋"旅游发展模式创造可能，伴随着国家政策的大力支持，乡村红色旅游产业发展潜力无限。但同时，区位条件制约、红色旅游开发力度不足、红色旅游开发与群众生活脱节等问题不容忽视。

（一）优势条件

1. 资源优势

三个调研地的红色文化资源丰富，拥有悠久的红色革命历史和深厚的红色文化底蕴，许多红色建筑遗址保存完好，红色文化精神传承至今。此外，开慧村、龙头村周山环绕，气候适宜，生态环境优美。津江村则拥有较为丰富的自然资源，村内植有香菇、豆瓣菜、红椒等多种农产品，另有锌、铝土、银等多种矿产。各地还有其特色文化资源。以汝城县津江村为例，津江村祠堂文化悠久，据调查，村内有清代民居 51 座，民国民居 204 座，古桥 3 座，古巷道 12 条，古碑刻 13 块。除红色遗址外，还有绣衣坊、文塔等历史遗迹，范氏家庙、中丞公祠、朱氏宗祠等传统祠堂，历史文化底蕴深厚。

2. 政策支撑

近年来，国家出台了系列规划意见，如《全国红色旅游景点景区三期总体建设方案》《"十四五"文化和旅游发展规划》等，以推动红色旅游的持续发展。另外，红色景区的建设离不开对文化内涵的挖掘，各地设置专门机构梳理革命历史脉络、红色文化故事、革命人物事迹。汝城县著有《从工农革命运动到引发湘南起义》《红军长征在汝城》等系列丛书。此外，在当地党委的领导下，党史研究投入不断提高，红色文化氛围日趋浓厚，红色旅游总体规划和红色遗产保护日益受到重视。

3. 发展潜力

近年来，随着经济发展水平的提高，精神文化需求与物质文化需求同步增长，旅游消费市场进一步扩大。据国家旅游局统计，全国城市居民中有70%以上的人在周末和节假日会选择到周边已开发的乡村进行休闲娱乐。党员红色教育及学生红色研学的需求也为红色旅游的发展提供动力。

（二）问题及原因

1. 区位条件制约

我国红色资源多聚集在山区或中部老区，地理位置相对偏僻，公交往返班次少，公共交通有待完善，对当地红色旅游的持续发展形成内在阻碍。

资金紧张、融资困难是乡村红色旅游产业发展所面临的另一大问题。乡村集体经济基础相对薄弱。而红色旅游投资周期与所得收益往往不成正比，企业的投资意愿不强。因此政府专项拨款是红色旅游开发的主要资金来源。

从内在因素来看，青年人才"引不进、留不住"。人才引进资金不足和对人才的价值认识不足，是红色旅游产业发展受到的阻碍之一。而乡村教育水平有限、城市"抢人大战"等因素也加剧了当地人才外流的现象。

另外，调研地的环境承载力普遍较低。景区周围食宿娱乐项目，大多由开发商进行承包，盲目追求经济利益最大化，致使当地原有生态环境遭到了一定程度的破坏。其中开慧村及津江村现存水系观感差，水体污染较为严重。当地缺少污水处理设施，废水随意排入河道或湖泊，水体富营养化明显。

2. 红色旅游开发力度不足

红色旅游"留客难"。乡村红色旅游业态单一、产业链较短、产业发展速度缓慢，导致游客停留时间短、消费意愿弱。"食、宿、行、游、购、娱"发展受到限制，难以实现乡村红色旅游的可持续发展。

红色旅游开发模式单一。在实地调研过程中团队发现，三地资源开发的形式都较为单一，产业水平均停留在初级观光阶段。红色景区内部布设同质化，主要以图片、物品展示为主，缺少参与体验式活动项目，难以凸显地方特色。

红色旅游区域发展割裂。调研地红色资源与其周边红色资源间缺乏统筹规划及区域深度合作，红色精品旅游线路较少，没有形成知名度高的红色旅游品牌，三地基本处于"单兵作战"的模式，难以形成规模效应和集群效益。

3. 红色旅游开发与群众生活融通不足

乡村人均受教育水平较低，村民难以认识到红色旅游开发的长远意义，在村容村貌整改、开发补偿等问题上，难以与政府达成共识。此外，现有模式下，红色旅游及红色文化难以融入村民生活，村民对于红色文化的传承意识、红色遗址的保护意识较弱。文旅组织、村组织对于村民的红色文化教育以及村民的自我教育普遍缺乏，不利于红色旅游产业的长远发展。

三、新时代乡村红色旅游产业发展的对策及建议

红色旅游可以在产业、人才、文化、生态、组织五方面助推乡村振兴，是乡村振兴中极具潜力的增长点。基于此，团队对调研中各地发展优势与先进经验进行总结，对仍存在的问题进行深入分析，提出以下三方面对策与建议。

（一）加大要素投入，破除区位制约

1. 规划旅游路线，完善交通系统

在县—村、村—村之间，进行道路修缮，规划红色旅游专线，构建完善的红色旅游交通路网系统。以长沙县开慧村为例，针对长沙市与开慧村之间的红色旅游专线每天仅往返各一趟的情况，应根据不同季节、时段的客流量情况合理安排班次以及各班次的间隔时间。在村内，针对公交实际运行情况与计划不符等一系列问题，首先应根据客流量合理安排发车时间；其次实行智慧公交系统，基于 GIS 等相关技术，对公交车辆进行信息采集、传输和整合处理，实现实时监控和智能化调度。

吸引开发资金，打通建设渠道。红色旅游开发项目具有周期长、投资大、回报慢等特点。在发展红色旅游的过程中，不仅要合理利用政府的财政拨款，

还需要充分发挥市场调节作用，多渠道招商引资，如吸引村民参股、对接对口帮扶企业等。

完善服务设施，提升旅游体验感。结合景区不同区域的客流量情况，对景区内商家进行规划和管理，合理配置服务设施数量和种类，如：在中心区域规划便利店、特产售卖点并设置一定数量座椅等。此外，设置红色旅游咨询中心，为游客们提供景点历史文化讲解等服务。

加强安全设施建设，建立安保体系。在红色旅游景区内，一方面，对文物、遗址遗迹进行维护和修缮，设置防火防盗设备，减少文物人为损坏。另一方面，建立健全针对游客的安保体系，设置全覆盖的一键报警装置，增加安保人员配置。

加强网络设施建设，打造数字化景区。弥补网络建设短板，在确保游客通信便利的基础上，运用全媒体渲染浓厚的红色文化氛围，创造更具交互性的旅游体验。

2. 人才建设

留住农村人才。乡村教育是乡村人才振兴的重要基础。针对乡村老龄化严重、年轻人才流失等问题，第一，要大力发展乡村教育，优化师资力量。第二，鼓励人才回乡，乡贤发挥领头作用，积极参与乡村治理，为红色旅游提供新思路。第三，积极发展多元化特色红色旅游产业，拉动工作岗位需求，增加就业。

引进高校专业人才。景区可在本地或其他高校相关专业进行招聘，或与相关院校展开对口合作，开展定向培养，提前进行人才储备。

加强在职员工培训。针对在职工作人员，进行专业知识技能培训和考核以及专项服务培训等，提升整体服务意识。由于目标群体年轻化的转变，更需开拓思维，紧跟时代潮流；同时不断向发展较好的红色旅游景区学习，汲取先进经验，提高自身水平。

3. 生态建设

开展环境整治工程，改善村容村貌。乡村发展应以地区生态为底线，限制过度开发；坚持保护土壤植被、保护农田、保护水体资源的原则。开发前需全面评估资源利用率以及环境承载能力，合理规划景区设施建设，同时要加强开发商的环境保护意识。以汝城县卢阳镇津江村为例，当地"城中村"的城市分布形态等因素使整体旅游环境较差，水体污染尤为严重。该村应通过建设排污工程、建立污水集中处理系统等措施进行改进，加强生态环境建设。

（二）丰富开发模式，加强地域协作

1. 打造红色旅游综合体

打造"红色＋教育"综合体。积极争取党性教育市场，吸引广大党员干部到当地参观学习。以桂东县沙田镇龙头村为例，打造现场体验式教学点以及精品党课等特色项目，由历史亲历者以及党员同志介绍相关红色故事。

打造"红色＋绿色"综合体。基于当地生态优势，推动一、二、三产业融合发展。以桂东县沙田镇龙头村为例，打造以"红军村"为主体的历史教育、模拟长征体验、环村骑行、现代观光农业、水果采摘等于一体的红色特色旅游产业，打造沿江旅游休闲风光带。

打造"红色＋文明"综合体。加强乡风建设，宣扬优秀乡俗，让更多游客愿意留下来在村内感受当地的风土人情。以长沙县开慧村为例，每家每户挂有根据自家特色设计制作带有二维码的楹联，将每家每户的家风精神以电子化的形式展现。

打造"红色＋互联网"综合体。以大数据带动精准营销，实现传统营销与互联网营销相结合，跨平台多元化发展；加强企业协同合作，缩短供给端与客户端的距离；增强科技运用，打破现实和虚拟、历史与未来之间的界限，为游客提供全新的体验（如表4）。

表4 如何推动"红色旅游＋互联网"

目的	措施
实现红色旅游大数据挖掘	旅游大数据中心、线下监控系统
加强景区及旅游产品的宣传	短视频；直播；对接在线旅游企业
提升游览的互动性与趣味性	运用 VR、AR 等新技术
实现智慧导航、智慧导游、智慧导购	开发支持 LBS（基于位置服务）的局域旅游 App

2. 打造特色红色旅游产品

培育体验型红色旅游产品。以当地历史文化为基调，强化旅游产业要素的综合配置，运用新媒体技术并结合市场需求对红色遗产进行"二次开发"，培育与当地生态、文化、民俗、城市配套等深度融合的精品红色产品。例如：在开慧村，改变文物和遗址过去单纯的静态展览的形式，运用 AR、VR 等新技术，提升游览的互动性与趣味性；在龙头村，开展"穿红军装，吃红军饭，走红军路"的旅游体验项目。

丰富红色教育文化产品。对传统红色教育培训产品进行内涵提升和外延扩充，发展红色研学、党建团建培训等文化产品（如表5），结合时下热门政策、先进思想、研学市场等因素，定期开展集中式的专题培训，拓展专题培训学习市场，打造形式多样的红色教培系列产品，构筑生动的红色课堂。

表5　汝城县红色教育培训产品

红色教育培训产品	内容
红军讲堂系列	"半条被子"讲堂、热水分院讲堂、延寿分院讲堂
汝城"情景化课堂"	专题教学、情景教学、体验教学、访谈教学、考察教学
民俗文化传承培育	红歌合唱训练课堂、香火龙、故事表演训练

策划当地特色体验产品。在开发过程中可将革命历史、红色文化、生态旅游和乡村旅游相交融，带动当地乡村居民参与，因地制宜开发如下项目：学唱红歌、观看革命影片、体验森林康养、欣赏田园风光、居住特色乡村民宿、品尝农家美食、果园菜地采摘等。

3. 打造红色旅游精品线路

立足单点乡村，合理规划村内旅游路线。在完善道路修建与亮化工程的同时，规划村内红色旅游路线，使游客能够停留更长的时间，促进消费升级、产业升级，带动周边经济增长。以桂东县沙田镇龙头村为例，可将即将建设的红军雕塑、烈士红旗林、红军广场、沿江游步道、现场教学点石围里、围屋等作为主要旅游点，规划设计村内的旅游路线，增强游客们的体验感、参与感。

立足区域发展，打造红色旅游精品线。将区域内红色资源整合串联，延长旅游路线及时间，吸引游客继续了解周边地区的红色历史文化。以郴州市汝城县为例，依托主要红色资源点，以讲好红色故事为主线，以推进汝城红色文化旅游资源一体化开发、对接粤港澳大湾区红色教育培训、加强湘赣边区域协作为导向，整合优化现有红色旅游线路，设计发展四条县域精品旅线、两条区域游线。

（三）扎根人民生活，切实造福群众

1. 听取群众意见

乡村在完善基层组织建设的同时，帮助村民成立村民自治协会组织（如环境联合管理委员会、农家乐协会等），让村民参与到开发过程中，完成具体任务；同时了解其中的困难，提高思想觉悟，起到带头作用，调动其他村民的积极性。

尊重村民主体地位，听取群众意见。在红色旅游开发过程中，村民是主体部分，要充分尊重农民的主体地位。需深入到群众当中去，听取群众的意见；注重调查研究，从农民的实际生活出发，了解其在生产生活中需要什么、不需要什么，切实造福人民。

2. 深耕文化内涵

深挖红色资源，丰富文化内涵。深入了解并挖掘当地红色资源，理清文化脉络。结合时代背景，将红色文化与时代精神、当地风土人情、民风民俗相结合，丰富红色文化内涵。将特有的文化内涵形象化、具体化，融入乡村建筑、景观小品和旅游项目中，提升旅游地的文化品位。同时，对游客进行调查，将调查所得到的实时反馈进行及时改进，以适应时代的不断变化。

利用红色资源，促进文化传承。让红色文化资源融入村民的日常生活中，潜移默化地起到教化作用。基于本地红色文化资源拍摄制作高质量影片、电视剧，编排红色话剧、舞剧，创作红色歌曲，推动红色文化在当地的传播。

双减政策下关于长沙市
"五项管理"的调查报告

课题组成员：李佳怡，雷　聪，陈　莹，欧阳映，吴强军
指 导 老 师：周紫阳，瞿理铜

摘要：基础教育在社会主义现代化建设中处于重要战略地位，"五项管理"是落实"双减政策"有效的辅助措施，是推动基础教育系统性改革的重要切口，是全面贯彻党教育方针的载体，是落实立德树人根本任务的具体行动。本次调研以长沙市中小学为例，通过实地调研，针对小学、初中、高中三类群体，探讨手机管理、作业管理、睡眠管理、读物管理、体质管理这"五项管理"在长沙市的落实状况以及现存问题，以小见方向、以小见情怀，为长沙市建设高质量教育体系，建立学校家庭社会同育人新格局提供相关依据。

关键词："五项管理"；"双减政策"；教育；长沙市中小学

一、引言

（一）研究背景

"五项管理"并不是突发奇想，凭空而来，而是由来已久。

党中央、国务院 2019 年印发《关于深化教育教学改革全面提高义务教育质量的意见》中，对作业管理、设计、批改、辅导等环节提出明确要求，进一步深化减负工作。从 2016 年—2020 年国务院先后印发《关于强化学校体育促进学生身心健康全面发展的意见》《健康中国行动（2019 – 2030 年）》《深化新时代教育评价改革总体方案》等重要文件。"五项管理"是对中央重要教育部署举措的合理归纳，综合整理，贯彻落实。立德树人为教育之基，保护学生身心健康为教育之本。目前中小学生普遍面临学业负担过重、身体素质下降、近视率居高不下等多种身心健康问题，这些问题不仅阻碍了学生

身心健康的发展，不利于教育提质赋能，也为家长带来沉重教育负担，衍生出一系列社会问题。"五项管理"是对素质教育、学校管理、教育治理的明确导向，是对系统性解决当前教育乱象、畸形的重要突破。

（二）研究意义

从宏观层面来看，教育是国家兴旺发达的基础，教育兴则国家兴，教育强则国家强；从微观层面，教育关乎每个家庭的未来。"五项管理"是教育界的重大举措，与教育减负相辅相成，它关系到整个社会的教育格局，影响着社会的发展。"五项管理"不仅可以让广大青少年能处于健康科学的教育体系中，提升他们综合素质与人格品质；也能促进家庭的和睦与友爱。它大大减轻了家长负担，在实施过程中有利于提高家长的教育理念，打造一个良好的家庭氛围。"五项管理"的实施，离不开社会的协助，它的实施推进了家校社协同育人体系的完善。了解"五项管理"政策落地情况，不仅能为教育部门督察政策的实施提供参考依据，反映"五项管理"政策推进中遇到的困难，同时也能为"五项管理"的进一步展开提供意见与建议，加快"五项管理"全面落地开花的进程。

（三）调研对象

本次调研工作于 2021 年 6 月开始准备，7 月中旬正式开始，地域涵盖长沙市开福区、芙蓉区、岳麓区、天心区、雨花区、望城区六个区域，共计发放问卷 500 份，实际回收 492 份，问卷回收率 98.45%，有效问卷 490 份，问卷有效回收率 99.59%。同时研究者还对长沙市各大中小学的学生、家长、教师、教育工作管理人员共 6 人进行了深度访谈。

二、现状分析

在本次调研中，笔者将针对中小学生手机管理、睡眠管理、课外读物管理、作业管理、体质健康管理五个方面的政策落实情况进行具体分析。

（一）手机管理

1. 手机管控取得进展，但仍存在学生将手机带入课堂现象

调查结果显示，在本次调查对象中有 55.71% 的学生（140 人）从未将手机带入校园；14.3% 的学生（36 人）曾将手机带入校园，但选择上交老师

保管；30% 的学生（75 人）将手机带入校园，并且没有上交老师。

2. 手机管控从实际出发，具有合理性

大多数的学校配备了电话亭、座机等相应的通信手段，并开通老师、校长等热心专线，给予学生联系家人的空间。通过对带手机进入校园的学生群体的进一步调查，学生带手机进入校园的主要原因为"和父母沟通"（36.9%）、"上网社交娱乐"（27.7%）、"查阅资料"（21.5%），还有 9.2% 的学生带手机是为了打游戏。

3. 手机管理仍面临多重困局，干预措施亟待优化

在调研采访过程中，不少家长表示自己严厉禁止孩子玩手机或者将手机带入校园。但在问卷数据分析中，显示学生玩手机的比例明显与家长禁止情况不符，围绕玩手机而展开的协商治理更像是一场没有硝烟且"你退我进"的持久战。学校对于学生带手机进校园并没有明确的系统规范的惩罚措施，大部分的时候，老师对于带手机现象惩罚不严甚至没有惩罚措施。这在一定程度上助长了手机进课堂风气。

（二）睡眠管理

在党中央、国务院 2007 年印发《关于加强青少年体育增强青少年体质的意见》中，明确要求科学规范学生作息制度，保证小学生每天睡眠 10 小时，初中学生 9 小时，高中学生 8 小时。根据调研数据结果，在小学阶段，基本能保证大部分学生睡眠时间在 8 小时以上；初中阶段，超过半数学生平均睡眠时间低于 8 小时；高中阶段，77% 的学生平均睡眠时间低于 8 小时。当前中小学生，特别是初、高中生的睡眠状况距离"五项管理"之睡眠管理中提出的中小学生平均睡眠时间要求有一定的差距。

（三）读物管理

1. 学生阅读方式、内容呈现出多元化趋势，且自主意识较强

随着时代的发展，阅读成本降低，加之师生对课外阅读的态度积极，学生有良好的阅读动机，超过 1/3 的学生经常阅读畅销小说、漫画等，接近1/3 的学生经常阅读经典名著，课外阅读的发展呈现自主多元、丰富多彩的总体倾向。

2. 学生课外方面需要教育者的引导，良好的阅读习惯仍待培养

在教育部关于读物管理的通知中，要求原则上每学年推荐一次进校园读

物，推荐目录要向学生家长公开。在本次调研中发现，大部分学校班主任和老师承担了向学生推荐优秀读物的责任。老师基本以学期为单位，向学生推荐适合其年龄段的优秀经典作品。学校积极倡导爱读书、读好书、善读书，设立读书节、读书角、读书比赛，优化校园阅读环境，推动书香校园建设。

但读物管理落实过程中仍存在不少问题，如难以针对不同年龄段的学生推荐读物、学生的阅读能动性较差、自身阅读时间等。同时家长的受教育水平受限和不恰当的惯性思维方式，也导致从家庭角度引导学生养成良好阅读习惯难度较大。学生家长中喜欢阅读的人占少数，仅为18%，几乎没有家人喜欢阅读的情况占比高达74%，这导致家庭层面阅读教育的"不对等"。

（四）作业管理

1. 作业总量较为合理，但学生学业压力难以短期内减轻

由调查结果可知，小、初中阶段落实"五项管理"政策以来，学校作业总量明显减少，但存在家长和补习机构再为学生布置作业的情况。这种再布置作业的行为让孩子实际并没有减少作业量，并且他们往往辗转于各种补习机构，但培训班作业量适中，仅有8%的孩子表示"培训班作业量过多"。

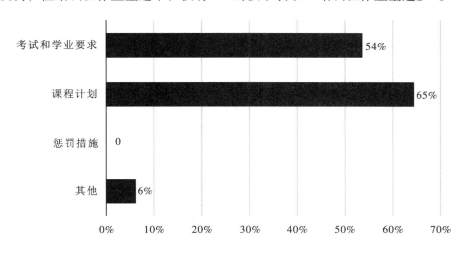

图1 老师布置作业的目的

2. 作业内容围绕课程，但作业形式单一化

当前中小学生作业内容基本围绕课程学习，惩罚类作业基本没有。在采访中，家长和学生反映作业难度不大，多为基础性作业，并且对学习有较大提高作用。在作业形式上多为"书面作业""针对考试类作业"，而"实践类"和"艺术类"等作业形式较少,作业形式受限呈单一化。

3. 作业批改主体责任逐渐明确,家长负担减轻

各学校教师积极响应作业管理中理清责任,不给家长布置作业,严禁给家长布置或变相布置作业,严禁要求家长批改作业,在调研结果中发现,绝大多数家长的批改作业负担较之前明显减轻,近半数家长表示不存在老师要求家长批改作业的情况。

(五)体质健康管理

1. 学校体质教育课程安排合理,重视学生身体素质锻炼

在调研中发现,学校要聚焦"教会、勤练、常赛",保障学生体育锻炼时间,绝大多数学生体育课程安排合理;同时,近九成学校安排了30分钟的大课间体育活动,意在让学生走出教室适量活动和放松。尽管存在少数体育活动因各种原因取消的情况,但从调查整体来判断,体育课程较为合理,基本落实了体质健康管理的各项要求。

2. 体质训练与学业发展存在一定矛盾,应引起重视

家长普遍认为孩子应当通过各种体育活动提高身体素质,但由于学业负担,体质健康锻炼极其容易被忽视,在调研体育课课程安排存在的障碍时,我们发现其原因在于语数外等科目内容较多,相较体育课需要更多时间,在总学习时间保持不变之时,体育锻炼时间会被优先压缩。

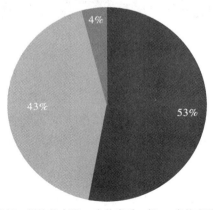

■身体素质很好,抵抗能力强 ■身体素质一般 ■身体素质很差,经常生病

图 2　家长反映的孩子身体情况

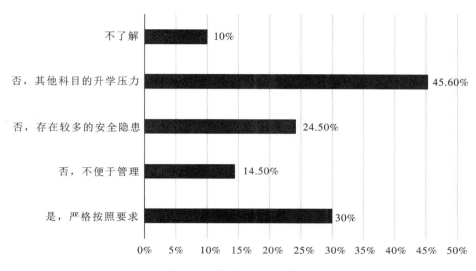

图3　校方认为体育课程安排存在的困难

3. 家庭对体育教育较重视，学生体育锻炼项目多样化

在调研中，多数家长会带孩子进行一些体育锻炼活动，并且鼓励孩子参加青少年体育俱乐部，利用课余和节假日时间积极参加足球、篮球、排球等项目的训练。学生在这种氛围中，基本掌握1~2项运动技能。

三、对策建议

（一）教育行政部门及学校规范制度，合理引导

1. 深化认识，统一思想，细化工作措施

兵无将而不动，蛇无头而不行。"五项管理"政策的落实离不开教育行政部门与学校的牵头带领。各级教育行政部门和学校要从"为人民服务"的理念出发，深刻领会教育部有关文件精神要义，把落实"五项管理"作为贯彻全国、全省教育大会精神，促进基础教育高质量发展、落实立德树人根本任务。充分认识到"五项管理"对于构建学校、家庭、社会协同育人机制，促进学生健康成长、全面发展的重要意义。在明确认识的基础上，各级教育行政部门和学校要根据相关文件要求，落实责任，制定工作方案，出台具体措施，让老师、学生、家长在"五项管理"政策前有据可依、有章可循，走出迷茫的状态。

2. 加强宣传，形成共识，构建共育机制

"五项管理"涉及教育行政部门与学校、家庭和校外培训机构等多个主体，各个主体形成广泛共识，才能摆脱利益羁绊，形成治理合力。各级教育行政部门和学校可通过工作会、学习动员会等方式向老师传达教育部全国中小学"五项管理"落实推进的决心，详细品析"五项管理"政策文件，学习落实"五项管理"具体措施；可通过家长会、致家长一封信、家访等途径向家长解释"五项管理"政策出台原因，引导家长尊重教育规律，缓解教育焦虑，树立正确的教育观；可通过开展社会教育机构座谈会、制定教育机构规范发展政策、引导补习机构有序发展等，配合"五项管理"政策开展。通过种种措施形成家校社协同育人合力，打造关心中小学生身心健康成长的健康友爱社会。

3. 严查整改，精准督察，形成科学考核机制

"五项管理"涉及内容为教育界难以根除的弊病。其推行面临巨大困难，整改面临巨大的阻力。其督导也非一朝一夕之事，不可能一"督"就"行"，这将会是一场"持久战"。目前关于"五项管理"并没有提出详细的规范与要求，只是一些指导性建议，这些建议多缺乏强制性、约束性。要打赢这场整改督察"持久战"，必须建立严格问责制度，加强教育责任主体治学行为治理，对于违反"五项管理"有关规定的教育责任主体进行依法依规问责与惩处，将"五项管理"问责制度化、规范化、常态化。同时教育行政部门和学校也应将"五项管理"纳入学校、老师考核系统，倒逼教育责任主体履行职责，力行政策。

（二）家长积极担责，更新理念

家长应承担其相应的督促责任，配合学校开展工作，成为"五项管理"实施中的保护屏障。首先，家长是孩子带手机的第一道防线，要把好源头关。家长应言传身教，避免在孩子面前长时间使用手机，尤其避免在孩子学习时用手机在孩子面前进行娱乐休闲活动。同时应与孩子商量制定使用手机时间，不能采取放任不管态度，孩子带手机进校园时及时告知老师情况。其次家长应改变"万般皆下品，唯有读书高"的思想，更新教育观念，关注孩子心灵与个性的发展，减轻孩子学业负担。最后家长在学生课外阅读中应发挥积极

作用，选择正规书店选购读物，拒绝购买盗版读物；抓好学生阅读时间，保证孩子每天阅读量，长期积累阅读能力。在有条件的情况下，家长可与孩子一同阅读，相互分享阅读心得，潜移默化地让孩子爱上读书，从阅读中汲取人生智慧。

（三）社会回归初心，协同辅助

"五项管理"的实施，离不开社会的协助。校外培训机构应自觉接受教育局的监管，坚定执行国家教育政策，回归育人初心，不以敛财为目的，明确自身的社会角色和教育责任。同时校外培训机构也应明确自身在学生教育过程中的地位，做好公办教育的补充，不能行学校之能，更不能对学校教育工作加工加码。在"五项管理"政策之下，校外培训机构可以进行规范转型，不专注于学科教育，开设综合素质类科目，以多元化活动来补充学校教育的不足，为中小学生搭建个性化成长空间。

四、结语

教育是社会发展的基础，"五项管理"看似学生学习生活中的小事，实则是关系学生健康成长、全面发展、引领教育评价改革的大事，必须认真对待，严格执行。虽然"五项管理"正式提出较晚，但其实早已隐含在之前的教育改革中。例如作业管理，睡眠时间，体育锻炼等都是老生常谈的话题。所以在调研中，我们能发现"五项管理"政策实施以来，取得的成效较为显著。这离不开之前教育改革和减负政策的铺垫。从掌握情况来看，中小学带手机进校园的数量在减少，校内配备的公共通信设备不断完善；每个年龄阶段的学生睡眠时间在不断靠近所要达到的健康目标；体育运动在学生中成为风尚，足球、篮球等俱乐部如雨后春笋般冒出。但在应试教育背景下，要真正达到"五项管理"所制定的标准，还存在很大的难度。手机虽然禁止入校园，但很多学生以及不良商家想尽办法寻找手机替代物品进校园，同样造成了教学困难；作业数量虽然在减少，但质量上不去，作业几乎完全围绕考试进行，呆板机械；学生阅读往往停留于粗浅阅读，并没有深入文本，起到阅读教育应有的价值，并且由于阅读市场良莠不齐，学生阅读的书籍质量堪忧。

冰冻三尺非一日之寒，教育问题治理也非一日之功。"五项管理"是向基础教育领域的顽瘴痼疾开火，是"小切口"的"大手术"，不可能速战速决。教育系统中的每一个人都应该在思想、行动上做好充分准备，全力打赢"五项管理"这一场督导持久战。无论如何，在落实"五项管理"中，我们要坚信"教育不是牺牲，而是享受；教育不是谋生的手段，而是生活本身"。

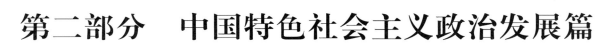

第二部分　中国特色社会主义政治发展篇

绥宁县黄土矿镇以产业兴旺带动乡村振兴的调研报告

课题组成员：匡家慧，杨雅雯，刘露璐，来　媛
指导老师：肖惠卿，罗　薇

摘要： 实施乡村振兴战略，是全面建设社会主义现代化国家的重大历史任务，是新时代"三农"工作的总抓手。乡村振兴战略是社会主义新农村建设的升华版，用"产业兴旺"替代"生产发展"，在发展生产的基础上培育新产业、新业态和完善产业体系，使农村经济更加繁荣。本文以绥宁县黄土矿镇为例，在调研该镇部分村落、产业、乡镇干部、村干部以及村民的过程中，论述农村以产业兴旺带动乡村振兴的发展情况。

关键词： 乡村振兴；产业兴旺；乡村建设

2021年3月5日，李克强总理在《政府工作报告》中提出，要"发展壮大脱贫地区产业"和"发展村集体经济"，着力支持脱贫县，全面支持乡村振兴。为助力当地乡村振兴产业发展，调研小组运用文献调查法、典型调查法、统计调查法、问卷调查法、会议调查法、访谈调查法等调研方法，对绥宁县黄土矿镇的部分村落、产业、乡镇干部、驻村干部及村民以五年为时间基点进行调研走访。

一、前言

（一）调研背景与意义

全面建成小康社会是中国共产党团结带领全国人民取得的伟大成就，标志着第一个百年奋斗目标顺利实现。在庆祝建党百年之际，展望我国社会主义现代化强国建设的新征程，全面推进乡村振兴是迈向第二个百年奋斗目标的重大战略任务。2020年脱贫攻坚战圆满收官之后，我国进入了后脱贫攻坚时代，各级政府相继挂牌成立乡村振兴局，工作重心从脱贫攻坚转向乡村振

兴。乡村振兴是需要久久为功的长期战略：按照党中央对乡村振兴战略的部署，到 2035 年乡村振兴要取得决定性进展，基本实现农业农村现代化；到 2050 年要实现以农业强、农村美、农民富为内涵的乡村全面振兴。

目前，我国的乡村振兴战略取得了一定程度的胜利。但长时间以来，部分乡村地区的发展仍然面临着诸多问题，主要体现在：农民增收难、产业投入资金不足、生态环境恶劣、人口老龄化严重、农村人才紧缺等。基于此，深入了解乡村产业发展情况并进行相关调查研究已然成为一项重要研究课题。因此，此次调研活动将从实地出发，对邵阳市绥宁县黄土矿镇的产业发展情况进行全面考察。

（二）研究方法与创新

1. 研究方法

（1）文献调查法

调研团队在开展调查前，通过检索相关论文和资料，初步了解我省部分地区推行乡村振兴战略的情况，以此设想黄土矿镇发展现状及可能出现的问题，并从中总结出适用性较强的方法以便于后续开展调查。

（2）典型调查法

调研团队了解了黄土矿镇的产业总体发展情况后，与政府部门相关产业负责人员进行讨论，选择出有代表性的重点产业，对其进行实地走访，从而开展进一步研究。

（3）统计调查法

调研团队对搜集到的问卷以及当地政府提供的资料进行统计和分析，得出该地区部分产业发展的具体情况，然后结合数据科学的相关知识，通过统计软件的一系列处理，为进一步的理论分析提供了数据支持。

（4）访谈调查法

调研团队同当地居民、产业带头人、政府工作人员进行访谈，深入了解基层治理情况，结合该镇有关产业发展的政策，从而对该地区产业的发展提供更具专业性的建议。

（5）问卷调查法

调研团队制作好问卷后，将 200 份初始问卷分为线上线下两种方式发放。将成员分成 4 个队伍，分别前往不同方向的农户家分发问卷，对不同村的实际情况进行考察。最终线上线下共回收有效问卷 146 份。

（6）座谈调查法

在调研工作收尾之际，我们以座谈会的形式与当地政府共同进行当地产业发展方面的讨论、分析与研究。与负责产业发展方面专家的交谈，有利于我们对该地区的产业发展情况更深入地了解，从而得出更为准确的可行性建议。

2. 创新点

（1）研究方法的多样性

通过一系列切实有效的研究方法，丰富了调研活动的形式，同时也让调研结果更具说服力。

（2）研究方法的准确性

与当地政府负责产业振兴发展的干部进行讨论，我们更加深入地了解当地产业发展的具体情况，得到的数据更具真实性、权威性，从而得出更加准确的调研结果。

（3）研究重点与难点

此次调研的重点是在产业兴旺带动乡村振兴战略的方针下，对黄土矿镇相关产业发展的具体情况进行实地考察和数据分析，并结合我们自身的专业知识对该镇的产业发展提出合理有效的建议，从而进一步促进该地区产业发展和乡村振兴。

此次调研的难点在于该镇部分新型产业均处于起步阶段，故调研组考察得到的数据时间跨度较小。因此，本文中调研组对当地该类产业真实发展情况的考察，是参考国家政策、政府部门提供的产业发展计划以及实地考察情况后，偏预测性地进行判断与分析，最后再结合专业知识提出更合理的建议和对策。

二、全镇产业发展情况

黄土矿镇 2015 年撤乡建镇，全镇总面积 55 平方公里，辖 8 村 1 社区。5 年来，共完成造林 5469 亩，完成育林抚育 13100 亩，并在此基础上巩固发展原有传统产业，同时积极开发楠竹、黄桃、山苍子等特色产业，实现农业总产值 4221.6 万元，年均增长 15.5%。

该镇大力推行"合作社＋基地＋农户"的重点产业基地建设模式，树立"一村一品""一村一特"的产业格局，先后投入 235 万全面实施镇村重点产业项目，并确定种植业、养殖业和中药材三大传统产业和黄桃、山苍子两大新兴产业作为产业扶贫主要方向。

（一）"百千万"楠竹项目发展情况

楠竹是一个适应性较强的树种，它具有生长快、产量高、成林快、伐期短、用途广、一次造林永续利用的特点。黄土矿镇现有楠竹林一万余亩，在进行人为干预前，楠竹自然生长质量、产量均不可观且运输成本较高，效益不明显。

为了加快楠竹开发，提高楠竹林产量和质量，为经营楠竹林提供可行的模式，5 年前，该镇开始实施"百千万"楠竹低改项目并发动村民逐年进行竹道打通工作，楠竹低改从根源上提高产量，竹道打通则大大降低当地楠竹运输成本。同时，政府在楠竹砍伐项目中设置公益性岗位，并积极引导周边村民自发组织砍伐楠竹，与以世纪竹木加工厂为首的扶贫车间结合形成效益可观的生产流水线。

（二）小安村黄桃基地发展情况

小安村黄桃基地土地较为平整，黄桃种植面积为 150 亩，主栽品种：锦绣中华、蟠桃油九号、风味天后、冬桃，密度为 30～40 棵/亩。且相对连片集中，便于管理，有利于标准化示范区的建设。基地水利设施齐全，灌溉用水质量标准。

黄桃生长快，栽后 3～4 年就可以达到盛产期，亩产 3000～4000 公斤/亩。据调查，每亩投资费用为：肥料农药 300 元/亩，苗木 600 元/亩，用工200 元/亩，黄桃种植每亩净收入 1 万元左右。黄桃种植能够成为当地农民增加经济收入的一个重要的途径。

基地以清源种养农民专业合作社为主体经营管理，采取两种运营模式：

承包：承包期限 5 年，承包土地面积 150 亩，按每亩 1000 元/亩计算，5年承包期费用计 75 万元。

自营：绥宁县清源种养农民专业合作社自主经营，按每亩收益 5000 元计算，共计 150 亩，年毛收益计 75 万元，扣除经营成本 3000 元/亩，年收益计30 万元。

果园进入丰果期，所得收益除生产和运营成本后，用于在全镇范围内对贫困户和重点户进行委托帮扶收益分红。

第一年（开发期）投入预算为 47.5 万元，其中场地开发 29.5 万元，苗木采购 9 万元，化肥农药采购 4.5 万元，松土除草人工费 1.5 元，打凼栽植人工费 3 万元。

第二年（挂果期）投入预算为 16.5 万元，其中原材料购买费用 9 万元，人工管理费 7.5 万元。

第三年（盛产期）投入预算 49 万元，其中原材料购买费 9 万元，人工管理费 30 万元，包装运输费 10 万元。

调研团队预测：收入预算达到 2 万元/亩，但由于结果面积小于种植面积 150 亩，计算可得最后纯收入达到 251 万元。

（三）唐家村山苍子产业扶贫基地发展情况

山苍子生长快，极少发生病虫害，管理得当，3 年可挂果，5~6 年即可进入盛产期，亩产 800~1000 公斤/亩。按目前市场价 7 元/公斤计算，亩收入可达 7 千余元。流转闲置土地 300 亩，按 20 年计算，能为村民带来 60 万元的土地流转收入。基地管护（抚育，施肥，采摘）按 20 年计算，每年可为村民带来 20 万左右的务工收入，辐射和带动作用明显。

第一年（开发期）投入预算为 66.68 万元，其中场地开发 35 万元，苗木采购 15 万元，化肥农药采购 12 万元，种植人工费（含施肥）3 万元，基地管护 1.68 万元。

第二年（养护期）：原材料购买费为 500 元/亩，种植面积 300 亩计 15 万元，人工管理费 300 元/亩计 9 万元。总计 24 万元。

第三年（挂果期）：总计投入 113.98 万元。

基地由绥宁县春意种养专业扶贫合作社为主体经营管理，发展山苍子种植基地 300 亩，采取两种运营模式：

承包：承包期限 5 年，按每亩 500 元/亩计算，5 年承包期费用计 75 万元。

以绥宁县春意种养专业合作社自主经营：按每亩收益 3000 元计算，年毛收益计 90 万元，扣除经营成本计 36 万元，年收益达 50 余万元。所得收益除生产和运营成本后，剩余部分在全村范围内对贫困户和重点户进行委托帮扶收益分红。

三、问卷调查情况

此次问卷调查主要围绕镇政府治理情况、群众的生活状况、群众认为乡村振兴工作中存在的问题等方面展开，通过线上线下结合的方式于黄土矿镇 8 村 1 社区随机性发放。问卷共发放 200 份，线上有效回收问卷 64 份，线下有效回收问卷 82 份，总计回收 146 份。受访者情况如下：其中农民 69 人；个体工商户、规模农户等村内产业工作人员 27 人；乡镇干部、村干部等政府工作人员 21 人；教师、待业等其他情况 29 人。

（一）调查结果统计

五年来，在该镇启动特色小城镇开发建设，统筹街道立面改造、污水处理、道路交通等公共基础设施建设，在实施全镇亮化绿化美化和环江卫生整治工作的背景下，调研团队对以下五个方面发展情况进行问卷调查：

1. 条件改善反映情况

谈到乡村振兴下镇里的新变化时，调查结果显示：34.4% 的受访者表示交通设施得到改善（补路修桥），29.7% 受访者表示住房条件得到改善（危房改造），23.4% 受访者表示医保普及程度得到了提高，40.6% 受访者认为教育条件得到改善，25% 受访者认为生态环境得到改善。由此看出该镇近五年来在交通设施、危房改造、教育条件、生态环境等方面的建设均有不同程度的改善。

2. 治理体系反映情况

谈到乡村振兴政策带来的福利时，调查结果显示：23.4% 受访者认为收入逐年增加，32.8% 受访者认为公共设施增加，23.4% 受访者认为教育资源得到优化，23.4% 受访者认为村民精神面貌得到改善，25% 受访者认为居住条件大大改善，15.6% 受访者认为医疗卫生水平大大提高。由此可知，该镇近五年来在公共设施、教育资源、居住条件等方面均有近乎相同幅度的提高。

3. 生活补贴反映情况

谈到接受过怎样的生活补贴时，问卷数据显示：18.8% 受访者表示接受过教育扶持，15.6% 受访者表示接受过医疗补助，10.9% 受访者表示领取过养老补贴，9.4% 受访者享有低保，12.5% 受访者享有危房旧房改造补贴，17.2% 受访者表示接受过其他形式的帮助，6.3% 受访者表示接受过经济经营形式的补贴，45.3% 受访者表达没有接受过任何帮助。由此看出该镇近五年来在公共设施、教育资源、居住条件等方面均有几乎相同幅度的提高。由此看出近五年该镇给予的各项补贴虽种类丰富，但扶持力度仍不够大，对此所做的宣传也较少。

4. 收入来源反映情况

谈到家中主要经济来源时，问卷调查结果显示：65.6%受访者收入主要来源是外出打工，农民靠土地种植收入根本无法解决生活难题，许多剩余劳动力只有脱离本地，外出寻求出路。12.5%受访者依靠个体经营维持生活，9.4%受访者家庭主要收入来源为养殖业、种植业等典型农户经济，4.7%受访者依靠政府或企业单位工资，由此看出该镇家庭收入来源单一，外出务工人员占大多数，是家庭收入的主要来源。

5. 主要问题反映情况

谈到乡村振兴工作还存在哪些问题时，调查结果显示：28.1%受访者表示资金投入较少，23.4%受访者认为群众参与度低，15.6%受访者认为产业项目增收效益不明显，26.6%受访者认为资金监管力度不够，18.8%受访者认为扶贫政策宣传不到位，20.3%受访者认为政策实施范围不够广。由此看出资金流转顺通是乡村振兴顺利开展的重要前提，其间政策的宣传和实施范围也不容忽视。

（二）结论

1. 从职业结构来看，普通农民多

职业结构反映了一定社会经济条件下劳动力的职业配置状况，其间接反映了产业发展、技术进步等对劳动力职业分布的影响。从职业结构分布来看，普通农民占比47%，涉及第一产业的职业配置比例较高；其余各类技术专业人员较少，与全国就业人员在三次产业中的分布走势不同，仍未呈现职业结构高级化趋势，当地经济发展受阻。

2. 从治理体系来看，民众生活满意度高

该镇受访者在公共设施、教育资源、居住条件等方面均有几乎相同幅度的提高，间接反映政府和谐治理，综合治理情况良好，践实各项产业投资均衡的平衡发展理论，让乡村社会充满活力、和谐有序。

3. 从收入来源来看，家庭收入来源单一

仍有超过一半的受访者收入来源是外出打工，收入来源十分单一且不稳定，尽管子女外出务工能改善其经济状况，但同时也会削弱原有的养老意愿，导致农村老年人得到的养老照料减少，家庭成员的安全风险增大。

4. 从群众反映问题来看，资金投入较少

近几年来，各地农村固定资产投资虽然大幅度增加，但投资总量仍显不

足，占全社会投资份额偏小，制约了农村经济的发展。

四、产业发展存在问题

（一）产业发展风险问题

1. 气候变化把控不准

对于农业生产而言，气候变化大大影响着产业发展。湖南邵阳地处亚热带季风气候区，气候条件年际变化大，气象灾害频发，这使得农业产品产量面临着巨大风险和威胁。且全球气候变暖导致极端气候事件不断增加，使农作物生长环境恶化，农业生产及农作物供给受到影响，并通过农业影响到农产品贸易及其相关产业。

2. 应急突发性事件把控不准

以动物瘟疫为例，随着世界经济的全球化发展，动物及动物产品流通十分频繁的今天，动物疫病的传播媒介越来越多，动物疫病发生的概率显著增加。一旦某地区发生重大疫情，在规定时间内不能得到控制，农业部将宣布该地区为疫区，其他地方可拒绝、封堵来自该地区的畜产品。这将对畜产品外销、市场销售与居民消费心理、畜牧业健康发展和农民增收等带来严重影响。

3. 产业市场变化把控不准

丰产不丰收，农户很受伤。农产品涨跌不定的价格使农户的收入受到影响，特别是价格跌得太多会让农户的投入付之东流。农产品卖不出去，农户的种植积极性就会受到极大打击，脱贫攻坚的成效也会受到影响。

（二）产业发展销售问题

1. 运输问题

对于农产品而言，其具有季节性和大批量上市的特点。但由于黄土矿镇属于偏远地区，交通设施及相关基础设施建设不足，有可能导致农产品的滞后流通问题，进而引发"卖难""丰产欠收"等问题；此外，农产品的保存期限短，大多要求鲜活运输，但以现阶段的物流在运输设备与包装上难以满足要求，这对本地区产品的运输也造成了阻碍。

2. 销售方式问题

因为农产品有保存期限短的特点，所以对于农产品销售也相应地有迅速、准确等要求。而即使是互联网如此发达、信息传播如此迅速的今天，各类农产品也很难得到及时的收集与整理，有效信息严重缺乏，产销信息不对称矛盾突出。最终导致农民卖农产品主要靠自产自销或者马路销售等市场易饱和、盲目性大的方式，如此大大挫伤农民的生产积极性。

3. 人才缺少问题

在全面推进乡村振兴，从城市向农村倾斜，更加注重乡村产业引领的大环境下，人才成为乡村振兴不可缺少的重要因素。一方面，黄土矿镇的新兴产业需要有专业经验和专业技能的人才为其提出技术与方法层面的宝贵意见，为新兴产业把控好方向；另一方面，新兴产业需要工作经验丰富、劳动作风专业的人才站出来作为产业带头人，勇担责任，为产业发展保驾护航。

（三）产业发展劳动力缺失问题

青壮年劳动力的缺乏是黄土矿镇真真切切感受到的巨大难题，而有的政府干部也不无遗憾地与我们说道："是我们镇把青壮年'倒逼'出去的。"虽然现如今国家对农村重点照顾，出台政策扶持农村发展，但是城乡差异化依然显著存在，无法体现出明显效果，这导致大量年轻劳动力向城市涌入，使得农村人口的老龄化比城镇更加严重。

（四）产业发展思想问题

大部分问题群众受教育程度低，缺乏回报社会的思想观念，通过自身努力脱贫的意识不强，过度依赖党委政府扶持，等、靠、要思想较为严重。他们对脱贫攻坚理解不透彻、认识不到位，不主动创新谋路子，即使得到帮扶也是治标不治本，这严重阻碍了脱贫攻坚及相关扶贫产业的发展进程。

（五）产业发展土地资源问题

土地面积对传统农耕产业与新兴种植业有着极大的影响，在黄土矿镇水田、林地生命线不能动，成片组织土地不够用，生态环境线或基本农田不允许开发的条件下，要想组织开发上百亩的大型种植产业基本不可能。而土地得不到释放，农业产业结构优化和空间布局无法进行，极大阻碍乡村振兴的后续进程。在可用土地资源有限的情况下，如何有效流转、整合其他土地资源，值得我们进一步去思考。

五、研究建议

针对调研过程中所发现的，调研团队针对从个例重点产业到全镇产业发展中存在的问题，结合专业知识给予建议。

（一）重点产业建议

1. "百千万" 楠竹——科学安排造林密度

表 1　不同造林密度下楠竹的经济效益分析

造林密度（株/亩）	成本投入（元/亩）	木材产出（m³/亩）	经营效益分析
90	456.7	4.21	效果显著
100	535.3	4.15	中等
135	633.55	2.96	较差

由表 1 得出：不同的造林密度可以得出不同的经营效果，在成本投入方面来看，不是单位面积投入越大产出就越多，而是要科学合理的造林密度才能达到最好的经营效果。上表可以表明：造林密度在 90 株/亩最为合理，不仅投入少，而且单位面积蓄积量大，林木抗逆性强，经营效果显著。

在同一地点，同一时间造林，同样的经营措施，不同的造林密度，就产生不同的经营效果。由此可见在大面积发展楠竹速生丰产林时，一定要科学造林，不要盲目投资，以免造成浪费。

2. 山苍子——深入延伸产业链条

延伸产业链条，做好产品深加工，扩大产品附加值，以产业基地为龙头，以山苍子产业为主线，舞活唐家村产业格局。做好品种的选培育，培育适合当地、产量高、品质好的优秀品种。做好新型种植技术的推广和应用、矮化压枝，提高单位面积产量。进行立体种养，力争用 3～5 年时间，山苍子种植面积达到 5000 亩，打造山苍子行业区域性标杆。

鼓励村民在房前屋后，水边路边栽种山苍子，稀疏林地套种山苍子，既能增加林地植物多样性，又能增加林地收入，还能防止其他林木发生病虫害。利用山苍子开花早、花色洁白如玉的特点，打通乡村旅游这一销售渠道。

（二）产业建议

1. 优化乡村产业服务体系

农业的产业化发展包括产、供、销等各个环节，这些环节的正常运行对物资、信息、资金、科技的社会化服务的要求也越来越高。优化产业服务体系，围绕不同阶段的生产需求，提供产前、产中和产后全程服务。

（1）坚持规划引领

要根据乡村区位优势和资源禀赋条件，科学分析市场需求，完善乡村产业发展规划，明确乡村产业发展方向、重点任务、产业布局以及保障措施，有序发展乡村产业。

（2）做好中期维护

不管是种植业还是养殖业，都有相应的成长期，并且成长期管理维护得好不好直接关系到产业产出的经济效益。所以要对村里的产业负责人、带头人定期进行技术培训，并且还要经常邀请农业技术专家到产地调查情况，根据当地的实际情况对中期的管理维护及时进行调整。

（3）扩宽销售渠道

一方面推动批发市场、电商企业、大型超市等农产品流通企业深入产业发展地区，开展多种形式的产销对接活动，与具备农业产业发展基础的县、乡、村建立长期稳定的产销关系。另一方面是建设适度规模的产地型冷库、预冷库、移动预冷库、具有冷藏功能的产地加工集配中心等冷链设施，提升预冷和储藏保鲜能力，补齐"最先一公里"冷链物流短板，延长农产品货架期，提高错峰销售能力。配备标准化的清洗、烘干、分级、包装等商品化处理设施，提升农产品初加工和产销对接能力，提高农产品附加值和市场竞争力。

（4）提高运输技术

加强交通运输方面的基础设施建设，一方面要保证公路交通的畅通，同时尽可能发展铁路等其他可能的运输途径，降低运输成本；同时，为尽可能降低农产品在运输中的损耗，保持在运输过程中的完整性，可以培养相应的运输人员，规范运输人员的操作，并合理地对农产品进行包装来提高现有的运输技术。

2. 强化乡村产业人才技术支撑

在更加注重乡村产业引领、城乡一体化发展的大环境下，人才成为乡村振兴不可缺少的重要因素。只有通过人才传播专业经验和专业技能，才能让一个产业更快速地繁殖和发展，从而实现乡村振兴。

（1）注重本土人才的培养

积极开展新兴职业农民技能培训，立足现有农村人才资源，围绕家庭农场主、致富带头人及有创业计划的大学毕业生、退伍返乡军人等人员开展系统性培训。

（2）注重专业人才的培育

借鉴并推广先进地区开展的农业人才定向委培模式，加大专业人才队伍建设力度；充实基层农技人员队伍，合理设置其准入和退出机制，尽快制定农技人员通过提供增值服务取得合理报酬的指导性文件，为基层农技人员能够全身心投入农技推广提供政策支持。

（3）注重服务人才的引进

鼓励本乡本土大学毕业生返乡创业、返乡就业；有针对性地引进与农业产业发展相关并急需的高学历人才；出台相关政策，遴选本乡本村的创业型大学生到村挂职，进一步增强村级组织的战斗力与发展活力，缓解大学生留不住的问题；抓住乡村振兴战略契机，吸引"乡贤"回归，以能人志士的实体项目投资，带动当地乡村产业发展，提升乡村产业发展档次。

3. 推动产业农民收益最大化

（1）切实提高农业生产效益

推进现代农业建设，提高农业生产效益，是建设社会主义新农村的重要内容，更是吸引青年劳动力从事农业生产的重要经济因素。农村要留住青年劳动力，必须尽快转变农业增长方式，进一步提高农业综合生产能力，增强农业科技创新能力，加快农业产业化进程，促进农业生产效益大幅提高。

（2）改善农村生产生活条件

加快农村基础设施建设，大力发展农村公共事业是建设社会主义新农村的重要组成部分。农村要留住青年劳动力，必须增加投入，大力发展农村教育、卫生、文化等社会事业，完善农村社会保障制度，搞好农村环境卫生整治，推行健康文明的生活方式。

（3）发挥村集体带动作用

鼓励村集体开展乡村公共空间治理，盘活资产资源，为乡村产业发展奠定基础。鼓励和支持村集体经济组织领办合作社、组建集体农场，发展乡村产业，增加村集体经营性收入。引进龙头企业，充分利用企业的资本、技术、人才、管理等现代生产要素，因地制宜联合发展。统筹协调当前产业扶贫与实现乡村产业振兴的关系，实现脱贫攻坚与乡村振兴战略的有效衔接。对于完成脱贫攻坚任务的地区，加强对产业项目可持续发展的关注支持，鼓励当地村干部和能人参与到项目中积累经验、锻炼才干，增强自身造血功能，巩固脱贫攻坚成果。

4. 加强群众思想引领

（1）加大宣传引导

既要"富口袋"，也要"富脑袋"。要认真抓好农村精神文明建设，引导贫困群众自强自立、不等不靠，为巩固脱贫攻坚成果筑牢思想基础。加大"党委政府是主导，贫困群众是主题"的共建思路宣传引导，从思想上让贫困人员意识到贫困的根源所在，让群众树立起自己家园自己建的思想意识，进一步消除部分群众的等、靠、要思想。

（2）提高致富能力

促使地方特色产业发展，加大培训力度，鼓励在外打工青壮年回乡参与职业技能培训，充分发挥驻村工作队的作用，积极宣传党的方针政策、惠农政策，传递各种科学技术、致富信息等，提高贫困户自力更生能力，大力扶持合作社，让群众看到致富增收的希望，看到未来发展的空间，使思想能紧跟发展形势，脑子活思路宽，从多方面寻求致富门路，充分调动和激发起参与的积极性与主动性，共同参与到共建活动中来。

5. 发挥村两委班子工作职能

火车跑得快，全靠车头带。产业兴旺需要村两委班子充分发挥带头人作用，鼓励和引导群众积极投资、投工、投劳，充分利用气候条件等独特的优势合理发展经济作物。要把带领群众因地制宜发展产业作为村支两委班子当前重中之重的职责任务。

（1）强化考核导向

鲜明立起产业发展指挥棒，把抓产业发展作为村级工作考核的重心，进一步加大权重，使村支两委带领群众抓产业、谋发展的重要职责凸显出来。

（2）加大培训力度

加快实施新型职业农民培训工程，让更多更好的"田秀才""土专家"涌现出来；组建农业技术巡回指导服务队，广泛开展技术培训和交流，根据各村的产业发展情况、产业发展阶段分类开展培训，针对落后村村干部发展信心不足的情况，组织他们到发展基础原来相仿、现已发展较好的村参观学习，让典型"说话"，帮助村支两委开阔视野、增强信心。

（3）发挥干部作用

因村制宜，因村发展，带动贫困人口去发展产业，去促进就业，巩固脱贫攻坚成果、促进农村和谐，只有这样才能更有效地促进振兴。

参考文献

[1] 王颖. 产业兴旺助力乡村振兴　建设美丽新农村——抚宁区乡村振兴发展情况调研报告 [J]. 统计与管理，2021，36（5）：15 – 18.

［2］贺文明，向宗师，罗立平，等．楠竹低改试验初报［J］．林业建设，2008（2）：51 -
53.

［3］李虎贤．农业机械化助力乡村振兴战略实施策略研究［J］．世界热带农业信息，
2022（1）：66 - 67.

［4］郭俊华，卢京宇．产业兴旺推动乡村振兴的模式选择与路径［J］．西北大学学报
（哲学社会科学版），2021，51（6）：42 - 51.

［5］董翀．产业兴旺：乡村振兴的核心动力［J］．华南师范大学学报（社会科学版），
2021（5）：137 - 150，207 - 208.

长沙市望城区茶亭镇九峰山村农旅融合调查报告

课题组成员：沈诗淇，李玟燕，吴紫莹，
刘一欣，梁群琦，李嘉琳
指导老师：瞿理铜，欧　辉，杜　涛

摘要： 近年来，随着旅游产业逐步发展，乡村旅游为推动农村经济高速发展提供了一个新的思路。为探索如何充分利用农业资源带动旅游业发展，从而推动农村经济发展，本调查以茶亭镇九峰山村发展成果为依据，采取问卷调查、实地考察、访谈等形式对当地居民、合作社、村委会等主体进行了实地调研，并对如何进一步发展乡村旅游业提出建设性意见。

关键词： 以农助旅；乡村旅游；成果总结；前景分析；对策建议

一、引言

中共中央国务院在《关于实现巩固拓展脱贫攻坚成果同乡村振兴有效衔接的意见》中指出，"打赢脱贫攻坚战、全面建成小康社会后，要进一步巩固拓展脱贫攻坚成果，持续推动脱贫地区发展和乡村全面振兴"。我国农村改革事业取得了举世瞩目的成就，但仍存在发展模式单一，资源利用率不高等问题。因此，应贯彻实施乡村振兴战略，按照"产业兴旺、生态宜居、乡风文明、治理有效、生活富裕"总要求，以解决目前乡村发展面临的问题。

近年来，随着旅游产业逐步发展，乡村旅游为推动农村经济高速发展提供了新的思路。单一发展农业，无法促进农村经济高速发展。而农业资源又是农村旅游业发展的一大动力，因此充分利用完备的农业资源，带动当地旅游业发展，以农助旅，加快农村经济发展，对于全面推进乡村振兴具有重要意义。

本次研究通过文献检索、实地考察、访谈调查、问卷调查等方法，结合九峰山村发展的实际情况，从九峰山村农业发展、旅游业开发状况、发展面临挑战、未来发展建议等方面进行调查研究。

二、茶亭镇九峰山村农旅融合发展现状分析

（一）九峰山村概况

九峰山村总面积 7.8 平方公里，其中一半以上为山区，森林覆盖率较高，现有 3600 余亩已纳入市级生态公益林保护区。九峰山村属于丘陵地貌，山地资源丰富，村域内有九峰、南冲两座小型水库，有惜字古塔、九峰夕照、三湖镜月等景观。该村拥有 2890 亩的耕地面积，其中 1980 亩为稻田。

目前九峰山村农业的生产结构包括种植业和畜牧业，主要以种植业为主，发展休闲农业。得益于九峰山村丰富的农业资源和优美的自然环境，近几年来，九峰山村在种植业方面的发展较为完备，成就较为显著。在农业生产基本条件方面，该村农产品资源较为丰富，除了油菜花、向日葵、荷花、水稻，还有以丝瓜居多的有机蔬菜，以上农作物除去自产自销的部分，大部分于镇外售卖；在土地的使用权方面，规定农民土地的使用权可以依法流转；在耕地的经营模式方面，通过集中连片实现土地集约化经营，提高稀缺资源的使用效率；在耕地的种植结构方面，贯彻实施防止"耕地非粮化"政策，以加大粮食种植面积、提升生产能力、提高生产数量和质量为目的，为国家粮食安全提供保障；在耕地的种植模式方面，实施以种植合作社、大户、散户三者并存的综合性种植模式，体现了种植业的灵活性与包容性。

（二）九峰山村农旅融合发展成效

1. 旅游景点初具规模

茶亭镇旅游开发以花海元素为主题，以农耕文化为底蕴，依托丰富的生态自然资源和现代农业产业基础，构建以心正宫油菜花海片、茶亭水库亲水康养区、丰产田园现代农业带、惜字古塔世界奇观为核心的茶亭花海乡村旅游示范片区。茶亭花海、惜字古塔、茶亭水库、惜字文化馆均为已开发的旅游景点，其中在花海的中央区域，花海巨型舞台、高陵塔、水杉木栈道、花海之眼、花田小木屋等景观更是让游客应接不暇。九峰山村每年三月的油菜花节是一大特色，吸引了一批游客前来观看，被花海吸引过来的游客可以去九峰山村其他景点游玩，进而推动旅游业持续发展。九峰山村耕地面积广且利用率较高，目前种植的农作物有油茶树、水稻、油菜花、向日葵、有机蔬菜如丝瓜等。九峰山村利用这一优势，打造了花海旅游景区。

2. 旅游配套设施不断完善

2014 年，九峰山村提出三年景区规划，随后硬化了惜字塔、妙冲等组级公路 5 公里，还将 7 公里村级公路与集镇连接起来，修成了崭新的柏油路。

九峰山村官冲路的道路由曾经的不足两米拓宽至如今的四五米。自 2019 年九峰山村获评区级乡村振兴示范村以来，村上整修改造了 10 余公里的村组道路，新建了 3 个停车坪，完成了 30 余口标准塘的提质改造建设。

一年来，九峰山村新建雷锋驿站 5 个，配设游览全景图，设立标识标牌，提质改造游览道路、铺设油砂 8831 米，配建改造停车场 10 个，新增停车位 150 个，除此之外，还在景区附近引进了几批共享电动车，缓解了游客停车压力，也方便了游客参观游览。通过对片区内近 10 公里的沟渠、石渚河河道进行除杂清淤疏通、生态护砌等措施，使得片区内近万亩稻田得到更好的灌溉，群众切实受益。由于旅游业的初步发展，一些相关产业也逐渐兴起，农家乐、民宿逐渐发展起来，带动了当地经济发展。

3. 旅游宣传方式多样

有关茶亭花海的相关介绍，除了通过"乐在望城""望城发布"公众号、"望城新闻网""望城融媒""新湖南"等新闻媒体报道，据当地居民透露，还会在长沙市芙蓉区五一广场、黄兴广场的 LED 大屏进行投屏宣传，有效提高了茶亭花海的知名度，对于吸引客源具有重要作用。

三、茶亭镇九峰山村农旅融合发展存在的问题及原因分析

（一）长沙市望城区茶亭镇九峰山村农旅融合发展现存问题

1. 旅游产品相对单一

于九峰山村而言，目前仅基本完善了观光旅游产品，即茶亭花海、惜字塔为主的自然风光、名胜古迹类旅游观光项目，而缺乏如野营类的度假旅游项目、蕴含乡村特色的文化类旅游产品，前者（旅游观光类）属于低附加值活动，这种旅游活动具有较高的重复性和较强的可替代性，很难吸引游客进行二次游玩，对于口碑宣传也稍有影响。

在走访过程中，我们发现，虽然九峰山村拥有丰富的农业资源，但村民普遍知晓的农产品却寥寥无几。可见，九峰山村特色农产品作为当地一种可开发的旅游资源，虽种类丰富但真正形成旅游产品的却屈指可数。

2. 旅游经营较为粗放

任何一个产业的发展，都离不开专业化的管理与经营，乡村旅游业的发

展更是如此。旅游产业是以旅游业生产力六要素吃、住、行、游、购、娱为核心的整合产业。据九峰山村"去野"民宿老板透露，当地居民"空有发展资本，却无发展头脑与经营头脑"。九峰山村现虽已开发了农家乐、民宿、共享电动车、花海片区等旅游产业，但各行业间难以形成规范统一的经营模式，还只是"一盘散沙"，出现各自经营、互不干涉的局面。

3. 旅游辐射带动力有待进一步提升

在与九峰山村居民交谈的过程中，可以了解到，大多数游客都是"一次性"游客，很少出现"回头客"，且长沙市内的游客占据了很大一部分比例，外省游客少之又少。

（二）原因分析

1. 政府投入不足

（1）政府资金投入不足

在走访过程中发现，政府方以及居民方均表示，在大力发展乡村振兴方面，政府每年投入资金存在明显不足的现象。

在农业方面，政府承包土地所支付的租金较少。为避免一些无劳动力户所拥有的土地出现荒废现象，政府会对土地进行承包，一般为每年 0～500 元/亩的价格，该价格相较于其他地区的土地承包价格，确实低了不少。

在旅游业方面，花海景区建设是从 2014 年提出的，由于资金投入不足，政府在基础设施建设方面很难有更多作为。例如，政府于去年才将九峰山村所有主干道铺成柏油路；由于道路狭窄，私家车无法进入景区，为使游客通行方便，政府引进共享单车，而这也只是今年才完成的工作；除道路建设以外，目前九峰山村景区旅游设施建设以及电力电信设施建设仍不完善，亟须引起政府的重视并加以处理。

（2）政府宣传力度不够

在与九峰山村党总支书记的交谈中我们发现，该村旅游业发展属于非营利性乡村旅游，以农业发展吸引游客，从而促进旅游业发展。然而目前来看，政府宣传力度并不到位，吸引力度不大，对于客源市场的吸引不具优势。

宣传力度不足一方面表现为宣传方式的不足。九峰山村旅游业的宣传方式过于单一，只是依靠融媒体的报道，没有充分利用当今快速发展的短视频平台，无法将景区特色宣传出去，也无法吸引更多游客前来游玩。另一方面则是宣传范围的局限，目前九峰山村景区的宣传大多集中于望城区内，长沙市内虽有宣传，但数量较少且效果微弱。

（3）政府政策有待完善

政府政策在乡村发展过程中具有重要作用，而不完善的政策在一定程度上也导致了不少问题的发生。

其一，物价政策的不严厉使得政府对物价的监管力度不足，从而导致了物价过高这一问题。过高的物价会影响游客满意度，不利于旅游业的发展。

其二，缺少招商引资优惠政策以及专项人才引进政策。单靠村民发展，缺少投资，无专业人才指导，导致九峰山村旅游产业规模难以扩大且呈现出杂乱无章、粗放式经营的状态，这也使得九峰山村旅游业的发展停滞不前。目前，该村旅游业收入来源主要通过农家乐、民宿、农产品贩卖等方式，而农家乐、民宿的经营缺少指导，存在数量少且规模小的现象，这使得游客吃住成为问题，游客体验感不佳，容易降低"回头客"的数量。

2. 缺乏相关专业人才

九峰山村居民大多为农民，文化素质水平不高，对于如何更好地发展乡村没有具体的想法。倘若存在发展的想法，但自身能力有限，只能空想，而无法付诸实际行动。

根据我们的实地走访发现，一些居民对于如何促进旅游业更好地发展没有任何想法，他们认为只需要管好自己的生计就足够了。而据九峰山村景区内一家民宿老板所言，还有一部分村民，他们想要为乡村旅游业的发展献计献策，也想通过开发民宿或农家乐来推动旅游业发展，但能力有限，也没有任何经营头脑，只好作罢。在对居民的采访中我们发现，一些村民对于特色产品的开发以及制作有了初步的想法，并且已有投入，但奈何能力有限，规模太小，还无法为旅游业做出贡献。

四、茶亭镇九峰山村农旅融合发展的对策建议

（一）搭建"农业生态产业园"

充分利用闲置农房、农村土地等资源，构建集观光、餐饮、休憩、娱乐、度假、体验于一体的综合性农业生态产业园。

具体而言，游客可参观农产品如茶籽油的生产及加工过程，可亲自体验油菜花的采摘与榨油，可在花海圣地拍摄艺术照、婚纱照，可挑选花种作为纪念品或自行培育，还可观赏到极具九峰山村当地特色的民俗表演……

真正做到让游客有花海可赏、有美食可尝、有产品可买、有活动可参与，让游客在优美的乡村风景中获得舒适惬意的享受，让九峰山村的"人气"转化成"财气"。

（二）开发"沉浸式乡村旅游"

让游客去九峰山村"游玩"一次并不是最成功的旅游体验，只有让游客感受到自己在九峰山村"生活"过才是沉浸式旅游的最高境界。

以游客的"参与性"为核心，注重游客的"体验感"，从视觉、听觉、嗅觉、触觉等方面使游客亲自体验、亲自感受、沉浸其中，这便是沉浸式乡村旅游模式的真正内涵。

通过体验耕田、播种、浇水、采摘、榨油、磨米等感受农活的快乐，通过乡村厨房烹饪品尝绿色食材的原汁原味，通过组队上山挖野菜、采油茶探索大自然的奥秘……

（三）策划乡村旅游项目

借助生态交通工具开发旅游半日游、一日游旅游项目。根据九峰山村旅游景区布局规划，打造多条各具特色的旅游线路，充分利用生态观光大巴、观光缆车、马车、牛车等具有九峰山村乡村特色的交通产品，既为游客节省了规划旅游线路的时间，又减少了私家车的驾驶，保护了景区环境，同时给游客增添了舒适度与趣味性，给居民们带来了一定的经济收入。

根据不同的游客性质策划专属的亲子游乐、团队素拓、情侣留恋、单人享受等旅游项目，为游客"量身定做"独一无二的旅游体验。例如可设置播种、插秧、采摘、垂钓等一系列亲子活动，帮助孩子感受乡土气息、拥抱亲近大自然，增进和谐友爱的亲子关系。

利用丰富的花海资源为游客打造独特的 DIY 旅游服务项目。游客观赏花海的同时，可以体验插花、制作花茶、花饼、酿造花酒、提取纯露、举办花展等一系列手工活动，还可以在花海主题餐厅为餐盘摆花、配置作料。此外，游客可购买自己的 DIY 产品。该项目最终不是为了赚取服务费，更多的是为了带动花海以及延伸产品的销售，以及加强品牌传播与推广。

（四）加大政府投入力度

1. 完善旅游设施

对于旅游服务设施的完善，景区周边应建设住宿、娱乐、健身、购物、特色餐饮等一系列配套的服务设施，例如引进旅游观光缆车，建设骑行、攀岩等运动项目，形成一体化旅游服务体验。

对于旅游基础设施的完善，一是完善道路交通基础设施：有序实施乡村道路"白改黑"和"窄加宽"工程，对茶亭花海片区内的循环山路以及镇域内的村组道路等进行拓宽提质，改善停车困难、交通堵塞等问题。二是完善网络基础设施：进一步夯实全镇的4G和光纤网络基础，重要节点和景点实现5G网络全覆盖。三是完善安全基础设施：对于景区内处于共享电动车服务区外的范围，应尽可能开发新的服务区，或者在非服务区处设立标识牌予以提醒；对于景区设施应增加检查维修的频率，适当时应对建筑设施承受能力大小、注意事项增设标识牌。四是完善环境卫生设施：定点设立公共卫生间，定时清洁环境卫生；做好"垃圾分类及资源化利用"知识的宣传工作，培养居民垃圾规范处理的意识。

2. 引进专业人才

引进专业人才一方面能对九峰山村现有的旅游产业进行统一规划与管理，以及依据九峰山村特色农业的发展进行长期有效的旅游产业规划；另一方面是能够传授当地居民经营方法与策略，让居民学会将现有的农业资源转化为旅游资源，从而通过旅游业带动经济收入。

如何引才？一是立足产业"引"才。组织开展校企合作，将农村企业人才和高等院校人才进行有效融合，进而培育"新型人才"。二是推动人才返乡创业。支持农民工、退役军人、知名人士、高校毕业生等回乡创业，按照产业链进行人才分配，将产业链上人才稀缺的短板补齐，充分发挥各具特色的"人才作用"。

3. 加大宣传力度

首先，充分利用九峰山村丰富的农业资源、特有的农业产品、优美的自然环境以及宜居的生态环境，发挥当今社会短视频时代的优势，将其拍成公益广告、纪录片、宣传片、微电影等。其次，利用直播平台宣传九峰山村，售卖当地特色农副产品。最后，设立茶亭镇旅游业的官方网站或其他宣传网站，增加游客获取九峰山村信息的途径，从而扩大九峰山村的知名度与影响力。

4. 出台招商引资优惠政策

政府出台招商引资优惠政策，通过吸引企业商人投资来扩大景区内旅游产业规模，从而推动旅游产业的发展，对旅游业的进一步发展做出贡献。

（五）提高村民参与积极性

1. 设立培训小组

村庄内部设立多个培训小组进行职业技能培训以及创新创业培训，可针对一些旅游基本项目进行开发及管理方面的培训；对参与培训的村民给予适当补助资金，提高村民积极性。村民在培训小组内互帮互助，共同助力乡村振兴。

2. 开展经验交流会

村与村之间可联动开展经验交流会，鼓励村民进行自我发展并参与到旅游开发的活动中。村民可以从一些示范村的发展过程中汲取经验，在交流中了解问题的解决方法，并结合本村具体情况，因地制宜地发展本村经济。

3. 建立健全模范奖励机制

为鼓励广大村民积极投入村庄旅游业的建设，可在全村范围内组织"乡村建设我最强"评选活动，每年年底评选一次，评选标准为：自主参与建设，并对村庄经济发展贡献最大；具体指标可为个人贡献 GDP 占全村生产总值比率。对最终获奖者给予一定补贴，在村内营造一种全村积极参与建设的优良风气。

参考文献

[1] 金博宇，王瑞琦，王煜涵，等. 乡村振兴背景下农旅融合模式发展现状及建议——以黑龙江为例 [J]. 农村经济与科技，2019，30（12）：166–167.

[2] 曹原，马松，王芝茜，等. 乡村振兴背景下贵州旅游业的发展研究 [J]. 农业与技术，2021，41（13）：163–165.

[3] 张瑛，张唯. 农旅融合谱写乡村振兴新篇章 [N]. 宁夏日报，2021–07–23（008）.

[4] 胡琪蓉，胡葳，万兢. 农业产业园里的致富经 [N]. 抚州日报，2021–06–16（A01）.

硒有慈利：农产品区域公用
品牌赋能乡村振兴研究

课题组成员：朱子逸，谭宏丽，陈文真，卜巧萍，陈巧薇
指导老师：陈云凡

摘要：产业兴旺是实现乡村振兴战略的重点。在我国农业发展从增产导向到提质导向转变的新阶段，通过农产品区域公用品牌赋能乡村产业已成为实现农村产业兴旺的重要举措。基于此背景，本文采用访谈法对张家界市慈利县区域公用品牌"硒有慈利"进行案例分析，具体阐述其赋能模式和赋能成效，总结赋能经验，为其他地区的发展提供可借鉴的经验；同时分析"硒有慈利"品牌建设中现存问题，并提出针对性建议，助力"硒有慈利"发展和乡村振兴。

关键词：硒有慈利；农产品区域公用品牌；产业赋能；乡村振兴

一、引言

（一）调研背景

1. 乡村振兴战略持续推进

乡村振兴战略是习近平同志在党的十九大报告中提出的，其目标是解决"三农"问题即关乎我国国民生计的根本性问题、提高我国农业发展水平、建设现代化经济体系。2020 年农业农村部印发的《全国乡村产业发展规划（2020 – 2025 年）》指出：实施乡村振兴战略，是解决新时代我国社会主要矛盾、实现"两个一百年"奋斗目标和中华民族伟大复兴中国梦的必然要求，具有重大现实意义和深远历史意义。如今我国的农业发展进入新阶段，人们的消费也逐渐向质量、品牌化方向转变，必然要推进农业由增产导向到提质导向的转变，而建立农产品区域公用品牌正是实现农村产业兴旺的重要措施之一。

2. 农产品区域公用品牌引领振兴

2017 年中央一号文件首次提出"农产品区域公用品牌"的概念，推进区域农产品公用品牌建设，支持地方政府依托优势企业和行业协会打造区域特色品牌。《关于加快推进品牌强农的意见》也指出，农产品品牌化是经济高质量发展的迫切要求，是推进农业供给侧结构性改革的现实路径，是增强农业竞争力的必然选择，是增加农民收入的有力举措。建立农产品区域公用品牌，发挥其引领作用，有效调动多维主体、发挥区域特色优势，优化配置区域资源，有利于农业的高质量发展，对实现乡村振兴有巨大战略意义。

3. "硒有慈利"品牌初具成效

2017 年 11 月 18 日，硒有慈利在长沙举办的中部六省农产品博览会上正式发布。这是湖南省第一个全品类的县域公用品牌，由慈利众多特色产品组成，如：富硒大米、杜仲雄花、葛根粉。目前，慈利县已启动建设富硒产业园区 16 个，被评为"中国富硒食品产业化基地县""湖南省富硒产品开发示范县""湖南省补硒工程先进县""湖南省'1223'富硒工程实施先进县"。

硒有慈利品牌已连续两年进入中国区域农业品牌影响力全国排行榜前十，是慈利县地区特色农产品走出大山，进入省内外、国内外市场的高效通道，在带动农村产业兴旺、实现乡村振兴方面成效显著，同时在区域公用品牌建设方面极具代表性。

2018中国区域农业品牌影响力排行榜

区域农业形象品牌

品牌类型	指数	排名	所属区域
丽水山耕	96.76	1	浙江
天赋河套	92.31	2	内蒙古
武夷山水	78.04	3	福建
寒地黑土	74.56	4	黑龙江
翠·胜一筹	70.80	5	山东
天生云阳	70.54	6	重庆
永州之野	65.75	7	湖南
硒有慈利	62.77	8	湖南
产自临沂	62.13	9	山东
毕节珍好	60.54	10	贵州

图 1　2018 年中国区域农业品牌影响力排行榜

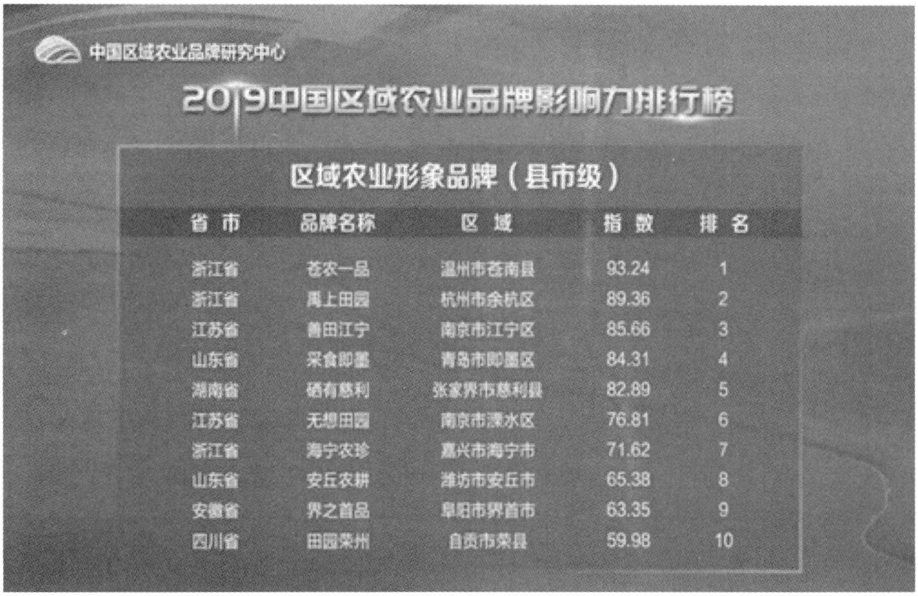

中国区域农业品牌研究中心

2019中国区域农业品牌影响力排行榜

区域农业形象品牌（县市级）

省市	品牌名称	区域	指数	排名
浙江省	苍农一品	温州市苍南县	93.24	1
浙江省	禹上田园	杭州市余杭区	89.36	2
江苏省	善田江宁	南京市江宁区	85.66	3
山东省	采食即墨	青岛市即墨区	84.31	4
湖南省	硒有慈利	张家界市慈利县	82.89	5
江苏省	无想田园	南京市溧水区	76.81	6
浙江省	海宁农珍	嘉兴市海宁市	71.62	7
山东省	安丘农耕	潍坊市安丘市	65.38	8
安徽省	界之首品	阜阳市界首市	63.35	9
四川省	田园荣州	自贡市荣县	59.98	10

图 2　2019 年中国区域农业品牌影响力排行榜

（二）调研地点基本情况

慈利县位于湖南省张家界市东部、武陵山脉东部边沿，总面积 3492 平方千米，总人口 71 万人，全县辖 15 个镇、10 个乡。慈利县是武陵山连片省级贫困地区，是张家界市脱贫攻坚主战场，共有贫困村 134 个，其中省级深度贫困村 1 个，贫困人口在 100 人以上的非贫困村 220 个。目前全县所有贫困村已全部出列；建档立卡贫困人口 24038 户 85069 人，2019 年底前累计脱贫 23165 户 83187 人。2020 年，剩余 873 户 1882 名贫困人口全部脱贫。

（三）调研目的

第一，探索“硒有慈利”区域公用品牌的现有成效、在促进区域乡村振兴方面发挥的作用，并总结经验，供其他地区发展农产品区域公用品牌参考；第二，研究硒有慈利赋能乡村产业的影响及现有问题，提出方法建议；第三，为国家政策法律的完善提供参考。

（四）调研方法

本次调研中，团队采用访谈法，共对 4 位受访者进行采访。访谈一于 2021 年 7 月 29 日在慈利县众创空间进行，受访者为慈利县众创协会会长卓亚军。访谈二于 2021 年 8 月 9 日通过微信进行，受访者为慈利县众创空间办公室工作人员田俊。访谈三于 2021 年 8 月 10 日通过电话进行，受访者为授权"硒有慈利"品牌的张家界老山翁农业科技发展有限公司负责人周红军。访谈四于 2021 年 8 月 9 日通过电话进行，受访者为未授权"硒有慈利"品牌的慈利县蜜源蜂业负责人黎晓芳。访谈一与访谈二通过对工作人员进行采访来了解"硒有慈利"品牌基本信息、建设影响等；访谈三、四通过授权企业与未授权企业采访，对比得出品牌对企业发展的相关影响。

二、赋能缘起与模式

（一）赋能缘起

慈利县自然条件优越，物产丰饶，属亚热带季风湿润气候区，适宜农作物生长。慈利县是我国天然富硒地之一，960 平方公里的工作区内，54% 土壤为天然富硒土壤，适宜培育富硒农产。慈利也是农业大县，目前可生产果蔬、畜禽、粮油干货、茶饮等农特产品。慈利县的农业生产方式长期以来为散户经营，天然富硒农产品产量大，但是价格低廉、销售渠道单一、产品积压浪费严重。此外，慈利县虽素称"张家界东大门""温泉之乡""道教圣地"，环境优美，旅游资源丰富，但没有得到充分开发。慈利县产业发展滞后不前，需要赋予产业技术或者品牌等新要素，使产业获得新的发展契机。

为了贯彻落实党的十九大提出的乡村振兴战略、省委"创新引领开放崛起"战略，慈利县政府从区域产业和经济发展等角度进行全盘考虑，发布了全省第一个全品类的县域公用品牌——"硒有慈利"，以整合区域特有自然资源，提升产品价值与竞争力，促进产业升级，助力县域乡村振兴。

（二）赋能模式

"硒有慈利"的运作模式是"政府主导 + 空间运营 + 协会协作 + 社会参与"。

1. 政府主导，统筹规划

"政府主导"强调政府在农产品区域公用品牌培育的统筹规划、组织架构、思想指向等方面发挥主导作用，以解决创建农产品区域公用品牌过程中主体定位不明和能力不足等问题。政府通过宏观调控整合县域内的人财物资源发展农业，给品牌和授权企业提供法律、政策、资金支持等。为给品牌提供机构保障，政府成立硒有慈利领导小组、硒有慈利研究院，让品牌成为全县各个部门共同参与搭建的平台；政府通过公开招标方式，请会计师事务所帮助公司建立现代财务制度，同时也聘请农业专家和上市公司对其经营进行全程指导。

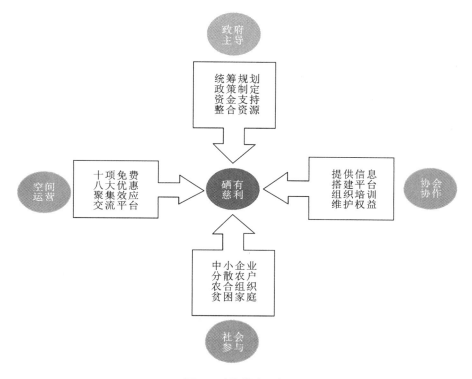

图 3　赋能模式图解

2. 空间运营，搭建平台

"空间运营"是指众创空间负责运营"硒有慈利"品牌。众创空间是响应"大众创新、万众创业"的号召而成立的专门服务孵化中小微企业的政府机构，是全免费的公益性服务平台。众创空间是"硒有慈利"得以运转和发展的平台，是区域公用品牌的载体。平台主要发挥聚集效应，整合各行各业资源，发布政策信息，组织孵化和培训活动；同时也给品牌授权企业提供交流平台，便于企业家相互交流经验、开阔眼界、加强合作、共享资源。

3. 协会协作，交流信息

"协会协作"是指张家界硒有慈利众创协会协助政府进行"硒有慈利"品牌建设。协会建立多种服务模式的平台和机制，为广大会员提供市场信息和咨询服务；有针对性地组织会员学习培训，通过论坛和讲座等活动提升企业竞争力；切实维护会员的合法权益。张家界硒有慈利众创协会已成为慈利县经济建设进程中一支强有力的生力军，为实现慈利县乡村振兴做出了重要贡献。

4. 社会参与，共享成果

"社会参与"是指除政府、众创空间和协会以外的其他参与主体积极参与到"硒有慈利"品牌建设推广中来，包括其他中小企业、农合组织、农户等。一些较成熟的村级合作社改制成为子公司，其他合作社和贫困户拿自己的产品入股，农民变成公司的股东。参与主体的共建行为主要涉及两个方面，一是老山翁等企业经过授权使用品牌参与到"硒有慈利"品牌的市场运营，二是散户经营模式逐渐向区域公用品牌下的新型农业经营体系转变。

三、赋能成效与经验

（一）赋能成效

2017 年 11 月，湖南省委书记、省人大常委会主任杜家毫对慈利所有农特产品都冠以"硒有慈利"品牌的致富路给予充分肯定。2018 年年底，"硒有慈利"县域公用品牌被中国区域农业品牌研究中心评为全国十大最具影响力的区域品牌第八名，2019 年位于全国十大最具影响力的区域品牌排行榜第五。

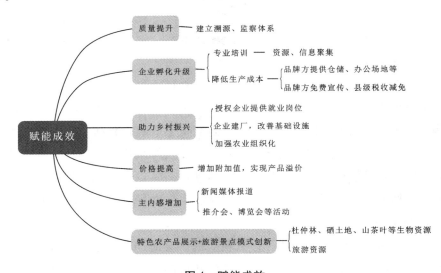

图 4　赋能成效

1. 企业产品销售额可观

"硒有慈利"现有品牌授权使用企业共 18 家，生产茶油、茶叶、葛根粉、洞溪辣椒、红薯粉丝、石缝柑橘等特色农产品，在长沙、北京、上海、深圳等地设立了批发中心或销售网点，授权品牌产品年销售额 1.5 亿元左右。2018 年 2 月，"硒有慈利"首届年货节交易总额突破 1080 万元大关。"硒有慈利"品牌现已有 5 家年产值或销售额过 500 万的授权企业，如湖南金慈银澧茶业有限公司、张家界田家农庄有限公司、张家界老山翁农业科技有限公司等。

2. 农产品提质增值

"硒有慈利"旗下企业充分利用富硒土地资源的优势，打造以"养身养心"为核心价值的特色产品，如培育能够滋养身心、预防疾病的富硒大米，提升产品附加值，并设计符合市场审美需求的包装，做到美观与实用并存。

品牌管理方构建了包括品牌形象标识、产品标准体系、产品质量溯源体系等在内的基本框架，并联合中国移动为"硒有慈利"授权企业配备设施，实现硒有慈利产品全程可视化，建立产销一体化的农产品质量安全追溯体系，保障产品质量，从一定程度上促进企业产品质量提升。

3. 农旅结合双效发展

慈利县是中国最大的野生杜仲林基地；富硒土壤占比大；湘西北文化浓郁，土家腊味丰富独特；曾获评湖南"十强生态产茶县"，茶叶资源丰富。通过借助以上特色农产品资源，"硒有慈利"品牌打造出杜仲雄花、富硒大米、富硒绿茶、土家腊香肠等众多极具地域文化特色的产品，赋予农产品文化价值。

"硒有慈利"充分利用当地旅游资源，打造"旅游景点 + 产品展示"模式，例如在杜心武自然门武术文化展览馆设置"硒有慈利"产品展示区。目前，地域内大部分的旅游景点或商超都有"硒有慈利"授权产品或展示区。

4. 农户组织化集约化

"硒有慈利"品牌下的企业，为追求产品天然营养的价值，大多将基地建设在山村，且蜂蜜、茶叶等产品都需要收购农户自家种植的产物或将原有散户集中生产，统一经营，直接加强了农民组织化程度，推进慈利县农业现代化。例如，在洞溪乡生产田家剁辣椒的张家界田家农庄有限公司，尝试用"公司 + 基地 + 农户"的运营模式，与 100 多户农户签约，流转、经营土地 300 亩用于种植。

5. 产业融合带动百姓增收

农产品区域公用品牌的建设延长了产业链，创造了更多就业机会。企业在村镇建设基地、在县工业园办厂，促进了区域内基础设施的改善。此外也将慈利县产业发展由第一产业为主变为一、二、三产业协调发展，促进慈利县产业结构升级。据众创空间管理办工作汇报，"硒有慈利"品牌企业每年带动的就业人数、在 3000 到 5000 人。2016 年，富硒农业产业园区及其示范基地实现产值 16.5 亿元，带动农民 10.7 万人，提供就业岗位 8200 余个。

（二）赋能经验

1. 以龙头企业引领品牌发展

"硒有慈利"集中政府、平台、企业力量使区域形象与品牌共同发展，重点培育重点突破，以打造龙头企业。农业龙头企业往往经营规模较大、发展理念先进、对外联系网络发达、市场开拓能力强、跨产业链显著，是发展现代农业的"开路先锋"和"主力部队"，也是引领农村产业融合发展的新型农业经营主体，有助于实现资源要素跨界集约化配置，从而延伸和拓宽产业链。通过龙头企业的引领作用打开市场份额，扩大品牌影响力。

2. 以精准定位打开中高端市场

如今城市发展迅速，城市人口注重养生且具有较高消费能力，却难以买到纯天然、无污染的农产品，对于天然农产品需求量大。"硒有慈利"以"养身养心"为核心价值，着力打造具有营养保健功能的富硒产品，如具有解毒养颜功能的原生态土蜂蜜、古法榨取的山茶油、能保护皮肤和延缓衰老的零添加红薯粉，迎合大部分城市人群的消费需求，极易打开城市消费市场。

3. 以旅游资源优势扩大宣传

首先，"硒有慈利"品牌清晰地认识到了慈利县具有丰富的生态资源以及独特的地域文化，从而打造出一批"土特产"。其次，慈利县旅游资源丰富，"硒有慈利"通过在旅游景点设置产品展销处，依托景点巨大的人流量扩大品牌宣传、提升品牌影响力，增加产品销售量。同时也凸显了景点的区域文化特色，给游客留下深刻印象，吸引更多人到访参观，形成第一产业＋第三产业"双效"发展模式。

4. 以产品溯源体系把控品质

从产品的生产加工到销售等环节实现产品溯源，在产品种植及生产加工环节实现可视化，让消费者实时看到产品生产过程，确保产品质量。同时制定产品准入及准出标准，符合标准的产品才能流入市场，如发现授权产品有质量问题，则收回企业的品牌授权，追究其相关责任。农产品的质量水平直接影响农业产业的发展，强化质量安全监管，才能实现农产品区域公用品牌可持续发展。

四、现存问题分析

1. 企业品牌观念薄弱

一个企业的品牌观念对于企业的发展方向、发展部署甚至发展成效都有重要影响，然而老山翁负责人在访谈中提到："刚返乡创业时，很多人是没有品牌意识的，只是生产农产品。"部分企业只关注品牌的知名度，对于品牌的文化价值和市场定位还没有足够的认知，只局限在做好自己的农产品层面，不具备较强的品牌创建意识，未积极参与到品牌建设中来。

2. 同质化现象明显

在采访蜜源蜂业负责人时我们得知："硒有慈利知名度挺高的，但是它的产品到底有什么特点、它到底有哪些与众不同，这个一般人就搞不懂了，只觉得比别人贵一些。"由此可知，品牌虽然有了一定知名度，但品牌特点不够突出，与其他品牌产品之间价格差异的价值并未凸显出来。同时，一些企业相互模仿，没有形成自己的独特优势，以致逐渐趋同，形成无序竞争。

3. 技术型人才缺乏

慈利县经济基础薄弱，虽然近几年来由于政策的支持，当地涌现出了大批企业，带动了经济的发展，但是依然存在财政资金不足的问题，基础设施没有充分完善，工作和生活条件与其他城市相比还存在差距；对待不同的人采用无区别的物质奖励手段，缺少精神激励，缺乏让人才长久创新研发的动力。因而对技术人才的吸引力不足，技术型人才非常缺乏，导致在给企业提供技术支持方面有所欠缺。

4. 政策信息不对称

访谈中，老山翁企业负责人表示："有时候不是信息没有通知，而是因为有的人不懂。"虽然众创空间等平台会召开政策宣讲会来解释相关政策，但仍有企业反映理解政策有困难、培训不够，说明优惠政策信息缺乏进一步解读。无法理解政策内容，就无法申报和享受政策。此外，蜜源蜂业负责人也表示"优惠政策申请有的分散到了乡镇，比如，我的企业是在工业园，但是我们要申报项目必须回到我们企业所在的乡镇，这就会产生矛盾"。企业所在地了解企业现状、发展潜力，但不负责帮助申报；而乡镇负责帮助申报，但不了解企业情况，由此出现了信息对接的矛盾，进而成为企业享受优惠政策的阻碍之一。

五、对策建议

（一）政府出台政策，落地实施

1. 建立健全法规政策，促进产品品牌化

政府优先给予授权企业财政科研资金、重大科研项目立项支持，整顿涉企收费，降低收费标准，并引导企业进行兼并重组、股份合作来壮大企业；普及新农业观念，改变广大农民的旧农业观念，树立农产品品牌化是增收的重要保障的观念，逐步提高品牌创建意识，让企业及农民真正体会到"硒有慈利"品牌效应带来的效益，积极参与品牌创建。

2. 完善人才引进、人才保障制度

其一，校企合作，培育人才。鼓励政府机关、企业为高校提供实习基地、调研基地，为高校学生提供参与企业管理、技术等方面的机会，高校则为企业提供专业对口的人才支持，为企业进行专业培训、提供智力支持。

其二，政策优惠，吸引人才。针对高端人才，政府可以通过在购房补贴、孩子就学、薪资、就业环境等方面提供帮助，解决人才的后顾之忧，同时减少本地人才流失。

其三，完善机制，激励人才。在物质方面，设立专项优秀人才表彰资金下拨企业，在精神方面，可以通过表彰或新闻报道等来满足其精神需求。双管齐下，激发人才创新活力。

3. 着力为企业享受政策减负提效

及时发布政策信息，保证时效，同时督促下一级机关加强宣传并落实政策解读工作。针对政策申报由乡镇负责，但部分企业基地、工厂不在乡镇，而乡镇政府又不了解企业发展状况的地域矛盾，政府要专门设置对应机构，加快完善中小企业服务中心和服务平台建设，为企业享受优惠政策减少阻碍。

（二）品牌突出特色，培育推广

1. 聚焦核心单品，让品牌迅速培育推广

"硒有慈利"品牌是一个全品类的区域公用品牌，目前存在品牌载体不明、没有核心产品的问题，无法让消费者形成像吐鲁番哈密瓜等区域品牌这样牢固的品牌记忆。所以在品牌创制过程中应选择同品类中质量最好的、最能迅速占领销售市场、最能创造经济效益的产品作为地区的主打产品。其他产品依托主打产品迅速培育发展，最终推动"硒有慈利"品牌发展壮大。此外，申请农产品地理标志保护、地理标志保护产品、地理标志证明商标等认证，凸显产品地域特点，同时保障知识产权。

2. 精准产品定位，避免同质化

"硒有慈利"品牌的农产品区域特征比较明显，适宜开发专属性特色产品，以特性和品质赢得市场；在销售区域上避开生产富硒农产品的同质化市场，选择对天然有机农产品有巨大需求的城市市场，使"硒有慈利"品牌产品和其他产品形成差异化销售；在目标销售人群定位上，高度匹配年轻白领等对优质农产品有较高消费能力和消费意愿的目标销售群体，培养消费者的品牌认同感和忠诚度。

（三）企业响应号召，差异竞争

1. 提高消息获取能力，积极响应政府政策

企业要积极关注地方政府的门户网站、公众号的消息，或主动联系政府相关负责人询问。相关优惠政策出台后，企业要根据自身情况积极响应，及时申报。生产季节性较强的农产品企业，农忙时可加派人手专门负责收集相关政策消息，在农闲时也可与政府相关负责人加强政策信息沟通。

2. 树立差异化竞争观念，创新技术

对产品深加工，挖掘产品各方性能，延伸产业链，使之与其他同类产品相比更具优势，避免雷同。可采用不同产品组合套装销售形式，同时满足消费者多种需求，与市场产品差异竞争；通过公派人员外出学习其他地区的生产经验与技术来更新企业自身的生产技术，坚持创新驱动发展。

参考文献

[1] 农业农村部. 农业农村部关于印发《全国乡村产业发展规划（2020—2025 年）》的通知 ［R］. 2020 – 07 – 09.

[2] 蒋周德. 发挥龙头企业在乡村振兴中的引领作用 ［N］. 自贡日报，2021 – 04 – 14（002）.

新时代祁东县草席产业
发展路径调查研究

课题组成员：傅桥玉，陈杨樱子，易姝奕，
唐鑫月，曾 煜，唐佳地
指导老师：邢鹏飞，文 浩

摘要： 推动传统产业转型升级，加大技术改造和产品创新，是助推县域经济发展和乡村振兴的重要抓手。祁东县草席产业作为祁东县传统特色产业，是带动当地经济发展的龙头产业。近年来由于草席原料质量欠佳、生产工具和方式落后、产业经营规模缩小等，祁东县草席产业日益衰弱。为促进祁东县草席产业的可持续发展，祁东县政府应尝试引进龙头企业带动当地草席产业的发展，当地草席企业应不断改进草席生产技术，媒体应加大对草席的报道宣传力度，农户应转变传统观念积极接收新的农产品产销途径，应倡导社会各界组成祁东县草席产业的"命运共同体"，重新打造"祁东草席"新时代农村经济特色名片。

关键词： 乡村振兴战略；特色产业；草席业

农业农村农民问题是关系国计民生的根本性问题，解决好"三农"问题是全党工作的重中之重。推动传统产业转型升级，加大技术改造和产品创新，是助推县域经济发展和乡村振兴的重要抓手。草席业作为祁东县以"特"制胜的产业，在近千年发展过程中，不断沉积、成型，从而形成具有本地区特色的市场核心竞争力产业集群，解决了当地大多数村民的就业问题。受新时代中国经济的快速发展和新型草席产品的冲击，近年来祁东县草席产业发展面临较大的困境。推动当地草席业的可持续发展、利用当地资源和特色产业脱贫攻坚是眼下最为重要的问题。而对于当地草席销售个体农户来说，草席市场价格低、竞争力弱、销售渠道窄是最为突出的问题。因此，祁东县草席产业发展急需探索出一条切实可行、科学高效的发展之路。

一、研究设计与实施

(一) 研究意义

1. 理清原因,迎接产业升级挑战

产业兴旺是乡村振兴的重要基础,是解决一切农村问题的前提。乡村产业根植于县域,以农业农村资源为依托,以农民为主体,以农村一、二、三产业融合发展为路径。其地域特色鲜明、创新创业活跃、业态类型丰富、利益联结紧密,是提升农业、繁荣农村、富裕农民的产业。近年来,我国农村创新创业环境不断改善,新产业新业态大量涌现,乡村产业发展取得了积极成效,但也存在产业门类不全、产业链条较短、要素活力不足和质量效益不高等问题,亟须加强引导和扶持。因此,研究祁东县草席产业的发展不仅能理清产业衰落的原因,还能助力祁东县乡村振兴事业的发展,意义重大。

2. 响应政策,助力脱贫攻坚实战

2021 年 7 月 19 日,《国家知识产权局关于组织开展地理标志助力乡村振兴行动的通知》发布,习近平总书记强调:"发展特色产业是地方做实做强做优实体经济的一大实招,要结合自身条件和优势,推动高质量发展。要弘扬伟大脱贫攻坚精神,加快推进乡村振兴,继续支持脱贫地区特色产业发展。"

3. 接续传统,擦亮传统工艺价值

祁东县地处衡阳西南部、湘江中游北岸,东西狭长,北高南低,且祁东县人杰地灵,文化底蕴深厚。祁东草席做工十分精细,席面平整光滑,图案美观大方;色泽光亮,柔软耐磨。夏天睡在这种草席上,汗不粘身,舒适滑爽。特别是席草的自然芳香,能让人感觉到山野的清新。祁东草席有着十分悠久的历史,并且祁东草席畅销全国各地,远销世界各国,是带动祁东县经济发展的重要因素之一。祁东草席作为一种历史悠久、地域特色鲜明的传统工艺制品,是我国劳动人民智慧的结晶,其文化价值应当被重视。

(二) 研究方法

1. 文献分析法

依据调研内容的需要,通过系统查阅《祁东县志》等相关文献,对其进行归纳和梳理,了解祁东县的历史沿革和发展概况。同时查阅十九大报告以及乡村振兴战略相关文章,对文献相关数据和理论进行二次分析。

2. 实地调查法

对祁东县特色产业进行实地调研，调查代表性特色产业——草席的发展现状。从政府、农户、公司三方面入手，对祁东县草席相关政策，生产以及销售等方面开展实地调查，并搜集原始资料以保证相关研究顺利进行。

3. 深度访谈法

根据调研需要，提前设计出采访大纲。对祁东县当地政府、规模较大的草席公司、各村农户进行面对面访谈。总结访谈要点，对祁东县的特色产业发展进行总结分析，为后续调研奠定基础。

4. 问卷调查法

调查问卷由团队成员共同拟定、修改，在进行小范围试投放后，在祁东县金桥镇、鸟江镇等 7 个乡镇进行大范围投放（共发放 851 份调查问卷，其中有效问卷 820 份，问卷有效率为 96.38%），以了解祁东县各镇人民对于当地草席业发展的了解及具体看法。

（三）研究过程与研究对象

本团队于 2021 年 7 月 8 日到 7 月 16 日期间，分小组先后前往祁东县金桥镇、洪桥镇、鸟江镇、归阳镇等地开展调研活动，采访对象主要是祁东县乡镇人民，包括但不限于中老年人。同时我们也发布网上调查问卷扩大采访人员的基数。问卷的填写均由祁东县以及各乡镇人员完成。本次报告的基本数据由问卷数据和采访所得数据构成，二者相互证明，相互补充，保证数据的真实性和完整性。

二、祁东县草席产业生产发展现状分析

课题组在对祁东县草席产业生产现状和祁东县草席产业发展现状进行详细调研的基础上，对祁东县草席产业生产发展面临的困境进行了具体分析。

（一）祁东县草席产业生产现状分析

1. 祁东县草席从业人员现状

如表 1 和表 2 所示，在年龄方面，祁东县草席从事人员主要位于 44~59 岁之间，占比达 53.21%；其次是 59 岁以上，占比为 39.17%；最后是 25~44 岁，占比低于 10%。由此可知，祁东县草席从业人员构成主要是中老年人，年轻力量不足。在性别方面，男性占比较大，高达 73.89%；女性占比小，比例为 26.11%。由此可知，男性在从事草席生产制作方面更具优势。

在文化程度方面，草席从业人员主要是初中及以下水平人员，高达77.07%，表明草席从业人员文化水平不高，适合产业发展的专业性和创造性能力偏低。

表1　祁东县草席产业从业人员构成表

年龄	频数	频率	性别
25～44 岁	63	7.62%	男
44～59 岁	437	53.21%	（73.89%）
≥59 岁	320	39.17%	女
总计	820	100%	（26.11%）

表2　草席从业人员文化水平表

类别	频数	频率
初中及以下	632	77.07%
高中或中专	72	8.78%
大专	108	13.17%
本科及以上	8	0.98%
总计	820	100.00%

2. 草席原料种植与技术制作现状

祁东县农用耕地种植席草面积不大，为1054.31公顷，占比为10.76%。由此可知，祁东县席草产量较大，无需向外进购原材料，有充足的原料供给。如表3所示，祁东县草席的技术制作主要是手工和机器制作相结合的，该比例高达73.24%，其中机器主要包括席草收割机、席草烘干机、草席编织机、织边机、拉丝机等等，由于机器购买费用昂贵，故使用机器的普及度不高，主要集中在大工厂里，例如湖南省祁东金桥草席集团、新秀草席厂。

表3　祁东县草席制作工艺分析表

制作类型	频数	频率
纯手工	8	0.97%
手工＋机器	601	73.30%
纯机器	211	25.73%
总计	820	100.00%

3. 祁东县草席从业人员信息获取现状

祁东县从业人员获取信息的来源逐渐趋近多样化，人们获取信息的主要渠道分别是手机和电视，比例分别是 63.17%、23.41%，报纸和杂志刊物的比例最小，为 2.56%。在线下采访过程中，从事草席产业已二十多年之久的李叔表示："过去我们种植草席、晾晒席草只能观察气象，现在由于有了电视和手机的普及，尤其是手机，我们可以提前知道未来几天的天气方便我们做好农事安排，很少让席草坏在田里或者天气方面了。"

（二）祁东县草席产业发展现状分析

1. 销售模式现状

祁东县草席生产一般分为家庭作坊和企业生产两种。其中，一家一户，一户一机器生产占绝大多数。根据被调查者所在地草席业的主要销售模式来看，尽管祁东县草席业尝试拓宽销售渠道，接轨信息化时代，但是线下销售仍占主导地位。经过实地走访和调查研究，我们发现小户经营中线下专人收集草席售卖占总销售量的 83.2%。而企业生产相比家庭作坊来说产量更大，价格利润也更高。企业大多选择线上加线下销售模式，一方面对接网购平台用户直接销售，另一方面则将草席运至各地商场进行线下门店销售。

2. 草席市场竞争状况

随着时代的发展以及人们需求的多样性，市面上凉席种类繁多，有竹席、草席、藤席、亚麻席等。不同材质的凉席价格也不尽相同。根据被调查者对于凉席种类的购买情况来看，大众偏爱购买亚麻席和藤席，这两者分别占总数据 37.1% 和 27.6%，其中亚麻席占比是草席的 4 倍有余。草席的市场占有率较小。而且结合网上售卖价格来看，草席价格普遍偏低。在进行实地调查时，超市销售人员告诉我们"现在市面上卖得最好的是亚麻席，一天可以卖十几二十床，但草席一天只能卖一两床有时甚至没有"。众所周知，草席产业是祁东的传统产业，但遗憾的是，祁东草席虽然在当地盛产，但是由于包装、用料、质量等方面的因素影响，其销售量正在减少，市场总销售额也在不断下跌，整个产业呈萎靡之势。

（三）祁东县草席产业发展现存困境

1. 其他产业大量兴起，政府转移投资重心

在产业结构升级、第三产业兴起以及产业转移的社会背景下，祁东草席业在一定程度上失去了其原先发展的独特优势和市场占额，不再是当地经济发展的龙头产业。与此同时，草席业人力成本过高、占用土地面积偏大、技术含量偏低与文化价值尚未得到深掘等劣势在当下经济发展以及土地流转兴

起的局势下更为突出。当地人更倾向于将土地用于种植黄花菜之类的经济作物来增加收入，政府随之转移投资重心，将多余的土地变成工业用地，承接其他地区的产业转移，由此发展祁东本地的矿产冶炼业、清洁能源业和旅游业。

相比于这些后起的产业，草席业经济效率低下，产业链短促，面对当地经济发展和劳动力流失的巨大压力，传统的草席业再难承担起推动祁东经济进步、巩固脱贫攻坚成果的重任。

2. 产业规模发展疲弱，尚未形成聚集效应

什么样的产业才能被称为特色产业？学者匡俊杰将特色产业的含义概括解释为：特色产业即是在国家或区域范围内，从自身所特有的资源出发，经过独特的生产工艺、生产技术、生产流程及生产过程控制和管理体系，制造或者提供具有鲜明的排他性、地域性，经济效益突出及发展前景广阔的特色产品和特色服务，生产满足公众需要的特色产品的产业体系，即"特色资源—特色产品—特色产业"。王芳认为特色产业应在一定经济区域范围内，将特有资源和特色技术进行有机结合，使得特色产业既能适应市场发展，又能带来持续的经济效益。

为了保证代表性，特色产业应当具有一定的资源存量和生产规模，另外还应在特色产品的辐射范围方面形成特色经济。根据祁东县人民政府的经济报告，农业生产的宣传重心已转移到黄花菜的种植上，剩余的土地成为土地流转和产业承接的留用地，用于种植草席原料的土地面积逐渐缩水。除此之外，祁东县的草席加工虽然普遍利用机器生产，却也止步于用机器编制草席，本质上仍旧是一家一户生产，并未形成大规模的集群生产。

3. 生产组织形式落后，产品质量有限，缺乏市场竞争力

祁东县的草席编制虽然引入了机器编制代替人工作业，但是一方面草料的处理仍然以粗糙的人工处理为主，机器加工水准十分有限，草头剃不干净，草料长度不一、处理不到位，很多消费者反映味道大、草头多。

此外，草席编制的另一个不足是消费者愈发偏向于购买竹席或者人工材料编制的凉席。而消费者偏好的转向表明了草席业市场竞争力不足。其原因有一部分来自于其产品质量有限。目前的草席制作工艺编制不够紧密，使草席中间留有大量空隙，比起竹席来说更容易储存热量，也就更难发挥散热舒汗的作用。空隙太多也是草席容易冒草头的重要原因。

4. 农户思想滞塞，对产业未来期望不足

在时代革新的浪潮下，传统农户同样面临着转型升级的挑战和机遇。而在利益解放的热潮下，其他产业的大量兴起，草席业发展式微，从而出现了祖祖辈辈生活在席草地里的农户转向新兴产业怀抱，由此达到利益最大化。在薪资不同等的条件下，从业草席业的农户逐年递减。大多数农户并没有及时抓住技术机遇、文化底蕴机遇、产业结构机遇等等，从而在草席业整个行业内、一个企业内、一个家庭作坊内，并没有创造出足够支撑发展的新鲜血液。

与此同时，在少有积极"内在造血"的情景之下，大多数农户不再将种植席草和编制草席看作可以谋生的职业，对草席现今以及未来的传承及发展也处于"望洋兴叹"的无奈之中。在草席业市场份额占比日渐减少的情况下，教育程度整体不高的农户迫于生计在经营售卖时，仍旧出现了恶性竞争。竞争者相互压价，甚至大打出手的情况，在祁东集市上偶有发生。

三、新时代祁东县草席产业发展的对策建议

为促进祁东县草席产业的可持续发展，重造草席产业对当地经济的带动作用，本调研小组从祁东县实际情况出发，从祁东县政府、草席企业、媒体、农户等方面提出重新打造"祁东草席"新时代农村经济特色名片的对策建议。

（一）政府加大扶持力度

1. 转向集体生产，落实乡村振兴战略

在乡村振兴的过程中，由政府领导的农村合作社已经成为乡村产业发展的可靠途径之一。祁东县草席生产大多走的是传统家庭经营模式，一家一户、一户一机器。如果能建立农村合作社，就能使从生产到销售的整条经济路径实现优化升级。

首先，农村合作社可以将土地资源集中经营，集资购买大型农机具，通过现代化的农业生产模式提高生产效率。其次，农村合作社可以实现供销一体，降低用于联系销售的生产成本。同时，社内成员可集体统一购买农资，在价格上争取更多的实惠。另外，在销售方面，农村合作社作为一个农业组织，具有产量大、生产稳定等优势，有利于在与企业商量合作时争取更多的筹码。作为团体组织，农村合作社也更容易拿到银行贷款，解决资金短缺问

题，同时国家颁布的金融政策也为农村合作社贷款提供了保证。农村合作社还可以根据国家政策申请政府补贴，如用地政策、减税政策、水电优惠政策等，为生产者提供多方面的支持。

2. 强化人才支撑，引进新技术新知识

人才是生产力发展的核心。参与生产的人才的素质制约着产业发展的速度和规模，因此引进高质量的人才将成为祁东草席业振兴的核心环节。除此之外，创新是祁东草席业的必经之路，而人才又是产业创新的基础。唯有充足的高素质、创新型的人才，才能让祁东草席业实现升级，才能让产品争取更大的市场份额。因此，强化人才支撑是祁东草席业振兴的基础。

除了人才的智能支持，草席业的发展也离不开信息支持。当今时代是一个高速发展的信息化时代，要求各行各业不断获取信息、反馈信息并利用庞大的信息库争取经济上的主动权。农民遭受巨大损失的原因之一就是掌握的市场信息不足或者滞后。因此，祁东政府应利用信息资源，建立草席行业信息中心，将国内相关的政策信息、市场供求信息、生产技术信息等进行收集整理，予以公示并及时更新。与此同时，政府相关部门还需建立双向反馈沟通机制，通过实地考察和大数据收集，及时了解各个地区的生产情况，便于减少错误决策、提高工作效率。

（二）企业谋求自身发展

1. 企业创新转化，促生龙头品牌

草席企业应当进行生产端创新，将新工艺引入生产环节。解决草席的产量和质量问题对于草席企业的发展是至关重要的。经过走访和实地考察，我们发现传统的生产模式仅使用编织草席的编织机，缺乏其他种类的机器，比如席草烘干机和收割机等。一亩亩席草均由手工收割而成，耗费了大量劳动力。席草的质量受天气影响大，收割速度慢就更易受天气限制，席草遇雨变黄变脆、质量下降，价格也就跟着下跌。从草席的生产来看，目前的草席生产不仅效率低下，而且还需消耗大量人力物力。从产品本身的质量来看，传统草席最大缺点是容易滋生螨虫，而且因草席的吸水能力较强，使用一段时间后，席面就会由绿变黄。变黄的草席既不漂亮，舒适度也大不从前，很容易就被买家抛弃。

草席企业一方面应当引进能够完成大规模收割和烘干席草的机器进行生产，扩张草席生产的规模；另一方面也要从原材料入手，对席草品种进行改良，努力研发出防螨抗菌性和防潮性更佳的席草，通过原材料更新换代的方式提升产品的质量，从而打造出质量上乘的品牌草席。

2. 开发网络平台，拓宽销售渠道

企业在进行草席销售时也应当与时俱进，采取线下加线上的模式；关键是在传统销售模式的基础上，增添当代销售方式——网络营销。

首先，企业应当搭建网络平台。这里的网络平台，主要是指网站页面，也包括微信小程序、微信公众号等用户常用的访问平台。网络平台用来展示祁东草席，如历史渊源、特殊工艺、生产程序等，便于客户了解产品。其次，塑造品牌口碑。当网络平台创建起来之后，企业应当精心包装品牌，使消费者在了解产品品牌时，能够得到更多有用的品牌信息，激发潜在客户的兴趣，诱发其购买欲望。最后，进行网络推广。从各大购物平台将产品上架后，企业可利用受众广泛的直播网站和短视频平台进行宣传，增加曝光率。总之，和线下宣传相比，网络营销对于祁东草席业发展的价值在于成本低、效率高、传播广，最重要的是能够即时得到反馈，从而及时修正销售过程中的不足。

3. 善用人文资源，打造工艺名片

从文化层面上看，祁东草席以悠久的文化底蕴和匠心独运的传统工艺作为湘中地域文化的一张名片存在着，在 2016 年，祁东草席更是入选了省级非物质文化遗产。但满足于文化的认可还远远不够。在现代工业浪潮的持续冲击下，只能发挥实用价值的祁东草席正在慢慢淡出人们的视野。因此，对于企业来说，强化产品的地域文化特色，提升产品文化内蕴刻不容缓。

首先，草席企业可组织相关人员对湖南境内的诸多名胜古迹、自然风景、宗教民俗、历史传说等进行归纳整理，提炼出标志性元素，如省博物馆（马王堆文物）、岳麓书院（四大书院之一）、橘子洲（中国第一洲）、衡阳南岳旅游区（南岳大庙）等。其次，将祁东草席作为文化的载体，结合美学规则提炼出地域文化元素，并使之与载体融合。除去草席这种核心产品，企业还可以利用席草这种原材料衍生出各式各样、实用美观的小纪念品。如手工编制的小动物摆件、手链挂饰等等。这样既推广了湖南境内的传统文艺，又增添了祁东草席自身的文化韵味，成为地域文化特色与传统工艺技术结合的具有象征意义的工艺品。

（三）农户打破思想桎梏

1. 提升自身素质，学习生产创新技能

农户应顺应新时代思潮积极学习新技术新思想，努力提升思想素质，加强职业技能。结合产业结构调整和自身的实际需求，通过互联网或者政府组织的专家培训活动等学习相应的农业知识。农户有相关的农业知识储备便可以更好地根据自身的土地情况选择相应的席草种植结构，并根据席草的习性和特点，制订相应的生产管理措施。同时，农户要学会使用现代农业化生产设备，如专用喷洒农药无人机。这样可以节约大量的人力成本，提高生产效率，从而提高经济效益。

2. 开阔市场眼光，积极探索因形就势

农户应开阔市场眼光，不再将传统草席手工业视为"补贴家用""打发时光"的副业，而是将其引入产业化的道路。将草席进行深加工，拉长产品生产线，就能更好地带动生产链和销售链。一方面，科技的创新使得传统草席手工业可以走产量化的路线，加大生产量；同时传统草席手工业也可以发展高、精、尖的市场路线，用高品质原料、精湛手工艺，融入精神内涵和传统艺术精髓，提升草席工艺品文化附加值。另一方面，农户可以学习其他产业成功经验，大胆拓展农业的功能，把产业链、价值链等现代产业组织方式引入草席业，发展生态农业、休闲观光农业等，如响应国家农民丰收节号召举办"草席丰收节"，促进一、二、三产业融合，进一步振兴草席业甚至带动周边产业发展。

以农地经营权抵押贷款活水
激发乡村振兴新动力

——基于湖南省永州市江华瑶族自治县实地调研

课题组成员：高心羽，陈婧之，魏　祎，
　　　　　　段雯惠，白忠慧，唐舒仪
指导老师：阳　旸，杨　蕾

摘要：随着乡村振兴工作逐步推进，农村经济呈现多元化特征，而农业资金匮乏已经成为限制我国"三农"经济发展的重要阻碍之一。本文参阅相关理论和文献并针对永州市江华瑶族自治县开展实地问卷调研，从金融机构、政府及农户三者视角出发，对农地经营权抵押贷款意愿及其影响因素进行统计分析。研究发现江华瑶族自治县相关贷款发展成效较好，但存在缺乏有效抵押物等问题，据此提出了完善贷前评估及保障机制等政策建议。

关键词：农地经营权抵押贷款；乡村振兴

一、引言

（一）研究背景

为解决农村融资难、贷款难等问题，进一步深化农村金融服务，拓宽"三农"融资渠道，优化农村土地资源配置，2018 年，中共中央、国务院印发了《乡村振兴战略规划（2018—2022 年)》，提出要稳妥有序推进农地经营权抵押贷款试点，促进农村金融规范发展。农地经营权抵押贷款政策对于打破"三农"融资瓶颈、创新农业生产经营方式、提升农业综合生产能力、推动适应新型城镇化发展具有深远影响。

（二）研究意义

理论意义方面，通过产权理论分析农地经营权抵押贷款面临的难点，明确其在实践中的不足，有利于构建现代化农村权利体系；另一方面，通过交易费用、科斯定理等理论研究农地经营权抵押贷款，从经济学角度分析其实践的必要性、可行性以及存在的问题，有助于探讨其改良措施并为政策实施提供理论依据。

实践意义方面，长期以来，湖南省作为农地经营权抵押贷款政策实施的重要区域，在解决中部地区农村金融难题和促进经济方面起到重要的作用。对江华瑶族自治县农地经营权抵押贷款开展情况的调查研究，不仅有助于为江华瑶族自治县农村金融发展提供政策建议，也能为开展农地经营权抵押贷款业务的其他地区提供参考，以其活水激发农村振兴。

（三）研究对象

与以往研究中选择农地流转比率较高、农村金融改革较早、经济水平较为发达、农地经营权抵押贷款探索相对成熟的地区展开调研不同，本文的调研对象为湖南省永州市江华瑶族自治县，位于湖南省南部经济发展水平较低的地区，具有研究代表性。

（四）研究方法

通过调研该政策在江华瑶族自治县的普及和实行情况，采取文献研究、问卷调查、实地访谈等方法，深入探讨农地经营权抵押贷款在当地是否具有可行性及宣传推广性等内容。从金融机构、政府、农户三个角度切入，为继续推进及改良当地农地经营权抵押贷款政策提供建议，对当地乡村振兴做出贡献。

二、调研访谈与调研数据分析

本次调查立足于湖南省江华瑶族自治县农村经济发展现状，结合访谈与问卷数据，试图更全面地了解调研地相关政策发展情况。

通过调研访谈发现，当地金融机构存在放贷意愿较低、政府贷款政策推行难、农户不了解相关政策等问题。为进一步探索影响江华瑶族自治县农地经营权抵押贷款的因素，团队采取典型抽样方法进行入户调查，共调查农户139 户，得到有效问卷134 份，有效率达到96.40%。结合产权、土地产权、科斯定律、交易费用及信贷融资担保等理论，对收集数据进行了有效分析。

（一）银行等金融机构存在的顾虑

1. 农业性质特殊，贷款风险大

据江华农村商业银行工作人员提及，一农户申请农地经营权抵押贷款后因突发虫灾而无法按时还款。正因农业的特殊性，金融机构承担风险压力较大，导致金融机构不愿放贷。

2. 抵押品处置交易成本较高且变现难

不同于房产等固定资产，土地资产处置机制并不完善，农地经营权处置也较为困难，抑制了金融机构开展业务的内生动力。加上抵押物处置交易成本过高、变现难，这点对金融机构造成更大压力，一旦农户无力还款时，金融机构则需要面临抵押品处置中的种种困难和风险。

3. 抵押评估缺乏标准并产生费用

目前缺乏全面的农地评估体系，对授信主体的性质及种类缺乏明确规定，农地及农地上种植物的实际价值也难以评定。在抵押评估难度较高的情况下，不论是金融机构自己或是请第三方评估公司完成，都将产生较高交易费用，从而打压金融机构的贷款意愿。

4. 贷款利率高，办理手续繁琐

农地经营权抵押贷款用途受到严格限制，仅能用于农业生产，并且对于收入不高的农户而言其贷款利率较高，导致其申请对象一般为抵抗风险能力较强的种养大户。此外，在与江华瑶族自治县农户及相关政府职能部门的工作人员的访谈中，我们了解到，抵押申请流程较为复杂，需要提交资料、多种证件并等待审批，这也使得一部分农户对其望而生畏。

（二）相关政府部门配套的措施不足

1. 政策有待完善，贷款开展落地难

农地经营权抵押贷款政策正式出台不久，相关的法律法规及业务实施规则并不完善，政策大幅度激励和法律基础缺失，导致在执行和实施该政策时遇到的难题无法对照法律规则依法解决。

2. 政策宣传力度不足

在走访乡镇与各村干部交流的过程中我们发现，了解该项政策的农户并不多，甚至一些村干部也未曾了解，而办理该项业务的农户更在少数。由于该项政策面向农户，而大部分农户接收外界信息速度较慢、渠道较窄，政策对象的特殊性要求在宣传上采取更加合理、有针对性的方式。

3. 政策支持力度缺乏

在与当地自然资源局的工作人员的访谈中，我们了解到目前政府对于该项政策的支持力度并不大。缺乏政策性金融扶持，政府性金融机构存在和发展时间短、不够成熟，政策性金融的职能定位不够明显、业务范围狭窄、资金来源渠道狭窄。

4. 相关风险保障机制缺失

目前缺乏完善的农地经营权抵押贷款业务的金融征信体系，相关风险的保障制度缺失。对于农户而言，农业保险不能得到完全满足。而对于金融机构，部分农户的信贷违约行为也增加了信用风险。信息不对称问题和现有相关社会保障制度的不完善，导致保险人相互推卸责任，打击了借贷双方积极性。

（三）农户贷款意愿不足的原因分析

1. 农户不愿意进行农地抵押贷款的情况

据调查，因为"不了解相关贷款政策和模式"而不愿意尝试农地经营权抵押贷款的农户有 78 户，占到 65.55%。在政策宣传中，惠农政策宣传力度不够导致农户不了解相应相关贷款政策和模式。

因为"缺少抵押品和有效抵押担保物"而不愿意尝试的农户有 37 户，占到样本的 31.09%。农地经营权抵押贷款需要一定的担保物，主要为果场和农业种植基地。农地数量较少，是导致部分农户缺少抵押品和担保物的主要原因。

因为"现有贷款满足需要，自有资金充足"而不愿意尝试的农户占 25.21%。该部分农户生产资金需求量较小，通过从金融机构获得的传统贷款或向亲友借款已经能够基本满足其生产需要。

农户不愿进行土地抵押的其他原因还包括："收入较低，经营权抵押贷款风险大"，占 21.01%；"前期贷款业务中间环节手续繁琐，打击申办意愿"，占 15.97%；"意向先积累，后消费"，占 9.24%；"认为农地评估等具体操作存在不公平"，占到 6.72%；"抵押土地缺乏保障"，占 5.88%；"相关机构服务人员态度缺乏积极性"，占 5.04%。

据此可见，目前江华瑶族自治县农村地区农地经营权抵押贷款的意愿不够强烈，政策推广程度较低，存在农户不敢贷、融资难的问题。

2. 农户土地经营权抵押贷款意愿的影响因素

为了具体了解农户的土地抵押贷款意愿，课题组借鉴已有文献从农户户主特征、农户家庭经济特征、决策偏好和对土地抵押的期望等四个方面，分析影响农户土地抵押贷款意愿的因素。

（1）农户户主特征

课题组认为，户主个体特征包括年龄、性别和受教育程度等方面，这些方面都不同程度地影响了农户经营权抵押贷款意愿。从贷款种类来看，35 岁以下的年轻人通过农地经营权抵押贷款的比例较大，占 9.68%；而 35 岁以上的只有 2%～3%。前者相对于后者所处时代条件更好、教育环境更好且知识水平更广，农户年龄对抵押贷款意愿可能存在负向影响。根据数据显示，当地种养大户男性占比较大，且男性农户中进行过农地经营权抵押贷款的占比也更多。男性相较于女性在农业生产中为主要劳动力，其偿还贷款的能力更强，需求也更多，因此男性户主相对于女性而言更愿意尝试农地经营权抵押贷款。此外，相比较来说，农户受教育程度越高，其接受新鲜事物的能力就越强。

（2）农户家中务工人数

随着家中务工人数比例增加，各类贷款呈左偏单峰形态，当家中务工人数比例为 25%～50% 时，融资和无融资都达到最高值。其中在融资中，传统贷款、农地经营权抵押贷款和传统贷款与农地经营权抵押贷款相结合的比例大致为 25:4:3，据此大多数农户倾向于选择传统贷款。

（3）农户风险偏好水平

农户金融理财相对保守，储蓄是选择最多的金融服务，其次是贷款，再者为保险。由此可见，农户一方面由于自身收入较低，无法进行风险大、盈利高的投资；另一方面，受自身知识水平限制，缺乏投资理财的相应能力，无法进行有效投资组合。

（4）户主农地基础设施投入

在前期基础设施投入中，传统贷款是获得资金的主要来源，且资金投入规模大都在 10 万元以下，但也不乏投入资金较大的农户。根据访谈调查，设施投入在 10 万元以上的基本为种养大户，该群体获得信息渠道较广泛、受教育水平较高、贷款渠道较多，故愿意选择农地经营权抵押贷款及将其与传统贷款相结合。

3. 农户经营权贷款存在的问题

（1）缺乏稳定收入，收入来源单一且收入较低

调查结果显示，在 134 户农户中，有 99 户农户的主要收入来源为种植养殖，占样本总数的 73.88%；有 97 户农户年收入位于 10 万元以下，占样本总数的 72.39%。农户收入来源及收入水平如表 1 所示。

表1 江华瑶族自治县调查地区农户收入来源及收入水平情况

收入来源	5万元以下	5万~10万元	10万~20万元	20万元以上	合计
种植、养殖	27	41	20	11	99
打工	18	28	9	0	55
电子商务	4	3	0	0	7
旅游产业	0	1	0	0	1
个体工商户	3	9	2	1	15
其他	4	6	2	0	12
合计	38	59	26	11	134

从收入来源可知，农民的主要收入来源是种植、养殖和打工。由于种植、养殖需要一定成本，而打工相应要求较低，因此种植、养殖农户选择贷款的较多，而外出打工者则较少。此外，电子商务、旅游产业、个体工商户等对贷款也有一定需求，但是通过农地经营权抵押来获得贷款的较少。

从收入情况来看，大部分农户家庭的年收入在5万~10万元，该部分群体也是选择贷款最多的人，只有约1/4的农户没有贷款，其他的都在传统贷款、农地经营权抵押贷款中选择了一种或将两者结合。此外，还有较高比例的人群年收入水平在5万元以下，收入水平相对较低，但基本满足生活需要，此类人群由于担心偿还能力，贷款意愿不高。年收入较高的农户由于还贷能力更强，更倾向扩大生产规模，因此进行农地经营权抵押贷款的决策也随着农户年收入的提高而上升。但是对于年收入20万元及以上的农户而言，由于其自有资金充足，贷款也较少。

（2）缺乏抵押品及有效的抵押担保物，抵押物处置难

表2 江华瑶族自治县调查地区农户承包农地的面积及贷款方式选择情况

土地面积	无融资	传统贷款	农地经营权抵押贷款	传统贷款与农地经营权抵押贷款相结合	合计
1亩及以下	7	18	0	1	26
1~10亩	20	23	1	2	46
10~30亩	4	9	2	0	15
30~50亩	2	5	2	1	10
50~100亩	4	4	0	1	9
100亩及以上	5	18	1	4	28
合计	42	77	6	9	134

根据当地访谈调查可知，农地经营权抵押贷款的主要担保物是果场和农业种植基地，这类担保物除一定面积的土地外，土地上的经济作物也可作为抵押物进行抵押。并且由于其经济价值较大，在进行抵押担保时易于为金融机构接受，贷款过程较为顺利且获得额度大。但是根据调查数据显示，江华农村地区大部分农户人均土地面积在 1 亩左右，土地面积小且比较分散，一般用来种植粮食作物供自家食用。只有少部分农户在拥有部分自由资金的前提下，通过承包土地，获得大规模集中连片的土地后开展果园林业。这导致大部分农户在农地经营权抵押贷款的问题上缺乏抵押品及有效的抵押担保物。

（3）不了解相关政策，无法选择适宜贷款政策和模式

江华瑶族自治县调查地区农户非常了解政策内容的仅有 18 户，占比不到 14%；不太了解甚于完全没听说过该政策的农户高达 101 户，占比高达 75.37%。调查数据说明，江华瑶族自治县当地农地经营权抵押贷款政策的普及推广率极低，农户愿意了解并借助此项惠农政策实现脱贫和乡村振兴，但苦于缺乏相应的了解途径和手段，这降低了该政策的实用性和可行性，影响了政策实施。

另外，78.36% 的农户表示希望通过政府部门了解农地经营权抵押贷款政策，55.22% 的农户则希望通过金融机构了解相关情况，其余则是愿意通过新闻媒体和其他渠道。这说明金融机构及政府的支持力度缺乏成为该政策惠农力度之路上主要困扰之一。

（4）社会保障水平不够，社保体系不健全，贷款风险大

进一步分析发现，关于目前的社会保障水平和社会保障体系，45.52% 的人认为若是还不上贷款，目前的社会保障水平不能保障自家的基本生活，而 54.48% 的人则认为可以保障基本生活。关于保障水平的认识，两者出现较大差别，说明目前社会保障水平对人们生活的改善起到了一定作用，但整体保障水平还不够，导致农户不愿贷、不敢贷。

（5）相关政策及现行法律不完善，可抵押农地范围小

样本中对现行政策满意的江华瑶族自治县居民仅占 46.66%，并没有过半数，而明确表示不满意的农户占比甚至达到 33.34%。从中不难看出，相关政策及现行法律制度的不完善，导致部分当地居民对农地经营权抵押贷款政策的满意程度不高，说明在解决农民资金缺少的问题上，现阶段其并未发挥出最大的作用。

三、政策建议

(一) 创新抵押物处置机制，探索有效处置方法

由于农地经营权抵押处置的特殊性，为防止农户因失地和失去生活保障引发社会问题，应降低金融机构抵押物处置成本，严格把控土地重复抵押率。相关政府部门应完善资产抵押处置建设机制，协调各方权利义务关系，维持农业经济发展的连续性。应简化中间环节抵押申请流程，提高江华瑶族自治县农户的参与度，对于农地借贷的授信主体的性质及其种类进行准确的规定。应进一步完善抵押处置规则，确保处置项目公开、公正、公平，使农地经营权处置变现流畅从而激发金融机构开展业务内生动力，保证农户进行经营权抵押贷款的用途不再受到严格限制，从而实现真正的惠农利农。

(二) 评估农地方面，引入遥感技术与地理信息系统

应建立全面的农地价值评估体系或专门的涉农经营权评估机构，建议综合考虑农地所在区域的地理条件、农户前期基础设施投入情况等因素评估农村土地经营权，使评估价值更趋近其原本实际价值，提升农户对评估过程公平性的感知程度，提高评估的可行性和科学性，增强评估行为的公信力。可以在评估系统内引入遥感技术与地理信息系统，利用物体的光谱特性，通过遥感技术对农地进行评估判断和探测，根据各项相关指标综合评估确定农地价值，提高农地的使用率和适用性。

(三) 加强相关政策宣传力度，解决农户不敢贷难题

应提升对农地经营权抵押贷款业务相关政策、土地及担保法律知识的宣传。农地经营权抵押贷款作为一种新型的农村金融创新方式，银行等金融机构及相关政府部门在推广普及方面起着至关重要的作用。政府部门需要提供长期稳定的支持，提高相关市场主体的积极性及其主观能动性。随着我国互联网的普及和发展，新媒体传播成为宣传的新途径，越来越多的人通过网络新媒体了解国家政策及制度，无论是政府部门还是金融机构等都可以更多地尝试运用新媒体传播，来宣传和介绍农地经营权抵押贷款业务相关政策、土地及担保法律知识等，从而提升宣传效果、促进政策实施。

(四) 构建农村社会保险体系，建立农地专业化合作社

应逐步完善农村社会保险体系建设，确立对应的风险损失的分摊机制，

避免保险人相互推卸责任，打击借贷双方积极性的现象发生。政府应出台制定一些激励机制提高保险公司为贷款主体提供保险的意愿，根据农户的不同情况、适应农户的潜在需求，出台具有针对性的保险政策，加大保障力度，解决农户贷款的后顾之忧，让农户敢贷愿贷，从根源上解决融资难问题。建议政府部门通过保费补贴和分担风险的诱导机制，推动政策性农业保险的运作，建立农地专业化合作社，构建专业管理体系，规范合作社操作规范，鼓励各地区农户通过集体形式进行贷款，从而达到经营权抵押贷款的借贷门槛，提高获贷概率。

（五）修订配套政策措施，明确政府定位和政策功能

目前，修订经营权抵押贷款配套政策措施成为解决农地经营权抵押贷款问题的重要内容。政府应坚持农村土地集体所有制度，逐步着手于土地承包经营权抵押的程序设计，使农业资金需求与土地融资功能衔接好。政府应在财政政策方面建立机制，一方面实现农业经营主体，另一方面激励金融机构参与农村金融服务。推进政府性金融机构的存在和发展，明确政策性金融机构的职能定位，在条件成熟时建立独立的农地经营权抵押法律制度。政策下达时应区分农地经营权与收益权，适当变通抵押客体，分区域和阶段逐步取消经营权抵押主体资格的限制，扩大抵押主体范围。

参考文献

［1］郑美江，范静．农户土地承包经营权抵押贷款意愿分析——基于吉林省 7 县（市、区）农村地区的实地调查［J］．中国农村经济，2012（12）：41 - 48．

［2］余星妍．桃江县农村土地承包经营权抵押贷款存在的问题与对策［J］．区域治理，2019（41）：115 - 117．

［3］杨璐．农村土地承包经营权抵押贷款研究——以涡阳县为例［D］．蚌埠：安徽财经大学，2020．

产业兴旺助力乡村振兴，
建设现代化新农村
——关于南县稻虾产业的调研

课题组成员：梁紫英，邱广亮，肖　尧，
伍芷倩，张家欢，周晓中
指导老师：王　贞，杨　蕾

摘要： 益阳市南县是个边陲县，地处湘北，与湘鄂两省5个县（市）交界，位于益阳、岳阳、常德、荆州四大地级市辐射中心，是长江经济带、洞庭湖生态经济区等国家战略叠加地。南县境内湖泊星罗棋布，以南州国家湿地公园为主体的湿地面积占县域面积的65%。近年来，南县以农业供给侧结构性改革为主线，依托湖乡优势，利用平湖水网湿地众多的特点，在全县创新推广稻虾生态种养模式，走出了一条"稻虾共生"推进农业经济突飞猛进之路。南县县委县政府将"南县小龙虾""南县稻虾米"作为乡村振兴的"金钥匙"来抓，"南县小龙虾""南县稻虾米"荣获地理标志保护产品称号，畅销40多个国家和地区。

关键词： 农业经济创新；稻虾共生；乡村产业振兴

一、问题的提出

南县利用得天独厚的地理与自然优势，开辟出一条"稻虾共生"的农业经济创新之路，成为南县及其辐射地区实现乡村振兴的奠基石。南县稻虾产业从2000年开始推广，由三仙湖镇9个行政村100余亩养殖发展开始，在县委县政府的引导扶持下，截至2020年底，稻虾全产业链发展取得了显著成效，种养面积达60万亩，年产小龙虾达10万吨，年产稻虾米原粮30万吨，综合产值达140亿，从事稻虾产业相关从业人数达到13.5万人。南县稻虾产业规模和影响力跻身全国三强，荣获"国家稻虾生态产业标准化示范区"称号；被定为"湖南省南县小龙虾中国特色农产品优势区"；南县小龙虾公用品牌被确定为首批湖南省"一县一特"农产品优秀品牌。在取得这些显著成就的基础上，南县稻虾产业如何利用现有优势，以科技创新驱动，辐射更广的周边地区并带动其经济的发展，为乡村振兴注入新的活力？我们团队选取南县稻虾产地以及被南县稻虾产业辐射的周边地区作为样本，实地考察当地的稻虾种养模式，了解稻虾新产业的发展现况。

（一）调研目的

其一，了解掌握南县稻虾产地以及周边稻虾产地的稻虾养殖方式；其二，了解南县稻虾新产业的发展现况以及成功发展的依托条件；其三，分析南县稻虾产业的发展潜力，为稻虾产业未来的发展前途以及扩大市场规模和提升品牌效应提出合理化的建议。

（二）调研地点

南县稻虾产地以及被南县稻虾产业辐射的周边地区。

（三）调研对象

调查对象主要为岳阳市华容县操军镇以及南县的稻虾养殖专业合作社、稻虾养殖户；南县稻虾综合服务产业园的相关负责人；南县湖南顺祥食品有限公司小龙虾精深加工车间；岳阳市华容县操军镇白莲村等 6 个村的小龙虾固定出售点；岳阳市华容县操军镇的普通村民等。

（四）调研方式

实地考察法：调研组通过走访当地养殖户和养殖农田进行实地考察，了解稻虾的生活环境和养殖方式。

访谈法：调研组去到当地相关部门、机构进行面对面访谈，访谈期间做好相关重要笔记，及时对问题进行补充，访谈后做好整理总结工作。

问卷调查法：逐一走访当地的养殖户和村民，发放关于养殖户如何养殖、销售，消费者吃虾频率和口味偏好等方面的调查问卷，并整理分析。

二、调查问卷分析

（一）对于稻虾产业相关从业人员的问卷分析

1. 虾户接受培训情况

数据显示，有 92.36% 的虾户在从事小龙虾养殖工作之前都会接受水产品安全生产培训，培训方式一般为网上自学、向其他资深养殖户寻求帮助、参加村委员会组织的培训班等等，这体现了政府对稻虾产业发展的重视。

2. 虾户的年收入情况

数据显示，25.86%的虾户年收入超过了20万元；48.27%的虾户年收入在10万~20万之间；年收入在5万~10万的虾户占比为21.68%；年收入为5万以下的虾户占4.19%，一般是以养殖小龙虾为副业的村民。

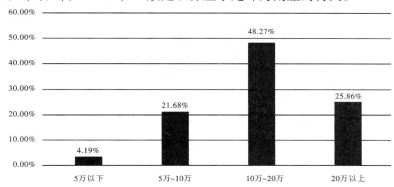

3. 苗种来源情况

数据显示，有2.32%的虾户的苗种由合作社统一分配，30.36%的虾户是通过自繁自养的方式获得虾苗的，22.78%的虾户是通过专业人员购买虾苗的，而占比最大的是通过上述两种方式相结合的方式获得苗源。选择这种方式是因为第一年从事小龙虾养殖的虾户，农田里面没有虾种，只能通过购买的方式获取虾苗，但一年后可以直接将产的虾卵投放到农田进行养殖。这说明了虾苗的来源是在不断变化的，并且随着虾户的养殖技能的提升而变得多样化。

4. 小龙虾的销售方式

数据显示，在调查的所有虾户中有67.22%的调查对象选择将小龙虾送至每个村固定的私人收虾点；17.28%的虾户直接将小龙虾送至饭店或夜宵店，还有12.36%的虾户是直接将小龙虾交给加工厂；但仅有3.14%的虾户会将其送至专业合作社。这说明龙虾的销售对象十分广泛，但更多的是偏向于送至固定的私人收虾点。这表明当地虾户的销售龙虾方式相对较单一。

5. 养殖小龙虾存在的问题

数据显示，在调查对象中，有72.05%的虾户认为阻碍小龙虾发展的重要原因是销售渠道不稳定，虽然销售对象很广泛，但具有不稳定性。虾户的产量不会有太大的变动，但市场的需求会随着消费者的变化而变化，这就意味着可能会面临龙虾过剩的情况。所以虾户应该扩大自己的销售范围，防止需求小于供给而导致价格下降甚至销售不出去的情况。

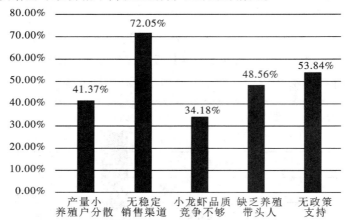

图 1　养殖小龙虾存在的问题

（二）对于村民等小龙虾消费者的问卷分析

1. 消费者吃小龙虾的频率

数据显示，有 56.25% 的调查对象很少吃小龙虾，或者只是在特定的场所吃小龙虾，这说明当地的村民吃小龙虾的频率普遍较低；有 28.13% 的调查对象在合适的季节吃小龙虾，这一现象表明当地消费者对于小龙虾的消费具有季节性。数据表明，调查对象中仅有 3.2% 的人不吃小龙虾，这说明小龙虾的消费群体广泛。

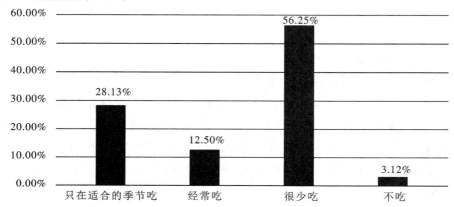

图 2　消费者吃小龙虾的频率

2. 消费者对小龙虾营养价值和药用价值的了解程度

数据显示，了解小龙虾蛋白质含量高的人在总调查人数中占比 87.50%。

但调查对象对于小龙虾的其他营养价值以及药用价值了解较少，这表明当地村民对于小龙虾的功效作用的了解程度较低。

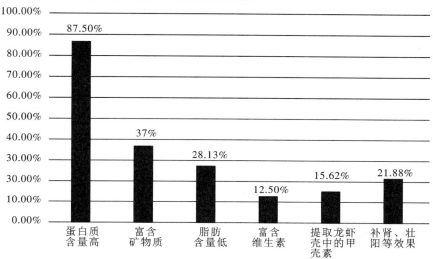

图3　消费者对小龙虾营养价值和药用价值的了解程度

3. 消费者食用小龙虾的方式

数据显示，在调查对象中，有81.25%的人选择去采购生鲜小龙虾自己烹饪，有12.50%的调查对象更偏向于去餐饮场所吃做好的小龙虾，仅有6.25%的调查对象选择网购半成品回家加热吃。

4. 消费者选购小龙虾的注重因素

消费者在选购小龙虾时，小龙虾的卫生、口感为主要影响因素，占比65.63%；而新鲜程度和实惠的价格为第二大影响因素，占比分别为59.38%和56.25%；其次是小龙虾体型的大小；占比较低的是商家的服务态度。这表明在影响小龙虾选购的众多因素中，卫生、新鲜程度和性价比是最为重要的影响因素。

5. 消费者对稻虾产业促进本地经济发展程度的看法

数据显示，认为稻虾促进本地的经济发展程度为非常明显、比较明显、一般明显的消费者的占比分别为22.91%、41.14%、20.83%，共计84.87%，这表明老百姓对于当地稻虾产业的发展还是较为认同的。

6. 消费者对稻虾产业发展的建议

数据显示，几乎所有的消费者都认为当地的稻虾产业还有待提升，需注入新的活力。数据表明，当地稻虾发展面临着以下问题：养殖户的养殖技术不成熟；稻虾产业的融资渠道窄，资金投入规模小；稻虾专业合作社数目少，组织化程度低；龙虾苗种体系不完善等。

三、南县稻虾产业成功发展的原因分析

（一）优越的自然地理环境

南县地处湘鄂两省边陲，四季分明，位于洞庭湖生态经济区，盛产粮、油、菜、湘莲和猪、鱼、虾等优质农产品，是洞庭湖区久负盛名的"鱼米之乡"，是闻名遐迩的特色养殖大县及水产之乡。南县是全国唯一一个人工围筑而成的湖区纯平原县，这里不仅土质肥沃，是种植绿色水稻的理想之地，而且水源充沛，是养殖小龙虾的理想之所。得天独厚的地理条件，成为稻虾共舞的天然温床。

（二）政策扶持力度大

南县县政府积极响应乡村振兴战略，高度重视"稻虾生态种养"工作，将该项工作由过去零散、粗放式的状态逐步升级为专业合作社、精细分工、科学规模化的经营管理模式，并且在专业合作社的基础上成立南县稻虾生态综合种养协会，协调、管理全县的稻虾种养、销售等工作，还把该项工作作为精准扶贫帮扶措施，出台一系列优惠政策，奖励种养大户，截至目前已带领 4000 多户困难农民脱贫致富。

（三）以科技创新推动发展

近些年来，南县积极整合"湘米工程"及稻田综合种养高产创建项目。通过深入开展科技兴粮工程，加强与湖南农业大学、湖南水产研究所、湖南水稻研究所的合作，构建了县、乡、村三级稻虾种养技术服务体系，吸引了省内外优秀科技人才构建产学研战略联盟。其次，南县部分企业成立了专门的小龙虾职业学校，向稻虾养殖户宣讲科学的种养技术、养殖技巧、养殖盈利模式、物流配送以及烹饪方法。稻虾企业依托互联网技术建立稻虾养殖的公共服务平台大数据中心，通过田间监测、数据联网、质量溯源，对稻田的水质、酸碱度、水温以及溶解氧的浓度进行监测管理，从而推进"南县稻虾"的品牌建设。

（四）品牌优势突出

南县稻虾生态综合种养协会注册了"湘妹子""渔家姑娘"商标，狠抓

质量，树立品牌，将生态有机稻米、虾、蛙、鳖、龟等鲜品销售有机结合，在全国及欧盟、美国等40多个国家和地区的小龙虾市场上畅销，因此"南县小龙虾"成为国家地理标志保护产品。南县被授予"中国虾稻米之乡""中国生态小龙虾之乡"等荣誉称号，拥有南县小龙虾、稻虾米国家、省级著名商标8个。

（五）种养模式稳定

采取"稻虾共生"生态效益高的种养模式，水稻收割后投放虾苗或抱卵虾进行孵幼养殖，养殖小龙虾至次年4月上市销售，一直销售到6月中旬，再种植一季稻，即一季稻套春季虾苗、夏季食用虾、秋季种虾模式，与传统的水稻单作模式相比，其经济效益相对较高。该模式当前已经成熟，在南县得到普遍推广，其年平均效益最高可达12万元每公顷。

（六）种养技术成熟

1. 水稻栽培和种虾养殖技术

科学建设田塘和合理安排种养季节。制定了明确的建设田塘标准：种养田塘地势低洼、冬春水源方便、含沙率低于20%。为实现稻虾用水分区，专门设置特定的排水系统，有助于稻作时田间管理，保证肥、药使用效果及其使用对小龙虾生长的影响。一般是头年10月至当年6月养殖虾苗和商品虾，5月中旬出完头批虾后，6月中下旬再出一批商品虾，到6月底商品虾养殖基本上就结束了。

2. 小龙虾生态健康养殖技术

养殖户通过水位管理、培菌改底解毒和水草养护等方法，为小龙虾创造溶氧量充足、水草活力旺盛、氨氮亚硝酸盐含量少且致病菌含量少的良好生态环境，利于稻虾产量提高和虾肉的鲜美紧实。

3. 综合防控病虫害

一是水体污染防治：做好改底解毒、注意增氧、水草养护等措施，并进行酵料药饵投喂等，抑制小龙虾体内的病原体；二是虫害防治：采用灯光诱集等物理方法；三是防范天敌；采取相应措施防范鸟害、鼠害，避免田间进入野杂鱼。

（七）市场需求量大，经济价值高

自2003年起，小龙虾的养殖产量整体呈逐年增加趋势。2003年至2018年，养殖产量由5.16万吨增加至163.87万吨，增长30多倍。据测算，2020

年我国小龙虾产业总产值约为 3448.46 亿元（统计未包括港澳台地区，下同）。其中，小龙虾养殖业产值约为 748.38 亿元；以加工业为主的第二产业产值约为 480.08 亿元；以餐饮为主的第三产业产值约为 2220 亿元。

小龙虾的消费区域不断扩展，从家里的餐桌到大排档再到高档饭店，小龙虾受到广大消费者的青睐。此外，稻虾精深加工产物应用领域广泛，稻虾共生模式可以促进种子发育，提高植物抗菌能力，做地膜材料；小龙虾可入药，用于制造降解缝合材料、人造皮肤、止血剂、伤口愈合促进剂等等，也能用于日用化工，如制造洗发香波、头发调理剂、固发膏等。

四、南县稻虾产业存在的问题以及未来的发展建议

（一）存在的问题

1. 宏观调控不足

南县稻虾种养面积达 60 万亩，涉及养殖农户超过 1 万户。由于政府以及相关部门介入较少，合作社、专业协会未把服务、中介、协调功能发挥到最佳状态，大多数稻虾养殖户都是各行其是的状态。缺乏宏观调控导致出现以下情况：大部分养殖户的面积较小，只考虑自己能否量产，不追求虾苗的品质，使得虾苗无法统一购进，成品虾的品质优劣不均、销售价格高低不一；各养殖户大多是自找门路、与消费者或收购商单线联系，导致产销信息对接不及时，销售渠道狭窄，错过最佳销售时机，容易使养殖户遭受经济损失；疫病防治无法统一，疫病得不到有效的防治，可能造成小龙虾成批死亡。

2. 龙头带动不足

目前，南县稻虾产业虽然已经初具规模并在全国市场上占据一席之地，但大型种养企业未能很好地发挥龙头作用，无法带动更多的种养户"跟着干"。一方面，大型种养企业有自己的一套完整养殖、加工、销售链，不愿和小型散养户合作；另一方面，普通养殖户养殖的小龙虾品质达不到大型企业的要求，他们往往也不愿意花更多精力去满足大型企业的标准；加之当地专业合作社、农技协组织不太完善，没有形成合力，故而龙头企业的辐射和带动效果不明显。

3. 抵御风险能力不强

尽管当地稻虾产业发展已有 20 余年，部分企业已有自己独特的稻虾体系，但养殖户养殖经验不足，防范风险能力相对薄弱。由于正规优质苗种价

格贵、成本高，一些养殖户选择低价从虾贩手中购买苗种，这些劣质苗种入水数天后便大量死亡，导致养殖户经济损失惨重。因此，技术把握不好，就会导致投入高、费时多、收效甚微甚至亏本。为了降低养殖成本，更多地获利，部分养殖户选择购买便宜劣质的饲料，这样的饲料中有许多有假冒伪劣成分，会严重降低小龙虾的产量，影响养殖户的经济效益。

（二）未来的发展建议

1. 全面提高宏观调控能力

政府要努力推进虾苗的"统一购进"进程，推广优质品种，淘汰劣质品种。负责稻虾养殖生产的相关部门可安排专业人员到全国各地与南县稻虾养殖模式共通的基地进行实地考察研究，与本地稻虾产业发展进行对比，求同存异，找到并引进适宜在南县生长的个大、貌美、味好的优质小龙虾品种。其次，还需加强稻虾疫病防治监测，引入相关检测机构，对当地的稻虾种养环境及生长状况进行定期检测，并及时向社会公布检测数据，提高广大消费者对南县稻虾品质的信任度和满意度。此外，政府还需加强产销信息对接，定期发布完整、权威的产销信息，强化对生产、市场和价格走势的分析预警，减少市场盲目性，使稻田养虾产业稳定、健康、持续发展下去。

2. 发挥龙头企业的辐射和带动作用

龙头企业应建立连片的标准化示范基地，辐射带动全县更多的种养户开展稻虾种养，有力推动全县稻虾产业的长足发展。定量地帮扶个体稻虾养殖户，与养殖户结成合作关系。政府应建立健全龙头企业与养殖户帮扶机制，号召和鼓励发动种养大户、养殖基地、养殖协会更多地帮扶小型户、散养户。使龙头企业在技术上不吝赐教，种苗上优惠供给，收购上适当保底，防疫上统一规范。对于主动帮扶稻虾养殖户进行资金支持、技术帮助、销售渠道提供等的龙头企业实行奖励机制。

3. 多方位提高抵御风险能力

政府要建立完善的稻虾养殖风险预警系统。对稻虾养殖过程中可能出现的风险进行提前防范，制定针对不同风险类型的配套解决方案，并通知相关企业以及养殖户做好防范措施。龙头企业要建立小龙虾繁育基地，开展小龙虾原种保种和良种繁育，为稻田养虾农户提供品种优、个体大的虾苗，改善虾苗供应不足等问题。养殖户要努力配合实行统一购苗和防疫措施，自觉抵制劣质饲料，在养殖过程中改劣种为良种，为虾稻高产、稳产打好基础并积极参加相关培训活动，总结经验，掌握提高稻虾品质、防治病害的本领。

五、总结

虾在稻中游，稻在虾田长。南县利用得天独厚的地理与自然优势，开辟出一条"稻虾共生"的农业经济创新之路，在南县稻虾产业发展的这 20 年中，南县推广稻田综合种养模式，打造稻虾产业链。截至目前，南县引进推广新技术 20 多项、新品种 40 多个，建立省级农业产业技术创新联盟 2 个，建立"中国小龙虾养殖加工研发中心"等众多有助于稻虾产业发展的新模式。"南县小龙虾"更是畅销 40 多个国家和地区，年出口创汇 3000 多万美元。南县稻虾产业规模和影响力位居全国三强。南县稻虾生态综合养殖产业正处于开发拓展阶段，虽然该产业在发展模式和发展阶段上还存在许多不足之处，但仍具有明显的社会经济效益和广阔的发展前景。但南县稻虾产业的可持续发展也要求当地稻虾产业相关人员遵循经济规律，关注市场，促进稳定发展，不急于求成，要紧紧围绕乡村振兴的主题，以南县稻虾产业为抓手为南县及其产业辐射地区推动产业振兴和现代化新农村建设奠定坚实基础。

参考文献

[1] 秦勇. 环洞庭湖区稻虾共生种养技术 [J]. 当代水产，2017，42（12）：86 – 87.

[2] 严岳华，盛建华，周锋，等. 南县稻虾产业化发展现状与思路 [J]. 农业开发与装备，2019（5）：7，17.

[3] 熊颖. 南县"稻虾共生"产业模式存在的问题及对策 [J]. 农村经济与科技，2019，30（7）：73 – 74.

乡村振兴战略背景下
乡镇市场发展研究
——以六塘乡为例

课题组成员：陈　卓，王浩宇，金志敏，
徐筱迪，李慧君
指导老师：伍屏芝，杨　果

摘要： 岳阳市六塘乡有着十分明显的地理区位优势，还拥有"兰岭绿茶"等享誉全省的特色产品。然而，这样一个拥有众多发展优势的六塘乡在乡村振兴战略的背景下却显得乏力，乡镇市场的发展一度陷入困境。本文以实地访谈资料为依据，并结合问卷调查数据，将发展空间作为切入点，分析了六塘乡乡镇市场的发展困境、困境原因以及对应举措。研究发现，六塘乡在享有发展的优势区位的同时，也面临着区位条件带来的竞争压力，在农村电商与新冠肺炎疫情双重作用下，乡镇街道的实体经营更是难上加难。因此，需要从政策、人才、产业、文化等角度形成综合举措，借乡村振兴战略之势，来助推乡镇市场的发展。

关键词： 乡村振兴；乡镇市场；农村市场；发展困境

一、引言

党的十九大报告指出要实现"两个一百年"奋斗目标，实现中华民族伟大复兴的中国梦，不断提高人民生活水平，必须坚定不移把发展作为党执政兴国的第一要务，坚持解放和发展社会生产力。当前，我国发展不平衡不充分问题在乡村最为突出，实施乡村振兴战略是实现"两个一百年"奋斗目标的必然要求，是实现全体人民共同富裕的必然要求。岳阳市湘阴县六塘乡2020年党建工作计划提出要着力打造"党建＋产业""党建＋精准扶贫"品牌，形成组织凝聚党员、党员推动产业、产业助推群众致富的党建引领脱贫致富新格局，切实把从严治党的成果转化为实现乡村振兴的强大动力。目前，六塘乡人口流失严重，乡镇市场发展缺少活力，消费力不足，供需矛盾严重等问题急需解决。正值建党一百周年之际，调研团队深入实地，为更好贯彻落实乡村振兴战略及实现全体人民共同富裕，从乡镇市场的发展困境方向着手调查，对六塘乡进行案例研究，为乡镇市场的发展注入活力，助力乡村振兴。

二、研究方法

1. 个案研究法

本文以湖南省岳阳市湘阴县六塘乡为个案，围绕该乡的乡镇市场发展情况进行调查，深入了解该乡镇市场发展困境，研究该乡镇后续发展的可能情况与对应举措。

2. 深度访谈法

本研究以六塘乡六塘铺社区街道的实体商店工作人员、当地工厂工作人员以及熟悉当地情况的乡政府工作人员作为访谈对象。全街道正常营业的店铺共 123 家，调研团队根据店铺种类和工厂种类进行分层抽样，个体访谈与小组访谈混合进行，围绕乡镇实体商店经营情况、困境与发展设想进行访问。

3. 问卷调查法

调研团队对六塘乡实体店铺工作人员采用方便抽样法进行问卷调查，调查内容包括对于实体店铺的发展评价、经营成本问题、电商影响评价和未来发展计划等，共收集到有效问卷 100 份。问卷所收集的数据采用 IBM SPSS statistics 24.0 和 Excel 2019 进行统计分析。

4. 文献研究法

调研团队在本次调查中借助了中国知网、图书馆、政府资料库等多方渠道收集到以下四类文献资料：一是国内外学者关于乡村振兴战略、乡镇市场发展和空间理论的相关研究成果；二是全国农村市场经济发展的政策性文件和乡政府相关经济工作的报告资料；三是岳阳市和湘阴县政府的相关数据统计资料以及公开数据库的统计资料；四是新闻媒体报道资料，包括新闻文字报道与视频资料。

三、研究思路

本研究意在探讨乡村振兴战略背景下乡镇市场发展的内在逻辑。研究团队先对国内外相关主题的研究做一个梳理，分析现有研究的进展和不足。在具备一定的理论基础后，研究团队选取了六塘乡作为调查地点进行实地调查，并对实地调查结果从地理、市场、产业、政策等因素进行分析，最后提出乡镇市场发展的对策建议。

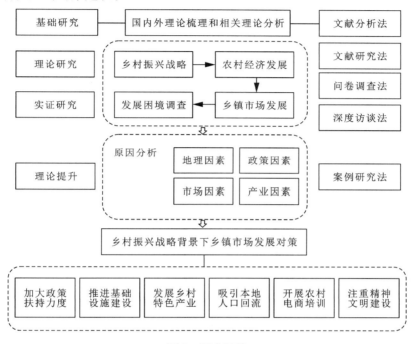

图 1　研究思路

四、六塘乡市场发展情况描述

六塘乡地处湘阴东北部，距县城 10 公里，G240 国道、岳望高速、平益高速贯穿全境，交通便捷。全乡共 4 个行政村、1 个社区，行政区域面积为3612 平方千米。2020 年数据显示，六塘乡常住人口为 15724 人，在湘阴县 14个乡镇中数量垫底，且同比前一年有所下降。六塘乡农业发达。有着绿原果业、丰彩苗木、林科高产油茶、福多多等多家农业企业，目前正大力发展以茶果种植为主的特色农业产业；但工业较为薄弱，全乡工业企业数量仅有 7个，无规模以上工业企业。第三产业以与农业结合的农家乐旅游以及附带的农产品销售为主。

六塘乡六塘铺社区共有店铺 173 家，涵盖各大门类，店铺数量众多，能基本满足当地群众生产生活需要。如表 1 所示。

表 1　六塘乡六塘铺社区店铺分类一览

类别	业态细分	数量	小计	占比
建筑业	油漆店	2	8	4.62%
	涂料店	1		
	木业装饰	3		
	钢材	2		
商业	超市	14	58	33.53%
	快递点	3		
	文具店	4		
	家具店	2		
	移动手机店	3		
	家电	4		
	服装店	14		
	五金店	3		
	茶叶店	3		
	鞋店	2		
	谷粮店	1		
	化肥店	1		
	管道出售	1		
	饲料店	2		
	渔具店	1		
饮食业	餐馆	18	18	10.40%
服务业	药店	4	32	20.38%
	洗车店	1		
	牙店	1		
	兽医院	1		
	蔬菜鸡鸭加工	2		
	美容店	3		
	驾校	1		
	加油站	1		
	诊所	2		
	摄影	1		
	红白喜事店	5		
	麻将馆	1		
	发廊	5		
	彩票店	1		
	KTV	2		
	母婴生活馆	2		
修理业	汽修店	4	5	2.89%
	修鞋店	1		
闲置店铺		52	52	30.01%
备注	闲置店铺数量按门面数统计，实际店铺按正在经营统计			

但从整体乡镇市场发展现状来看，六塘乡乡镇市场仍存在以下问题：

其一，店铺面积总体较小。六塘乡店铺多以小门面个体经营为主。营业面积 50 平米以上的店铺仅有 23 个，占比 13%，而营业面积 50 平米以下的则有 150 个，占比 87%。

其二，店铺同质程度较高。六塘乡部分店铺存在同质化程度高的问题。仅餐馆、服装店、超市三类店铺在所有店铺中占比就接近三成，短短的一条街被同质化的店铺挤满，竞争压力大。当我们问及一位早餐店老板为何开这个店的时候，她回答道："因为别人开这个店赚钱了，所以我也想开。"我们继续追问她的经营情况时，她也承认早餐店竞争激烈，收益其实不高。

其三，闲置店面数量较多。此外，六塘乡存在大量闲置店面。在全部的 173 家店面中，约三成为闲置店面。这些闲置店面又分为两类：第一种为经营不善倒闭而暂时无人接手导致的闲置；第二种为原有住宅改造店面，这类店铺本是乡民在主路上的自建住宅，前几年应乡政府之规定进行了整体美化，才产生了此类店铺。

其四，当地市场需求不足。在走访中，大多数经营者都提到了人流量不足这一困境。不仅如此，现有居民购买力不够，也成为限制六塘乡乡镇市场进一步发展的重要原因。五金店老板说："因为我们这条街在汨罗市和湘阴县中间的位置，所以村民买东西都往城里跑。他们的观念是这样的，觉得我们乡镇这些店卖的东西太贵了，城里的东西好一点，但其实我们价格都是一样的，这可能也是制约乡镇发展的原因。"

其五，店铺经营热情不高。走访发现，六塘乡镇店铺经营者的年龄偏大，四十岁以上的店主绝大多数，且积极性较低。问卷调查的数据也能佐证，当我们问及"您对自己店面将来的打算如何"这一问题时，大多数受访者表示自己只想保持原状，只有少数受访者表示想要扩大店面，无一位受访者表示想开设新店。

其六，开设新店难度较大。在走访中我们发现，在六塘乡，近五年的新店屈指可数，大都是老店铺互相竞争，仅剩的几家新店铺大多经营状况不佳。电器店老板说道："新店？基本上没有什么新店，我们乡里面都是靠人脉、信誉做生意，大家到你的店里买成习惯，就不会去别的店了。现在和我竞争的都是一些十几年的老店。"服装店老板说："我觉得对于新店来说融资还是太难了，我开这个店都只能找亲戚借钱，银行根本不给我们这种放贷的。"

五、六塘乡市场发展综合分析

(一) 区域空间分析

六塘乡上接汨罗，下连湘阴，处于三点之间。交通的便捷提高了三地人口流通频率，但由于六塘乡自身竞争优势不大，人口流通方向多为六塘至汨罗或六塘至湘阴，这在一定程度上瓜分了六塘乡的人口红利，同时也导致六塘人口流失现象日益加重，乡镇的就业机会稀缺，村民们大多流向湘阴或汨罗寻求工作岗位。

六塘乡北部裁弯取直修建新道路，使得进县的必经之路绕开了六塘，人流量再次被分散，对六塘发展造成冲击。六塘乡的空间分布主要依托道路形态形成，简单直线状的道路分布限制了六塘乡的可扩张范围，横向腹地不能被有效利用，无法发展成六塘乡的新经济增长市场，同时也无法充分有效地发挥人口的最大消费能力。

(二) 市场条件分析

1. 需求分析

从社会因素来考察，人口的数量和结构都直接或间接地影响消费需求。六塘乡主要街区的人口数量并不多，所能引起的消费总和有限，需求数量有限；同时由于青年人外流，人口结构不平衡，村镇人口多以中老年人为主。受年龄、知识水平以及身体素质等因素影响，老年人的消费需求以生存需求为主，因而无法在种类上拓宽消费能力，需求种类有限。从调查数据中可得知，六塘乡商铺种类多以超市和餐馆为主，即满足基本生存需要；提供娱乐性服务的商铺则少之又少，六塘乡这一方面的消费市场没有被打开，从而导致整体有效需求较低。

2. 供给分析

六塘乡的供给结构存在较为严重的问题。超市、餐馆等商铺过多，供给状态已过度饱和，供大于求，容易导致店铺发生恶性竞争。从对六塘乡的店铺数据分析中可以发现，超市、餐馆、服装三类提供基本生活需要的店铺明显供大于求，其他类型店铺（如：渔具、牙科、兽医、管道出售等）大部分都"仅此一家"，竞争压力较小。并且以年轻人为主要受众的娱乐服务场所（如电影院、电玩城等）"空无一家"；甚至六塘乡都不存在菜市场，供给结构极不平衡。但这也为六塘乡提供了一定的发展机遇。

六塘乡大部分店铺竞争压力极小，但由于六塘至湘阴或汨罗的交通便利，六塘俨然成为这两地的重合辐射地带。六塘乡的商铺店主们大多是"就这样""不想改变""这样挺好"的消极心理，不愿意承担改变经营内容或开设新店铺的压力和风险。竞争强度低无法引起供给的增加，村民的需求得不到满足，将会愈发流向湘阴和汨罗。留不住人，店铺经营状况不得好转，这也阻断了其他人参与竞争的步伐；但越没有新鲜血液的注入，村民们的需求便越得不到满足，可能会失去对六塘乡本地的消费偏好。六塘乡可能会陷入供需困境的死循环，降低"消费"这驾马车对经济发展的驱动力。

3. 电商分析

从访谈中可以发现，六塘乡目前并无村民从事电商经营，且大部分村民反映电商行业的崛起给他们的店铺经营带来了很大的挑战。六塘乡有 120 多家具备经营能力的个体店铺，从数据分析来看，商户们不看好未来实体经济的发展前景，但也并不会选择从事电商经营。一面是数字化浪潮带来的巨大机遇，一面是农户囿于现状的尴尬境地。如若不进行经营模式的调整，六塘乡必会停滞不前。

六塘乡电商发展落后的原因主要有三个：一是基础设施相对落后。电子商务这一庞大的系统涵盖了各行各业，需要强有力的公共基础设施和物流发展作为物质保障。物流的配送是发展农村电商的必要条件，如果没有高效的物流体系，那么将难以保证产品能够保质保量送到顾客手中。需要解决的还有物流公司问题，六塘乡并没有设立村级的快递站点，乡内的快递取寄为村民从县、镇级站点拉回，由于村民交通工具的受限，不利于农副产品及时收到和发出。二是品牌意识较弱，无法打出自身竞争优势。农村电商产品不是简单的产品销售，要想长久经营，需要保证良好的品质、打造农产品自主品牌。农副产品需要有自己的区域特色，同质化的产品缺乏竞争力。六塘乡有自己的特色产业，"兰岭茶叶"已经有了一定知名度，但也仅局限于湘阴、汨罗等附近地区售卖，如若脱离电商经营，很难打开销量；因为企业自身经营管理不善，兰岭产业已有衰落之势。三是农村电商发展合力不足。实现农村电商的发展，需要各方的共同参与，然而六塘乡存在着参与合力不足的问题。

（三）产业发展分析

六塘乡 1984 年由社改乡，确立最终所辖范围。六塘乡农业历史悠久，具有明显的长江中下游地区生产特色，早期农业发展以水稻种植业为主。90 年代之后，六塘乡以茶果为主的特色农业产业开始发展，其中以兰岭绿茶和绿原特色水果基地发展最盛。湖南兰岭绿态茶叶有限公司隶属于湖南长康实业集团，是一家集茶叶种植、收购、加工、销售及科研开发于一体的省级农产品加工企业。公司自有良种有机茶园 1000 亩，总资产 8000 万元，年产茶叶 300 万公斤，年产值达 13000 万元，利税 1500 万元。自 1995 年以来，公司按照"公司＋基地＋农户"的农业产业化经营思路，大力实施质量品牌战略和良种茶开发工程，带动了湘阴及周边市县 5 万余亩茶园开发，每年为 1.6 万户茶农增收 6000 万元，有效地促进了县城经济发展和兰岭绿茶产业化进程。2010 年兰岭有机茶园被认定为全国首批标准示范茶园。发展前期的兰岭绿茶为六塘乡带来了大量就业机会，村民的可支配收入增加，消费能力增强，带动了周边乡镇市场的发展；同时兰岭绿茶的物流运输为六塘乡带来了流动人口，为其扩大了消费人群；兰岭绿茶品牌的打响也加大了六塘乡对周边地区的吸引力，为六塘乡的特色产业种植发展旅游业提供了机会。总而言之，20 世纪 90 年代至 21 世纪 10 年代间，兰岭绿茶在带动六塘乡经济发展方面起了巨大的推动作用。但兰岭茶叶发展后期，企业从公有制转为股份有限制，以及由于企业内部管理不到位，污水排放靠近六塘上游水源等问题，企业逐渐衰败，企业规模缩减，大量裁员，致使村民们只能外出打工生存，人口流失导致乡镇市场不景气，许多商户无法生存，只能离乡寻找机会，从而又加重了"空心村"现象，乡镇商户发展陷入难以扭转的发展困境之中。

六塘乡虽然地理位置优越，308 省道穿其而过，但六塘基础设施薄弱，无法为工业发展提供设施保障，其内部人口消费需求并不能提供足够的市场，如若外运则增加了交通运输成本，成本与利益的不平衡导致鲜少有资本选择在六塘乡落厂，故六塘发展前期并无任何第二产业发展。近几年，六塘陆续有辣条厂、电子厂等工厂开设，但均因为经营不善、管理不当、资金无法周转等原因倒闭。目前六塘乡仅存在两家小型电子厂，且位于周边农村内，其影响范围仅达村内农民。工业的发展对六塘乡乡镇市场的促进作用微乎其微。第三产业作为经济发展程度的衡量标准之一，在六塘乡的发展程度不高，大多只能满足村民的基本需求。学校仅有一家，金融、旅游、保险等行业在六塘均不存在；打字复印、摄影、邮电，这些行业也都是"仅此一家"的发展状况，六塘乡第三产业的发展不容乐观。

六、乡镇市场发展对策建议

（一）加大政策扶持力度

第一，六塘乡政府全面贯彻落实乡村振兴战略，加大对乡镇市场的支持力度，提高对不同类型商店的扶持标准，减少商铺贷款利息，安排专项资金扶持。第二，加大对市场营销的线下培训。政府大力向商户提供市场营销的线下培训，为广大商户提供技术条件、创造商机。同时，政府通过扩大乡镇的电商平台，吸引更多农民投身到商业领域，促进人力、物力、财力和信息的交汇，推动城镇市场规模不断扩大，加快乡镇市场发展。第三，出台对建立在乡镇的企业给予低地租、高补贴的政策，鼓励高新技术产业在乡镇设厂。推动商业供给侧结构性改革，政府通过资金红利或政策支持，吸引一大批在六塘乡设厂的商户，做大做强农村产业。

（二）推进基础设施建设

加快推进乡镇公共服务一体化建设。加快农村物流服务体系建设、推动城乡生产与消费有效对接，激发农村消费的潜能。提高乡镇的物流配送体系，实现由县到村的直接配送，较近的乡镇，当天送达；偏远的乡镇，隔天也能够送达。要求县域物流上下行快件价格低于市场价格，下行到村点的快件免收村民费用。

（三）发展乡镇特色产业

六塘乡有绿原果业、丰彩苗木、林科高产油茶、福多多等多家农业企业。大力发展六塘乡的特色产业，实现更多就业和人流量，不仅可以促进一、二、三产业融合，同时拉动市场经济的发展。在企业和政府的双重努力下，促进乡镇市场发展。

（四）吸引本地人口回流

吸引本地人口回流，是实现乡村振兴的有效途径。政府采取对劳动力补贴的方式或制定多种激励机制以鼓励中青年劳动力返乡创业。充分发掘优秀外出人员的潜力。借助回流人才的力量，实现乡镇产品市场和城市消费市场信息的对接，充分实现乡镇优势资源的开发利用。

（五）开展农村电商培训

一是精准培训对象。首先要以返乡大学生、大学生村官、种养大户、零售商户等为重点电商下乡人才培养对象。通过系统的学习，掌握基本的电商运营机制，组建出农村电商人才队伍。二是精准培训内容。制定有针对性的培训计划，因材施教。组织村民学习电商入门基础，在生产规模、产品选择、市场细分、客户服务等方面为其提供决策参考。三是搭建精准服务平台。我们要完善相关的电子商务的规章制度，必须结合当地特色农业产业开发实际，搭建试销对路的服务平台，积极成立非营利性区域农村电子商务协会。同时，积极搭建农村电商交流平台，推动同业交流，共同讨论农村电商创业方向，共享成功典型案例。

（六）加强精神文明建设

因为市场经济自身的弱点和消极面会反映到农村精神生活中来，如拜金主义、享乐主义、利己主义、诈骗等，我们要防止这些消极现象的产生。可以重点发挥农村中的优秀基层干部、企业老板道德模范、基层党员带头人等作用，以乡情为纽带，支持吸引各界成功人士回乡建设，用他们的善言善行来引导人们发展乡镇经济。加强农村电商人才培养的宣传，通过电商带头人进行宣传推广，或者可以通过广播和网络播报的方式对村民进行反复宣传。

七、结语

在乡村振兴战略的背景下，乡镇市场作为农村生活不可缺少的组成要素，同时也是产业振兴、人才振兴、文化振兴、生态振兴、组织振兴的重要观察窗口。乡镇市场发展程度在一定程度上反映出整个乡镇地区的发展水平，乡镇市场与乡村建设之间是互为影响，密不可分的。以六塘乡乡镇市场作为研究案例，深入了解市场发展情况，分析在看似出色的发展条件下所遇到的发展困境，从多方思考，提出可行的解决举措。在整个分析过程中，针对面临具体条件，综合运用了地理学、经济学、政策学等理论，尝试为发展困境做出解释。面对类似新冠肺炎疫情的突发公共事件与农村电商等新一轮商业升级的浪潮，乡镇市场的发展需要的是多主体、多方面的综合推动，在整体良性的发展环境下才能取得更长足的进步。本文的研究有一定的局限性，因为本文是质性研究，样本是否具有代表性以及困境与举措的分析尚需进行大规模统计实证的检验。

产业融合如何为新时代
乡村振兴赋新动能
——以沅陵县茶旅融合发展为例

课题组成员：高安祺，于舒文，贺可歆，陶子烨，
李　颖，游鹏盈，孙思弘，周　灵，
杨　鸿，吕　萍，李婧宁，邹培玥，
冯浩家

指导老师：阳　旸，郭书畅

摘要：党的十九大报告提出乡村振兴战略，提出要按照"产业兴旺、生态宜居、乡风文明、治理有效、生活富裕"的总要求加快推进农业农村现代化，提出促进农村三产融合发展的产业融合政策，使地方农村走出特色化产业融合以实现乡村振兴。本文通过对沅陵当地茶旅融合试点展开调研，利用PEST分析法对当地茶旅融合现状及问题进行了分析，并尝试提出一些具有可行性的政策建议，为推动沅陵县茶旅融合做出一些尝试和努力。

关键词：乡村振兴；产业融合；茶旅融合

一、问题的提出

（一）研究背景

1. 政策背景

国家政策：党的十九大提出乡村振兴战略，即按照"产业兴旺、生态宜居、乡风文明、治理有效、生活富裕"的总要求加快推进农业农村现代化。提出促进农村一、二、三产业融合发展，支持和鼓励农民就业创业，拓宽增收渠道，为农村实行产业融合指明方向。

产业政策：21世纪当前阶段，产业融合作为一种新型的产业形态，经过不断尝试实践，受到了政府、学界以及实业界的广泛关注和普遍认可。到2020年，大批农村产业融合先导区和示范园已经建成，产业融合发展体系初

步形成，为实施乡村振兴战略提供了有力支撑。

地方政策：沅陵县积极响应号召，以碣滩茶、雪峰油茶、五强溪鱼的"两茶一鱼"农特产为立足点，依托旅游业和电商业，成功打造"互联网 + 旅游 + 农业"的产业融合模式，助力实现精准扶贫。

2. 时代背景

伴随我国茶叶发展规模增大，2020 年全国 18 个主要产茶省茶园面积为 4747 万亩，较 2019 年同比增长 3.26%，茶叶产量持续增加，较 2019 年同比增长 6.89%。近年来，沅陵县以"茶旅融合"发展模式为思路，自 2016 年至 2020 年，茶园面积由 11 万亩增长至 16 万亩，新增茶叶加工厂 32 家，新增茶叶生产线 37 条。2020 年全县茶叶加工企业 123 家，涉茶人口超过 12 万，茶叶年产量 1.2 吨，年综合产值 15 亿元。

3. 地域背景

沅陵县隶属怀化市，位于湖南省西北部，沅水中游，是全国十大生态产茶县、中国生态有机茶之乡、中国名茶之乡。沅陵县逐步建立起了茶业、旅游、文化三者深度融合的产业框架。沅陵县委县政府制定《沅陵县茶产业发展十年规划》，做出《关于突出发展"两茶一鱼"特色产业加快推进农业产业化的决定》，基本形成了"两园（辰州碣滩茶叶产业园、官庄茶叶产业园）四区（马底驿、太常、北溶、官庄）"的茶叶产业分布格局。

（二）研究目的与意义

1. 研究目的

一是深入研究基本理论，探索沅陵产业融合运行模式面临问题。根据访谈和调研结果，结合不同企业的实际状况，分别从不同角度分析当前产业融合运行模式的优势和存在的问题。二是逻辑演绎，寻找创新性解决方案，形成可推广模式。根据沅陵产业融合模式发展现状，通过 PEST 分析法结合产业分析理论，从宏观环境入手，从不同的影响因素出发，分析沅陵茶旅融合模式存在的问题，对此提出有针对性的意见。

2. 研究意义

（1）理论意义

随着国内中等收入群体的发展壮大，人们对高品质农产品的需求大幅提升。这在某种程度上为促进乡村产业兴旺、推进乡村振兴增添了动力。本文将根据产业交叉理论，利用 PEST 分析法，探究如何结合品牌、文旅和生产产业链推进产业融合，形成具有品牌特色的长效乡村振兴路线。

（2）现实意义

一是政府角度。2021年2月21日，中共中央国务院印发《关于全面推进乡村振兴加快农业农村现代化的意见》中提出助农扶贫"五年过渡期"；党的十九大精神和十三届全国人大四次会议通过的《政府工作报告》部署，提出加强对低收入人口常态化帮扶。

二是农户角度。通过对沅陵县当地产业融合产品链进行分析，明确了农户在产业链中的定位和需求，从而更好地保障农户利益，通过农户入股等方式保证农户基本利益，调动生产积极性。

三是产业发展角度。农旅融合带动扶贫。以互联网催化农旅深度融合，大力发展多样化旅游新业态。沅陵县加强整合全县现有优势特色产品资源，充分发挥大数据网络渠道优势，全面营销推广贫困户农产品，助力产品上行电商化。

四是乡村振兴角度。深入研究基本理论，推广沅陵产业融合运行模式。通过PEST分析法结合产业分析理论对宏观影响因素进行分析，进一步把握宏观环境的现状及变化的趋势，从而形成适应环境的示范性建议方案，助力实现乡村振兴。

（三）研究对象与研究方法

1. 研究对象

在调研过程中，我们主要走访了怀化市沅陵县茶旅融合三个试点，分别是：辰州碣滩茶业产业园、凤娇碣滩茶业产业园和官庄碣滩茶文化产业园，并对其和相关企业、产业园及生产线各个环节负责人进行了采访和问卷调查。

2. 研究方法

（1）问卷调查法

这次调查中，一共设计了两份调查问卷，包括纸质问卷和电子问卷。问卷主要内容是关于企业产业融合情况和消费者体验在内的一些基本问题，希望通过分析这两份问卷的答案了解基本情况，更好地为访谈内容奠定基础。

（2）访谈法

通过走访怀化市的多个企业，共对企业经理、生产线负责人、茶叶合作社的四位负责人进行了多对一的面对面深入访谈，以更加详细、准确地了解当地茶旅融合发展的现状及存在的一些问题。

（3）PEST 分析法

PEST 分析法一般用于宏观环境的分析，宏观环境又称一般环境，是指影响一切行业和企业的各种宏观力量。由于不同行业和企业有其自身特点和经营需要，分析的具体内容会有差异，一般是对政治、经济、技术和社会这四大类影响企业的主要外部环境因素进行分析。本文尝试用 PEST 分析法对当地茶旅融合现状及问题进行分析，并提出一些具有可行性的政策建议。

（四）理论基础

1. 增长极理论

部分西方经济学家认为一个国家要实现平衡发展只是一种理想，在现实中是不可能的，经济增长通常是从一个或数个"增长中心"逐渐向其他部门或地区传导。因此，应选择特定的地理空间作为增长极，以带动经济发展。

2. 产业融合理论

产业融合是在经济全球化、高新技术迅速发展的大背景下，产业提高生产率和竞争力的一种发展模式和产业组织形式。它有助于促进传统产业创新，进而推进产业结构优化与产业发展，同时催生出新的技术，融合更多的传统产业部门，能够改变传统产业的生产与服务方式，促使其产品与服务结构的升级，促使市场结构在企业竞争合作关系的变动中不断趋于合理化。

二、基于 PEST 分析法对沅陵县茶旅融合产业的调研分析

（一）基于 PEST 分析法对沅陵县茶旅融合产业的助推力分析

1. 政策支持

（1）扶贫助农政策

表 1　问卷及访谈结果 1

当前主要政策支持	产业扶贫效果
财政补贴（100%）	非常显著（20%）
技术培训指导（100%）	显著（80%）
营销平台（40%）	

根据问卷结果，企业普遍认为当前扶贫政策效果显著，其中 20% 认为扶贫政策效果非常显著。在访谈范围内，其中财政补贴和技术培训指导支持的落实实现了 100% 的普遍覆盖，40% 企业在营销平台搭建方面得到了政策支

持。沅陵县实施《沅陵县财政扶贫资金管理办法》，政府提出要秉承"以文兴旅，以茶兴旅，以旅促茶"的发展理念，将辰龙关片区打造成"文化＋产业＋旅游"的复合型、创新性地域经济综合体。

（2）片区开发政策

沅陵县赶上了国家武陵山片区政策开发的机遇期，确立茶产业为沅陵农业产业化的一号工程，抢占了武陵山片区茶产业的制高点。武陵山片区区域的重点发展，有利于缩小地区发展差距，促进区域经济协调发展，促进生态文明建设和可持续发展。对深入探索区域发展和脱贫攻坚新机制、新体制和新模式，对实现全面乡村振兴具有十分重要的意义。

（3）产业融合政策

政府出台产业奖补政策，助力建设茶产业园，打造集旅游、体验、养生于一体的辰龙关碣滩茶庄园，推进茶产业、茶文化、旅游业的产业融合。沅陵县先后编制《沅陵县全域旅游发展总体规划》《借母溪旅游扶贫规划》《胡家溪民俗文化风情小镇总规及详规》《辰龙关茶庄园旅游度假区规划》等10余部旅游规划，并实现了规划对接和"多规合一"。围绕"一路一水一线"空间布局推进"123456"核心工程。

（4）人才培养政策

中国农科院茶叶研究所研究员曾建明、姜爱芹在沅陵县就如何做大做强"碣滩茶"品牌，推动茶产业发展展开了交流探讨，并进行了"科技列车怀化行，碣滩茶产业专题技术培训"。同时该县通过实施"雨露计划""两后生"等多种方式，由县财政安排专项资金1950多万元进一步加大了对劳动力进行茶艺师、评茶员等多个专项技术工种的培训，为茶产业发展提供了人才支撑。

2. 经济支撑

（1）市场优势

全县现有湖南碣滩有机茶业有限公司、湖南官庄茶叶有限公司等31家茶叶加工企业，包括省级农业产业化龙头企业2家；同时茶叶营销网络建设初具规模，省内外设立各种碣滩茶专卖店、批发店近200家。今年全县茶叶总产量1500吨，农业产值1.5亿元，其中名优茶产量300吨，占总量的20%，产值9000万元，占总产值的60%。

（2）稳中有进的发展态势

沅陵县总体经济稳中求进，县实现地区生产总值138.03亿元，第一、二、三产业同比皆增长；农业生产形势平稳，农林渔业同比皆增长2%左右；

规模工业、建筑业增长较快，财政收支显著改善，居民收入稳步提高，城镇居民人均可支配收入达到 18123 元，农村居民人均可支配收入达到 7139 元。

3. 社会文化助力

（1）历史文化优势

沅陵产茶历史悠久，茶文化底蕴深厚。其历史记载可追溯到 1800 年前的西晋。唐代时沅陵所生产的"碣滩茶"就已经被列为朝廷贡茶。

（2）地理环境与基础区位优势

沅陵地处北纬 30° 中国茶叶黄金纬度带区域，境内山峦叠翠，沅江及大小溪河纵横，五强溪库区水域广阔，雨量充沛，云雾缭绕，生态环境良好，是全国独有的山林库区宜茶区域。

（3）人口劳动力优势

第七次人口普查显示沅陵全县常住人口总数 51 万余人，其中 15～59 岁人口占比 57.33%，同时外出务工人员返乡率有所提升，整体劳动力市场发展态势较好。

4. 技术保障

（1）科技与人才优势

近年来，沅陵县聘请了湖南农业大学和湖南省茶叶研究所专家担任沅陵县茶叶产业发展高级顾问和驻县科技特派员，并签署常年科技合作协议，人才队伍中有机茶推广研究员 1 人，茶学专业技术人员 4 人。近两年，由湖南农业大学培养了 50 余名茶叶技术人才，其中有 41 人获中高级职业资格证书。

（2）电商支持

2020 年 11 月 24 日，"湖南（沅陵）台湾工业园"入驻沅陵县工业集中区，一座国际化、现代化、高科技电子产业园在沅陵县生根发芽。沅陵县园区内向华电子研发成果显著，其中 4 项高新技术获得国家实用专利，3 项高新技术获得国家发明专利。

（二）基于 PEST 分析法对沅陵县茶旅融合产业的发展阻力分析

1. 政策配套方面

（1）相关人才政策有待完善，基层高层次人才缺失

访谈企业中 60% 侧重关心培养与引进人才问题。管理层缺乏高层次人才，导致部分政策落实效果大大减弱甚至无效。当前部分基层管理者观念仍然较为封闭保守，无法合理利用补贴、扶持政策，导致政策的提出与落实存

在较大偏差。

（2）农企融合不充分，产业链底端利益难以得到保障

访谈结果显示，80%企业希望能够通过政策的帮助降低经营风险，其中75%希望通过降低风险提高经济收益。相同产业链上的不同环节在收入、成本、人才等方面都有较大差距，位于产业链底端、与农户利益直接相关的合作社甚至面临亏损和负责人自负盈亏的风险，容易导致生产环节失去信心，对整个产业链造成重大影响。

（3）政策具有不对称性，专用投资限制资金灵活性

60%企业关心财政政策，其中有企业认为政策中专用投资的设置，对企业发展存在一定程度的制约。由于市场环境多变，不同企业经营情况不同，而政府对投资基金统一专项专用的过度限制，导致企业无法自由灵活运用投资，容易导致各个环节发展不平衡，难以持续稳定发展。

表 2　问卷及访谈结果 2

企业重视何种收益	对政策关心侧重	企业面临问题
降低经营风险（80%）	人才政策（100%）	品牌影响力不足（60%）
培养引进人才（60%）	财政政策（60%）	基础建设资金（20%）
提高收益（60%）	其他（0%）	人才问题（20%）

2. 经济支持方面

（1）融资渠道单一，规避风险能力较弱

农业受多种环境要素影响，具有不稳定性，也存在一定的风险。改革也存在一定的失败风险，这些风险，使得相应的社会保险或政策兜底措施对于农户的收入状况以及农业的长期稳定发展来说，显得尤为重要。

（2）农户收入较低

由于管理以及技术等方面的问题，茶叶产量较低，部分农户出现亏损；当前损失通常只能由企业自身承担，这种情况容易导致投资信心降低。

表 3　问卷及访谈结果 3

融资渠道	企业收入
政策性银行（80%）	50 万以上（上游企业）
自有资金（20%）	利润微薄甚至亏损（低端企业）

（3）沅陵县政府部门对基础设施的资金投入不足

基础设施建设是农村产业融合与乡村振兴的物质基础，但在资金方面的投入仍有提升空间。沅陵县仍有部分基础设施还未完工。

3. 社会角度

（1）消费观念有待转变

沅陵县产业融合模式目前尚未成熟。企业方面，由于投资前景未知，仍处于观望评估层面，导致产业融合企业面临引资难的问题。其次是农户的观念。让农民从自产自销转为以土地入股成为股民，需要普及相关知识。农户的配合度以及参与的积极性对企业的发展存在较大的制约。

（2）人才短缺

人才培养与引进问题是产业融合模式的核心问题。没有人才队伍的支持，电商平台的搭建和运营、宣传推广的策划、产品的研发与创新等方面都会陷入瓶颈，故沅陵县急需更高层次的新型农业主体。

（3）品牌影响力不足

相较于其他知名企业品牌，沅陵虽选择了以较为出名的碣滩茶打造茶旅融合，但品牌影响力仍然较弱。

4. 技术角度

（1）农业高新技术

农业技术的创新与发展是农业生产效率提高的重要因素，科学技术与产业融合发展有机融合是必不可少的。沅陵县在农业高新技术的应用与开发方面尚有不足，对产品的高质量大规模生产不利，在寻求科学技术与农村产业融合的问题上应在发展规划和机制创新上寻求更大的突破。

（2）电商技术

构建电子商务平台需要一定的资金投入和持续性的运营，需要具有专业知识的专业团队维护，完善品牌的宣传方式，打造品牌知名度，进行更加全面的品牌捆绑销售，推出更具特色的农产品。由此可见，电商技术是影响产业融合成效至关重要的因素之一。

（3）信息技术基础研究的突破

以"互联网＋农业"为经营战略，打造网络化、信息化、智能化、现代化的新农村，在理论层面十分理想，但在现实实施过程中，依然缺乏技术支持。随着企业的不断发展，信息技术的落后阻碍着企业进一步发展壮大。

三、相应对策与建议

（一）政策角度

1. 完善高层次管理型人才政策，保障政策效用最大化

高层次管理型人才的引进和培养，有利于实现政策效用最大化，能够带

动当地企业共同进步，同时为企业适当减税降负，从而助推产业融合发展。

2. 发挥试点带动作用，完善产业链底端企业政策保障

需要基层科学组织，在总结经验的基础上全面推广。根据改革需要和试点条件，灵活设置试点范围和试点层级，并紧密结合国家战略，为国家战略进一步实施创造良好条件。

3. 减少农业投资限制，追求高品质自由发展

减少对投资基金的过度限制，赋予企业根据自身经营发展情况灵活使用资金的权利，这将有利于企业灵活发展和自动调整。加大旅游产业投资比例，对跨区域产业发展起到积极的带动和促进作用。

（二）经济角度

1. 拓宽产业融合融资渠道，减轻政府财政开支压力

在访谈范围内，当前企业80%是与合作社合作，20%企业是与种养大户合作。可以大企业大股东带动其他企业的模式，拓宽融资渠道。推广一事一议、以奖代补等方式，鼓励农民对直接受益的乡村基础设施建设投工投劳，让农民更多参与建设管护。

2. 把握市场热点机遇，建立品牌影响力

根据访谈结果，有60%企业认为当前品牌缺乏影响力已经成为限制产品销量的最主要因素。通过电商技术、互联网＋技术建立品牌，增强宣传力度，打造相关文旅产品，提高市场竞争力，有利于产业拓宽销路，带动相关产业长效、持续发展。

表4　问卷及访谈结果4

企业面临问题	产业融合最大获益	主要合作对象
品牌影响力不足（60%）	提高利润，增加收益（80%）	合作社（80%）
基础建设资金（20%）	降低经营风险（60%）	种养大户（20%）
人才问题（20%）	拓宽销售渠道（20%）	

（3）政府与企业风险共担，完善保险制度

政策落实通常伴随持续调整与改革，其间由于改革造成的损失通常只能由企业自身承担，导致部分企业难以负担风险，遭受重大亏损。进一步完善政府兜底政策与社会保险制度有利于为企业注入活力，推动企业凝聚信心稳定发展。

（三）社会角度

1. 把握助农热潮，实现全面乡村振兴

把握市场机遇，实现热点流量长效化。从 "一时火" 到 "一直火"，围绕热点建立全面完整的产业链。

2. 转变消费者观念，推动消费层次进步

茶旅融合可以通过让人们去到茶叶的原产地，体验茶的生产过程，同时提供旅游的娱乐设施的方式建立。企业需要注意消费体验与产品并重，完善文化与设施建设。

（四）技术角度

1. 农业技术创新发展，提高基础生产力

适应创新时代特征，在提高良种化的同时关注品种创新。在加工过程中，无论从商品流通的要求来看，还是从人工成本日益增高的困扰来说，机械化都是必由之路，提高机器加工比例，从而提高生产效率，为提高销量奠定基础。

2. 开展工业，研学旅游，全面活用生产线

整合茶叶加工过程，积极开展工业旅游。发展茶加工体验式旅游，引导茶叶加工企业把发展茶加工旅游作为公司或企业的发展战略，建设 "工农业旅游示范基地"，开发茶特色工业、研学旅游产品。

参考文献

[1] 潘玥. 吉林省三产融合发展环境中的 PEST 分析 [J]. 吉林农业，2018（24）：18 - 19.

[2] 李佳伟，李友华. 乡村振兴战略背景下我国农村产业融合研究——基于六次产业理论 [J]. 红河学院学报，2021，19（3）：21 - 25.

[3] 刘战伟. 乡村振兴背景下河南省农村一二三产业融合发展水平分析 [J]. 许昌学院学报，2021，40（3）：123 - 129.

[4] 岳芳敏，黄守丕. 广东文旅产业融合发展实证研究 [J]. 广东行政学院学报，2020，32（3）：88 - 98.

[5] 姜薇. 肃南裕固族自治县民俗旅游产业与文化产业融合发展策略研究 [J]. 社科纵横，2020，35（2）：62 - 66.

[6] 罗艳玲. 基于 PEST 分析的农业与旅游业融合发展研究——以河南省为例 [J]. 信阳师范学院学报（哲学社会科学版），2016，36（3）：69 - 73.

第三部分　中国特色社会主义文化发展篇

党史学习教育视域下
红色文化国际传播研究
——以雷锋精神为例

课题组成员：唐洁琳，顾轩宇
指导老师：郑燕虹，罗　薇

摘要： 为有效提高我国党史学习教育效果，中共中央提出将党史学习教育与我国国际传播能力构建相结合。红色文化是党史学习教育体系中的核心内容，但受主客观因素影响，其国际传播面临诸多困境。本研究以雷锋精神的国际传播为个案进行分析，探索推动红色文化国际传播的路径：充分利用媒体外交传播红色文化；扩大受众面，促进分众化传播；深入利用多样化的红色文化国际传播载体。

关键词： 红色文化；国际传播；雷锋精神

一、导言

（一）研究背景及目的

正值中国共产党建党百年历史方位，在党中央的部署下，全国各地创新党史学习教育方式方法，党的百年奋斗历程得以生动呈现。习近平总书记在主持中共中央政治局第三十次集体学习时指出："要加强对中国共产党的宣传阐释，帮助国外民众认识到中国共产党真正为中国人民谋幸福而奋斗，了解中国共产党为什么能、马克思主义为什么行、中国特色社会主义为什么好。"党史学习教育在国内如火如荼开展的同时，还应向国外进行阐释，与我国国际传播能力构建相结合。

红色文化是党史学习教育中进行理想信念教育、艰苦奋斗教育、爱国主义教育、民族精神教育的价值渊源和文化根基。红色文化国际影响力的提升，能为党史学习教育国际宣传阐释助力。因此，将党史学习教育与我国国际传播能力构建相结合，就要加快红色文化国际传播的进程。然而，由于国际传播中的文化"敏感性"和传播"排异性"等客观因素以及传播形式引力不强、传播媒介质量不高等主观因素，我国红色文化的国际传播存在着诸多困境，需要系统全面地加以应对，以达到增进国际认同的目的。

本研究以红色文化的重要组成部分雷锋精神作为切入点，分析雷锋精神国际传播的现状、存在问题及成因，进而探究红色文化国际传播的对策，以期促进红色文化国际认可度的提高。

（二）研究方法

文献研究法：本研究所涉文献包括网络与视听两种文献类型。第一，利用中国知网等数字化研究学习平台，检索与雷锋精神国际传播相关文献，获取相关信息与研究思路启发；第二，借助 Google News 新闻数据库，对雷锋精神在国际上被报道的频率与具体内容进行了整理与分析；第三，利用雷锋生前影像资料等视听文献，对雷锋精神形成更加鲜明的认识。

问卷调查法与访谈法：设计中英文两版调查问卷，旨在较为全面地了解雷锋精神国际传播的国内群众基础与国外受众情况。利用 SPSS 软件对问卷结果进行分析后，有序组织了多场线上访谈，包括相关专家学者、国际友人等。深度访谈有效弥补了问卷调查的对象不可控等不足之处。

演绎推理和归纳推理相结合的方法：习近平总书记在参观辽宁抚顺雷锋纪念馆时特别指出，雷锋精神是"五千年优秀中华文化和红色革命文化的结合"。阐明红色文化与雷锋精神的关系后，以小见大，通过雷锋精神国际传播的经验对红色文化的国际传播提供借鉴。

二、雷锋精神国际传播现状分析

（一）国内推动雷锋精神国际传播的现状

1. 各传播主体推动雷锋精神国际传播的实践现状

党的十八大以来，中国进入全面深化改革的关键阶段，对国家文化软实力建设提出了更高的要求。雷锋精神是中国价值观念的鲜明体现，加快雷锋精神的国际传播进程成为国家国际传播能力建设的重要内容。

2012 年，国内权威媒体相继发表多篇与雷锋精神国际传播相关的报道。如《人民日报》详尽报道了国际留学生及专家对雷锋精神的评价与实践。2013 年，《人民日报》发文指明雷锋精神的国际传播价值。2018 年，《光明日报》发表文章指出雷锋精神是新时代人类共有的价值追求。除媒体外，政府、社会组织以及个人等亦采取措施扩大雷锋精神的国际影响力。抚顺市雷锋纪念馆开馆半个多世纪以来，共接待 60 多个国家和地区的国际友人。华东方编著的《中外学雷锋寄语》系统梳理了雷锋精神在国外的传播情况。

总体而言，党的十八大后雷锋精神顺应时代潮流，开始了走向国际的路程。从 2012 至今的十年内，国内各主体在着力推动这一进程，取得了一定成绩。但遗憾的是，目前可查找事例集中发生在 2012 年左右，近几年各传播主体的传播力度似乎呈现出变弱的趋势。

2. 学界针对雷锋精神国际传播的研究现状

1963 年，《人民日报》发表毛泽东主席题词"向雷锋同志学习"，全国迅速掀起学习雷锋精神的热潮，学界有关雷锋精神的研究也自此始。2012 年，中央精神文明建设指导委员会授予鞍山钢铁集团工人郭明义"当代雷锋"荣誉称号后，全国再次出现学雷锋热潮，学界相关研究出现高峰。截至目前，中国知网上有关"雷锋精神"的篇目已达 10479 篇。由此可见，雷锋精神在学界的研究热度颇高，与国家大政方针密切相关。

然而，以"雷锋精神国际传播"为关键词在中国知网、维普网以及万方数据知识服务平台三大检索平台进行检索后所得文献却寥寥无几，共 5 篇，有效项为 2 篇。最早一篇为 2012 年陈飚所撰《关于雷锋对外传播的思考》，文章探讨了雷锋对外传播的必要性和可行性，并就具体传播策略提出建议。2014 年，卫利刚等发表的《雷锋精神国际传播能力研究》一文，从"群众基础""国际认知""多种途径"三个方面，较为详尽地讨论了雷锋精神国际传播能力提升的策略。

总体而言，学界有关雷锋精神的研究已颇具规模，但研究雷锋精神国际传播问题的文章极少，且不够全面深入，时效性略显不足。

3. 群众对雷锋精神国际传播的认知现状

雷锋精神的国际传播首先需要深厚的群众基础，才能有推动其走向国际的强大力量支撑。为探明国内群众对雷锋精神国际传播的认知现状，本研究设计制作《雷锋精神国际传播的群众基础调查》问卷，通过问卷星平台进行线上发放，共回收问卷 714 份，筛选得到 595 份有效问卷，有效率为 83.3%。受访者各项基本信息的比例分布较为合理，具有参考价值。

将受访者的年龄段分别与"您认为推动雷锋精神走向国际""您愿意主动推动雷锋精神走向国际"进行相关性分析可知：各年龄阶段群众均认为雷

锋精神走向国际是有必要的，"18～25 岁"年龄阶段群众的意向更为强烈，其次为"36～50 岁"年龄阶段人群；群众均愿意主动推动雷锋精神走向国际，"18～25 岁"年龄阶段的群众的意愿最为强烈。

在两项分析中"18～25 岁"年龄阶段群众均表现出更高的积极性，这或许与其成长的时代背景密切相关，他们成长在中国综合实力增长最快的时代，互联网和较多的跨国经验使其对世界的认知更切实，其国际视野因而更广阔，能够以更自信的态度进行中西文化交流。可以预见，此类人群将是推动雷锋精神国际化的主力军。

总体而言，群众在评价与行为态度上的一致性高：认为有必要推动雷锋精神走向国际且愿意主动推动该进程。

（二）国外雷锋精神传播现状

1. 国外媒体对雷锋精神的新闻报道分析

本研究以 Google News 作为新闻数据库，通过新闻数据检索分析的方法发现国外媒体对雷锋精神的新闻报道具有如下特征：国外新闻媒体对雷锋精神的关注程度逐渐升高，但所撰新闻报道数量少且内容缺乏深度。

对国外媒体新闻报道数量统计后得知，国外媒体对雷锋精神的新闻报道始于 2008 年，该年恰好是中国国际传播开放阶段的起点，从这一年起，中国的国际传播逐步转为双向开放的信息共享。由此推测：国外媒体开始关注雷锋精神可能与中国"敞开国门"，向海外传播文化信息密切相关。经查证得，第一篇新闻报道为美国华尔街日报所撰"Where Have You Gone, Lei Feng?"；且在 2008 年至 2014 年间，国外媒体所撰 5 篇新闻均来自美国媒体。从 2015 年起至今，对雷锋精神的新闻报道不再是美国新闻媒体的"独角戏"，印度、巴西、英国等其他 7 个国家也陆续报道了关于雷锋精神的新闻。2015 年是中国一系列外交战略布局与落实的起步之年，"讲好中国故事，传播好中国文化"成为了中国文化外交战略中的重点之一。因此，作为中国红色文化珍宝的雷锋精神也极可能随之传播到诸多国家，引起了各国新闻媒体的关注。

但不容忽视的是，国外媒体所撰关于雷锋精神的新闻仍寥寥可数：在 Google News 新闻数据库中检索，从 2008 年至今仅出现 20 篇相关新闻。再对新闻内容进行深度剖析得知，在这 20 篇新闻中，仅有 5 篇将雷锋精神与时政热点或好人故事相结合，剩余 15 篇均仅孤立、教条式地解释了雷锋精神的含义。由此观之，国外媒体所撰新闻在内容上仍缺乏深度。

2. 雷锋精神国际传播受众效果分析

为了对雷锋精神的受众特征及传播效果进行更加深入的研究，本研究制作发放了英文问卷，共回收问卷 595 份，其中有效问卷 519 份，有效回收率约 87.2%。对问卷结果进行信效度分析后，确定问卷具有进一步分析的价值。

问卷设置了一些关于雷锋精神认知程度的问题。结果显示，47.98% 的调查对象"没听说过"雷锋日记或雷锋故事；30.64% 的调查对象"不太熟悉"；"熟悉"或"非常熟悉"雷锋日记或雷锋故事的调查对象占比分别仅为 18.11% 和 3.27%。此外，80.92% 的调查对象"不知道"雷锋精神相关旅游景点，仅 19.08% 的调查对象选择了"知道"选项。

同时深度访谈中也设置了关于雷锋精神认知程度的问题。根据访谈结果分析，12 名被访谈者可分为三个层次：2 人从未听说过雷锋，仅对毛泽东等其他国际知名度高的红色人物有初步了解；6 人曾听说过雷锋，但不太了解雷锋精神，也从未阅读过雷锋日记或雷锋故事；仅 4 人对雷锋精神有一定了解，且曾阅读过雷锋日记或雷锋故事。

一位国籍为阿尔及利亚的高校教师说道："我从来没有听说过雷锋。但我知道另一个人物毛泽东。他在世界范围内非常有名，他是阿尔及利亚人钦佩的朋友，他还在法国殖民时期支持阿尔及利亚革命。"一位来自马来西亚的高校学生说道："我听说过雷锋，但我对他的了解非常浅。"一位来自伊朗，目前在中国某高校求学的被访谈者说道："我通过雷锋的文章了解到他的一些高尚精神，如无私、谦虚、为革命献身等。"

上述三名被访谈者分别是三个不同层次的典型代表，可近似代表同一层次其他访谈者的访谈结果。由上述三段访谈摘录及问卷结果可以看出，传播受众对雷锋精神的整体认知程度较低。

（三）雷锋精神国际传播现存问题小结

1. 传播主体多样性不足、整合度不高、专业性较差

国际传播，本身是传播主体的一种实践活动。就雷锋精神的国际传播主体而言，除上文提及主体传播力度下降现象，目前还存在传播主体多样性不足、整合度不高、专业性较差等问题。

雷锋精神在国内具有深厚的群众基础，进行国际传播的群众力量理应较为强大。但通过整理新闻数据发现，大多数的主体力量未被发掘，如个人主

体层面的学者研究产能、"18~25 岁"年龄阶段人群的主力军潜能等均未得到有效激发。此外,现有主体之间的相互配合少,整合度不高。各主体没有在专业领域间进行交叉合作、形成合力,导致传播力量碎片化、传播效果不理想。传播主体专业性较差的问题也较为突出。雷锋精神的国际传播涉及传播、政治、跨文化交际等多个领域,需要专门的国际传播人才的参与,尤其是复合型人才。但就目前情况而言,雷锋精神国际传播的人才结构较为单一,多为媒体从业人员,缺少专家型人才、外籍人才和其他行业领域的人才,且从业者在国际化视野、多元知识储备以及专业能力等方面仍有待提高。

2. 传播渠道单一、传播形式陈旧

经统计,国外受访者了解雷锋精神的渠道与其有意向进行接触的渠道之间出现较为明显的反差。如广播电视与学校课程是超七成受访者接触雷锋精神信息的渠道,但相较而言却不如互联网等渠道受欢迎。在传播雷锋精神过程中较少被选择的参观旅游等渠道,反而更受受访者喜爱。在深度访谈中,一位来自西班牙的受访者谈道:"如果你想传播雷锋的故事,我认为播客会是比新闻报道更好的选择。"联系上文提及的国外传播受众对雷锋精神的整体认知程度较低问题,不难发现:国内各传播主体仍未脱离"以自我为中心"的传播思路,其选择的主要传播渠道尚未与国外传播受众的需求对接,其单一且缺乏创新性与吸引力的传播载体难以激发受众兴趣,导致传播效果大打折扣。

3. 传播受众群体覆盖面狭窄

受众在雷锋精神国际传播过程中的认知、态度和行为对于评判雷锋精神国际传播效果有着决定性的作用。将调查对象是否有来华经历与认知问题进行交叉分析发现,有来华经历的外国人对于雷锋精神的认知程度比从未前往中国的外国人要高,包括对于雷锋日记或雷锋故事及雷锋精神相关旅游景点的了解程度都较高。

一位英国某高校教授访谈所言也反映出同样的特点:"在我来中国访学之前,我对雷锋一无所知。老实说,我不知道雷锋是一位传奇战士的名字,我以为'雷锋'这个名词是用来纪念某段中国共产党的历史的。但在中国生活期间,通过互联网上的文章,我了解了他以及他的高贵精神。"

问卷分析结果和访谈结果均可说明在对雷锋精神进行国际传播的过程中,有来华经历的外国人是其主要的传播受众。总结而言,对于雷锋精神的国际传播,其传播受众群体覆盖面较为狭窄。

三、推动红色文化国际传播的策略

（一）充分利用媒体外交传播红色文化

一个国家的新闻媒体展开媒体外交，必然要充分利用该国的媒体资源。现有的媒体资源可分为物质资源和非物质资源。物质资源主要是指人力和必要的基础设施建设等，而非物质资源指的是国家制度、法律等。在一个国家的新闻媒体进行媒体外交的过程中，该国的物质资源和非物质资源都占有极其重要的地位。因此，有效整合和利用我国的媒体资源（包括物质资源和非物质资源）是我国新闻媒体通过媒体外交促进红色文化国际传播的必要前提。

一方面，在物质资源上，为了提高我国新闻媒体利用媒体外交对外传播红色文化的能力，相关高校需要着力创设一流学科、构建一流平台，培养精通红色文化国际传播且专注于媒体外交的专业人才；在基础设施的建设与应用方面，相关新闻媒体应更充分挖掘国内外互联网资源，同时更好地维护与宣传现有的国际社交媒体平台账号，从而便于利用媒体外交活动对外传播红色文化。另一方面，对于非物质资源，要在制度上保证通过媒体外交对外传播红色文化的推行。我国政府是红色文化"走出去"的主要推手，在红色文化国际传播的过程中，全国各级党委宣传部门和政府有关部门发挥着重要的推动作用。政府应制定规范性文件，并与主流新闻媒体合作，建立起党委宣传部（政府新闻办）牵头协调、政府相关部门组织实施、新闻媒体广泛参与的"媒体外交促进红色文化国际传播"协调联动机制。

（二）深入利用多样化的红色文化国际传播载体

红色文化国际传播载体的丰富程度与利用程度会对传播效果产生影响。如今，以互联网为基础和代表的新兴媒体在文化传播中发挥着越来越重要的作用。因而，在推动红色文化国际传播的过程中，继续深化传统媒体渠道影响力的同时，要鼓励传播主体借助互联网新媒体平台开展创新性活动，扩大红色文化传播范围。

要充分利用红色文化交流平台载体。第一是多元的红色文化艺术交流平台，包括节日和纪念日、红色艺术周、书画展、文物展等平台。第二是对外文化中介机构。政府部门应出台政策，鼓励非政府组织、各民间团体和组织、文化企业和个人参与红色文化的国际传播。如将雷锋的"螺丝钉精神"融入海外企业的企业文化建设中，让国外职员在潜移默化中认识雷锋精神。第三是充分利用当代文化传播的多样化新型载体，研究影视、动漫等传播方式的特性，最大化发挥其传播效力，使其成为推动红色文化国际传播的有效传播载体。如雷风侠工作室创作的"雷风侠"，以雷锋精神为内核，兼具国外超人特色，更易被国外受众接受。

（三）扩大受众面，促进分众化传播

加强受众群体的分析与定位，了解受众的需求与关注，扩大受众面，是传播活动效果理想的重要前提。红色文化的国际传播需要加强对国外受众的研究，根据国外受众的特点做出较为精准的内容设计。据前文对雷锋精神国际传播受众的分析可知，红色文化国际传播的受众主要为有来华经历的外国人，无来华经历的外国人较少接触到红色文化的传播内容，也很少参与到红色文化相关活动中。因此，要想扩大红色文化国际传播受众面，传播主体应注意使用国际化的语言和思维讲述内容，减少"中国式"表达，从而吸引无来华经历的外国人。

如今，受众群体接触的信息越来越多，自然会对这些信息进行主动筛选。在这一筛选过程中，受众对信息的选择会受到性别、年龄等因素的影响。因此，受众群体慢慢出现了分化现象。面对这一现状，红色文化的国际传播工作必须要贴近受众的分化趋势，做到分众化传播。在党的新闻舆论工作座谈会上，习近平总书记指出："随着形势的发展……要适应分众化传播趋势，加快构建舆论引导新格局。"可以说，贴近分众化传播趋势，对推动红色文化的国际传播具有重要意义。在国际传播中顺应分众化传播趋势，就要求传播主体明确受众群体的特点。目前，很多国际媒体平台客户端都能通过分析受众点赞、转发、评论等情况了解受众的兴趣与需求，进而推送受众感兴趣的信息、减少受众不感兴趣的信息，做到分众化传播。红色文化的国际传播亦可采集各国际媒体客户端的数据，根据受众的某些特点将其分成不同的群体，从而精准化设计传播内容、制定传播策略。

四、结语

红色文化是中国人民在中国共产党领导的长期实践过程中，不断筛选、融合各种优秀文化而形成的先进文化综合体。在党史学习教育与国际传播能力结合的背景下，红色文化的国际传播显得尤为重要。

雷锋精神是红色文化的重要组成部分,对雷锋精神国际传播问题的研究可在很大程度上为红色文化的国际传播提供借鉴经验。本研究重点分析了雷锋精神在国际传播过程中的现状,并对其存在问题从传播主体、传播渠道、传播受众等角度进行总结。最后,从理论层面为红色文化的国际传播提出策略建议。

研究成员受专业限制,对传播学知识涉猎未深,因而本研究存在诸多不足,希望能为其他研究者起到一定启发作用。

参考文献

［1］赵耀. 中国共产党百年党史学习教育的理与路［J］. 西北民族大学学报（哲学社会科学版）, 2021（4）: 10 – 21.

［2］刘肖, 蒋晓丽. 国际传播中的文化困境与传播模式转换［J］. 思想战线, 2011, 37（6）: 108 – 111.

［3］杨畅, 谢文凤. 坚定红色文化自信与弘扬雷锋精神的思考［J］. 思想理论教育导刊, 2020（12）: 87 – 92.

［4］段鹏. 当前我国国际传播面临的挑战、问题与对策［J］. 现代传播（中国传媒大学学报）, 2021, 43（8）: 1 – 8.

［5］张殿军. 当代中国文化外交战略的历史嬗变［J］. 当代中国史研究, 2013, 20（2）: 121.

［6］任海, 徐庆超. 媒体外交: 一种软权力的传播与扩散［J］. 当代世界与社会主义, 2011（4）: 119 – 123.

［7］沈成飞, 连文妹. 论红色文化的内涵、特征及其当代价值［J］. 教学与研究, 2018（1）: 97 – 104.

［8］高等学校中国共产党革命精神与文化资源研究中心. 永不褪色的精神丰碑［M］. 北京: 中国人民大学出版社, 2019.

［9］韩震. 社会主义核心价值观与中国文化国际传播［M］. 北京: 中国人民大学出版社, 2017.

红色文化对外传播策略研究

课题组成员：张　杰，马贤燊，王　政，
　　　　　　雷　珩，安沛沛，肖　宣
指导老师：杨　安

摘要：当前，加强国际传播能力的建设已成为新时代走出去面临的重大课题。在此背景下，发展红色文化的对外传播对助推区域经济发展、提升中国软实力、构建人类命运共同体有着不言而喻的现实意义。本调研报告通过对湖南党史陈列馆、陈树湘纪念馆、红军长征湘江战役纪念馆进行走访调查，对国内群众、国外友人发放问卷并开展访谈，了解红色文化对外传播面临的问题及其成因，并结合新发展环境下的国内外形势，从传播内容、传播形式及传播主体三个主要方面分析当前红色文化对外传播的有效路径。

关键词：国际传播能力建设；红色文化；对外传播；策略研究

一、引言

2021 年 5 月 31 日下午，中共中央政治局就加强我国国际传播能力建设进行第三十次集体学习，习近平总书记在主持学习时强调，讲好中国故事，传播好中国声音，展示真实、立体、全面的中国，是加强我国国际传播能力建设的重要任务。但由于缺乏完善的话语体系和战略传播体系，当前中国优秀文化在对外传播方面还存在一定的问题。因此，为加强和完善新时代的国际传播能力建设，我们有必要精心做好对外宣传工作，创新对外宣传方式，着力打造融通中外的新概念新范畴新表述，以构建具有鲜明中国特色的战略传播体系，提高国际传播影响力、中华文化感召力、中国形象亲和力、中国话语说服力和国际舆论引导力。

随着国家形象构建以及国际传播能力建设的进一步深入，红色文化的外宣之路也逐渐拓宽。调研小组提出通过创新使用新兴和传统媒体、培养跨文化翻译人才、提升民众自觉度，促进海内外形成合力、坚持走好红色文旅路等措施推动国家国际形象以及话语权构建。

本次调研通过问卷调查法、文献研究法以及深入访谈法等方法，结合红色文化对外传播现状以及外宣道路上的阻碍，从外国语学院大学生的视角出发，依据传播学理论，立足国际视野，对红色文化对外传播的有效路径进行研究。

二、红色文化对外传播现状分析

（一）调研对象基本概况

本次调研采用问卷调查和采访的方式，收回有效问卷 625 份，进行有效采访 12 次，调查样本人数共计 637 人。为从红色文化的传播内容、传播形式和传播主体三个维度了解国外红色文化的传播情况，调研小组选择首先向大众发放问卷，并以湖南党史陈列馆、陈树湘纪念馆和红军长征湘江战役纪念馆工作人员、道县县委宣传部门工作人员、湖南师范大学外国语学院专业老师和湖南师范大学留学生为采访对象进行一对一采访。

参与本次问卷调查的对象共计 625 人，收回有效问卷 625 份，有效占比 100.00%。本次调查，受访者中女性占比较大，为 65.5%；18 ~ 35 岁的青壮年较多，占 70.7%；政治身份以共青团员最多，共 355 人，占比为 56.69%；学历上为本科者居多，但各教育程度之间的占比差别不大；职业为大、中学生的受访者居多，其次是各类专业技术人员。总体来看，调查对象的人群、知识结构、年龄等分布比较合理，各个层面几乎均有涉及，使调研更具科学性，调研结果更具有说服力。

（二）红色文化对外传播存在的问题

1. 传播内容：红色文化与国际价值观体系中的"共振"之处有待进一步挖掘

为深入了解红色文化的对外传播内容，调研小组设计了多个相关问题，其中关于"您认为红色文化在对外传播当中应当发掘的核心价值是什么"这个问题，调查结果显示，甘于奉献的集体主义精神和不畏困难的拼搏乐观信念在众多红色精神中一马当先，成为大家认为应被挖掘的核心价值。不畏困难、敢于拼搏虽属于全人类共同接受的价值理念范畴，但集体主义精神一直被西方价值观体系置于次要地位。因此如何在此两种精神中找出"共振"之处，可谓刻不容缓。

在针对留学生进行的采访中，调研小组设置了"您觉得革命或是追求民族解放这类型的体裁、资源是否符合人类共同的价值观？是否有传播推广的价值？"这个问题，不少留学生认为追求民族解放固然应该存在于各民族价值观之中，但由于西方资本主义国家同我国的意识形态长期对立，西方国家民众对红色文化的传播存在本能的抗拒。

专业老师在采访中谈到，欧美国家从接受社会主义到反对社会主义经过一个漫长的历史过程。在这一过程中产生的排拒、反对心理，是一点一滴慢慢积累起来的，是在一种长期的反复中建立起来的，红色文化承载着共产主义的意识形态，因此在短期内消除西方国家对红色文化的偏见是比较困难的。欧美国家对社会主义的抵制与仇恨的心理的形成有着复杂的历史原因，因此要想改变他们的看法，让他们对中国社会主义道路有信心同样需要经历漫长的历史过程。

不同国家和地区的价值观与意识形态存在差异，由此可见，寻找到中西方"价值共振"之处（也就是中西方价值体系中的相通之处）是推动红色文化实现有效国际传播的重点难点。

2. 传播形式：红色文化外宣形式有待丰富

目前，红色文化的主要传播途径是图书报刊和影视作品，为拓展更多可行路径，调研小组在面向大众发放的问卷中设置了"您认为通过什么方式能够更有效地强化红色文化的对外传播？"这个问题。其中超半数受访者认为在脸书、推特、Tiktok 等境外社交平台开设主页，发布微视频、文章等网络宣介资源、翻译红色文化故事，推出系列出版物与主旋律影视作品，在境外展映、排演话剧、歌剧、实景演出等以及赴境外演出、设计文创产品同时邀请各界人士赴红色文化纪念馆、红色革命遗址等参观学习等这些方式是红色文化对外传播的可行途径。

调研小组还设计了"您认为红色文化对外传播存在的最主要障碍是什么"这个问题。517 人认为红色文化传播的最大难题在于不同国家和地区的价值观与意识形态存在差异，60 人认为语言的翻译表达存在难度，46 人认为红色文化的呈现形式有待丰富。由此可见，找到并拓展合适的传播途径与形式是国际文化传播过程中需要重点关注的部分。

3. 传播主体：传播意识及传播自觉性有待加强

国内大众是中国文化国际传播过程中最主要的传播力量，因此调研小组针对国内大众对红色文化的了解程度，首先设计了"您对红色文化的了解程度？"这个问题。问卷结果显示，仅 11.15% 的受访者表示"十分了解"，

41.40%的受访者表示"了解"，43.95%和3.50%的受访者则表示"一般"及"不了解"。有近五成受访者对红色文化的了解程度不高，由此可见，国内红色文化教育工作有待进一步提高，具体来说，主要由于教育内容和教育形式两方面存在问题，导致了传播主体环节缺乏基础知识，进一步影响到红色文化国际传播的深度与广度。

针对传播主体对红色文化的传播意识，调研小组设计了"您认为开展红色文化的国际传播重要吗""您认为在中华优秀文化对外传播过程中，红色文化占据的地位是怎样的"以及"如果有机会同外国人接触，您会主动对其介绍红色文化吗"三个问题。调查结果显示，6369%的受访者表示开展红色文化国际传播十分重要，近九成受访者表示红色文化在中华优秀传统文化对外传播中占据最高或较高地位，并且近八成受访者愿意主动将红色文化介绍给外国人。由此可见，大众作为主要传播主体，其对于红色文化国际传播的重要性认识比较到位，仅有16.8%的受访者不愿主动地向外国人介绍红色文化。

在对讲解员的采访中，调研小组设置了"对于红色文化对外传播，您觉得我们存在的难题主要在哪方面？"这一问题，关于这个问题，讲解员们都提出了加强红色教育在大中小学教育的比重这一观点；专业老师们则提出要进一步扩大红色教育接受面，着眼于人民群众、专业人才、相关专业人士以及外国友人等；在对政府人员的采访中，受访者认为政府在红色文化国际传播中该扮演怎样的角色应成为关注的重心。

三、红色文化对外传播对策建议

（一）精准表达传播内容

1. 积极做好红色文化深层阐释

红色文化产生于中华儿女为民族复兴艰苦卓绝的奋斗历程，体现了中华民族前仆后继、忘我奋斗、不屈不挠和勇往直前的民族精神，因此成为中华文化的重要组成部分。特别是在实地重走长征路之后，调研小组更为真切地体会到红色文化并非"停滞的""回忆的"文化，而是广泛存在并随时代不断发展的文化。

因此，我们要持续挖掘红色文化的精神内涵，结合新发展格局对红色文化进行更为全面、更符合时代的内涵阐释，对于红色文化的阐释不应仅仅局限于政治阐释和历史阐释，还应放眼于旅游阐释、互联网阐释等新型阐释方式，通过革命博物馆与纪念馆、红色影视等以互联网为载体的"红色文化＋"型阐释方式进行新时代红色文化的内涵挖掘。在使用新型阐释方法的过程中也应注意始终坚持阐释红色文化中政治性的中心地位，将崇高的红色文化与大众化、人民化的阐释相结合，避免红色文化在阐释过程中的异化；下大气力推动红色文化"走出去"。

2. 有效弥合中西方价值观的差异

随着中国国力提升，国际地位日渐提高，加强国际传播能力建设、提升中国国际话语权的需求也愈发强烈。尽管全媒体时代的到来使得更加真实的中国展现在世界面前，但是我国社会现状及国策国情被西方主流媒体误解、歪曲的情况依旧层出不穷。

要促进国际社会对红色理念、红色价值观的接纳与认同，我们应该找到红色精神与西方文化价值观的互通之处，以之为切入口。红色文化中的许多精神价值彰显着人性光辉，对受众的感染跨越国界与文化的差异，优先宣传这种共通的精神可以减少政治因素在红色文化外宣道路上的阻碍。值得一提的是，大多数国家都有着类似民族解放、追求自由平等的革命运动，优先传播此类题材有利于引起世界人民共鸣，从而有效弥合中西方价值观差异。

3. 精准把控红色文化外译水平

用外语表达对外传播内容是传播过程的重要一环，不准确的翻译会使红色文化对外传播事倍功半，因此，培养跨文化翻译人才具有重要意义。对宣传内容的翻译表达做到更加精准，译者不仅要做到坚定政治立场保持文化真实，又要做到用词适当，使受众容易理解，这需要国家大力培养能够把好翻译质量关、熟练掌握跨文化表达规律的专业人才。通过翻译人才情感的沟通、理性的说服、价值的共鸣达到传播效果最大化，在对外传播中形成"最大公约数"，为各国发展创造更好的外部环境。

翻译人才在翻译过程中应掌握翻译技巧，注意降低政治因素以及意识形态因素可能导致的民众产生抵触等不良影响。翻译人才可通过在内容编排、传播方式选择上进行创新，同时入乡随俗，针对不同国家、不同地区因地制宜总结相应的翻译技巧，增加传播内容亲和度，如邀请某国国民一起拍摄为该国家制作的红色文化宣传片，使用该地官方语言、运用该地喜欢的拍摄手法、增加更多可以共鸣的内容比重，增强该地对红色文化的认识，减少语言不通、意识形态差异与文化隔阂带来的影响。

（二）多方丰富传播形式

1. 完善传统媒体传播方式

我们应充分依托现有的海内外传统媒体载体，发挥央媒等主流媒体辐射面强的优势，扩大海外记者站阵容、报道员队伍，推进融媒体平台建设，强化与新媒体内容的共享共融。让红色文化在国内进入到人民群众的生活中，继而把红色文化的精神价值融入各行各业的产品中，使红色文化的丰富内容融入生活，变得更"接地气"，从而实现红色文化更加全面地对外传播。

2. 创新使用新媒体传播手段

红色文化的外宣形式应跟随时代潮流，不断更新，以此增强红色文化对外吸引力。在深入挖掘传统传播手段的基础上，红色文化传播手段与方式的创新可以针对多样化的世界民族文化充分利用现代化的科技手段，积极使用电子网络技术为红色文化的对外传播提供有利的条件，紧跟科技发展潮流，创新红色文化传播表现形式。

首先，"媒体走出去"指国家搭建更多说话有力的平台，除了如 CCTV、CNTV、新华社和人民日报这类国内平台，也应注重国际传播平台，根据国外接受程度进行适当的、有利于红色文化国际传播的包装；其次，依托新媒体平台，打造海内外的红色文化"网红"，找到导致国外群众对红色文化和社会主义产生偏见的根本原因，据此拍摄微纪录片、开展线上直播等进行阐释消除误解，纠正国际群众对于红色文化的认知偏差；另外，推进红色文化网站、主题 App 建设，例如相关红色网站配套完善多语种服务；开发具有红色文化教育意义的游戏，以寓教于乐的方式传播红色文化，增强红色文化对外传播的广度与效率。

3. 大力发展红色文化旅游

红色文旅是红色文化国际传播最直接有效的一种方式。自 2003 年"红色旅游"这一名词被提出以来，国内红色文旅的热度就一直居高不下，红色文旅已成为进行思想政治教育的新途径。

在新时代开展红色文化旅游，需紧跟时代发展的步伐，打造红色文旅新亮点。首先，让游客以更直接的形式了解红色文化修复红色景点，打造适合国外民众的文化体验线路，开发相应文创产品，通过参观革命旧址革命博物馆烈士陵园以及现场教学体验式教学，使其自觉接受红色教育；其次，重视国内红色文化遗产保护，加大政府资金投入，完善红色资源基础设施及红色资源保护政策，在国外积极开设红色文化博物馆（例如湖南党史陈列馆开设法国分馆）；除此之外，结合国内主题游乐设施，开发正能量、寓教于乐的场景体验与游览线路、旅游产品，吸引国内外游客；结合二战等共同的历史主题，探索跨国旅游路线、跨国红色文化旅游活动等。

（三）传播主体共同发力

1. 优化培养跨文化传播人才

在当今"一带一路"及构建人类命运共同体的大背景之下，培养复合型人才，要求其拥有良好的外语交际能力、开阔的视野及较强的跨文化交际能力。培养这些能力就需要遵循"新闻传播 + 外语能力 + 国际视野"的通才教育培养模式。

红色文化的国际化传播涉及多个学科领域，需要在培养人才时注意跨学科教育培养、夯实人才培养体系。第一，跨文化人才要具备专长于红色文化领域的翻译能力，对红色文化有着深刻认知，熟知如何更好地向国际传播红色文化，高校可通过设置红色文化国际传播人才小组、开设红色文化课程等方式提升跨文化人才的红色素养；第二，跨文化人才要具备开阔的国际视野，同时还需要具有良好的国际传播能力，高校不仅通过设立国家形象传播相关课程、成立国家形象传播研究中心等形式来进行对国际传播人才话语权意识的培养，还应配备相应教材以及综合实力强大的师资团队。

2. 提升民众传播红色文化的主体自觉

昂扬向上的红色文化是革命精神和民族复兴的精神坐标，蕴含着丰富的精神内涵，大众是中国文化国际传播过程中主要的传播力量之一，国家应培养其主动向外展示中国形象的意识，红色文化的熏陶必须从小抓起、贯串终生，争取推动人人成为中国文化走出去的"形象大使"。

第一，大中小学要将红色教育落到实处，在学校教育中应补齐红色文化知识欠缺之漏洞，具体可通过在基础教育中加大红色文化教育比重，如加大红色文化在中小学课本中的占比，让红色文化走进课堂、走进论坛、走进竞赛和学生的日常生活，在课本同活动中做到知行合一；第二，社区与各单位应担起延续红色教育的职责，吸引更多民众加入到红色文化的传播过程中来，具体可通过文旅开发吸引民众走进红色文化基地、拍摄红色影视剧及短片，普及红色知识，创作红色文学，举办社区红色知识竞赛、学党史活动等；第三，红色展馆及红色景区都是开展红色教育的新基地，地方政府应积极响应中央政府号召，投入资金完善红色纪念馆，保护和开发红色旅游资源。除此之外，高校和地方政府可通过联合举办红色文化相关的国际性论坛研讨会或旅游文化交流节，主动与外媒沟通、邀请外媒来访，加强合作，共同搞好红色文化的开发，提升红色文化在国际社会的知名度。

通过以上措施，红色文化会更生动立体地呈现在民众生活中，民众对于红色文化的了解将会更加丰满与深刻，才能更加积极主动地扮演传播者的角色。

3. 形成红色文化海外传播合力

华侨华人以及在华外籍人士是行走在外的文化传播使者，对这一群体开展红色文化教育，并使其了解红色文化的积极作用，可使红色文化的对外传播起到事半功倍的作用。

针对华人华侨，我们可以利用比较成功的中国文化输出成果（例如唐人街），以相关华人社区为载体，在社区教育中加入红色文化板块，逐步培养一批红色文化的宣传者。比如在唐人街可利用报纸宣传、贴相关海报或者展播相关影片等方式，为感兴趣的外国人提供了解渠道；针对在华外籍人士，首先可进行汉语国际教育，即华文教育，优化配备授课教材，使红色文化潜移默化地为在华外籍人士所接受；另外，相关单位组织在华外籍人士前往参观红色旧址或相关展馆，让其了解相关红色故事，培养一批知华、友华、爱华的外国人士，形成中国人向外国人普及红色文化、外国人向外国人推荐红色文化这一传播链，也可发挥在华外籍人士有效推广红色文化的作用。这要求国内红色建设加强对外国友人的服务质量，设置为特定外国人群定制的红色文化传播项目等。

参考文献

[1] 王淳天. 红色文化阐释研究 [D]. 武汉：武汉大学，2020.

[2] 赵磊. 加强我国国际传播能力建设的方向与路径 [J]. 中国党政干部论坛，2021（7）：50 – 53.

[3] 彭宗健，陈远跃. 对提升当前红色文化软实力的思考 [J]. 产业与科技论坛，2011，10（8）：17 – 18.

[4] 李建新，姚惟怡. 全媒体时代国际传播人才培养的现状、问题与策略 [J]. 对外传播，2021（7）：35 – 38.

瑶族传统村落街巷
空间优化路径研究

课题组成员：张伊静，邓雨晴，高子涵，张　也，赵亚利
指导老师：邢鹏飞，王　钊

摘要： 勾蓝瑶寨完整保留着兼具瑶族特色与防御特色的古老街巷格局，成为本地发展旅游业的重要优势。但传统村落街巷空间格局也导致了住房矛盾、村落空心化、资源浪费、文化衔接不畅等诸多问题，给当地旅游业的全面发展带来挑战，容易让村寨陷入居民生活水平和旅游业发展水平双低的困境。新时代推进街巷空间优化可以提高瑶寨村民幸福感与满意度、促进旅游业发展升级。通过升级传统街巷空间、激活传统建筑功能、再造旅游承载空间、引导村民观念转变等路径，由政府、企业、村民与游客四方共同努力，打造兼具居住与旅游双重功能的优质街巷环境，实现传统村落街巷空间优化，可以促进居民生活水平提高与旅游业的高质量发展。

关键词： 瑶族传统村落；街巷空间；旅游；空间优化

一、引言

传统村落作为乡土文化的载体，承载了民族的乡愁记忆，具备较高的历史价值、文化价值和艺术价值。尽管传统村落的保护问题得到了越来越多的关注，但其中不少村落目前仍面临着城镇化冲击、原真性缺失、空心化、村民观念固化等问题，这些问题也给传统村落的保护、传承和利用工作带来挑战。瑶族传统村落作为长期以来瑶族人民生活的场所，其聚落形态特征是瑶族文化和历史的展现。但在城镇化及旅游开发的过程中，少数民族传统村落建筑承载的历史记忆和情感价值逐渐萎缩。而街巷空间作为传统村落的重要组成部分，蕴含着传统村落丰富的文化基因。由此，深入挖掘传统村落在发展旅游过程中面临的街巷功能流失、街巷逐渐萧条等问题，有针对性地提出

空间优化的路径，才能更好地实现瑶族街巷、建筑与文化的保护与传承。

二、研究设计与实施

（一）研究对象

勾蓝瑶寨位于湖南省永州市江永县境内西南部，是江永县"四大民瑶"之一勾蓝瑶的聚居地。"勾蓝"一词来源于乾隆二十二年（公元 1757 年），上村一戏台碑刻"予祖昔居万山中，山勾联透漏，溪水伏流，色蓝于靛，因名勾蓝"。勾蓝瑶原属地方瑶族势力，曾因不愿规划入籍与朝廷开展了长达几十年的抗争，道光《永明县志》卷之三《风土志·瑶俗》记载："清溪源、古调源、扶灵源、勾蓝源，以上四源，自明洪武二十九年归化，与编氓无异……"至此勾蓝瑶被朝廷征服归化入籍，勾蓝瑶寨的百姓们也承担起了守石盘、斑鸠两处关隘的职责。因此，勾蓝瑶寨逐渐建设成为一个典型的城堡式瑶寨，成为稳定地方和湖南边境的重要力量。

瑶寨四面环山，自然风光秀丽。村内民居分布以姓氏为据、以祠堂为中心展开，街巷分明，形成以地缘及血缘关系为纽带的聚居形式，并出于防御需求，打造了由城墙、守夜屋、关厢和门楼四层防御工事构成的独树一帜的防御体系。虽然经历了千年时光变迁，但聚落位置基本不变，内部格局保存完好，至今保留有明清时代的民居近百栋，形成别具特色的瑶寨景观。近年来，勾蓝瑶寨通过发展旅游，基础设施得到完善，与外部的联系也大大加强，吸引了大批游客前往。

（二）研究方法

本文主要采用文献研究法、实地调研法和半结构化访谈法对勾蓝瑶寨传统街巷空间在旅游发展过程中的变化及现存问题进行研究。通过文献研究法有目的性地收集大量有关传统村落街巷空间保护与开发方面的文献，以及相关的优秀案例，以此来构建本报告的主体理论基础和研究思路。同时对报告涉及的研究对象——勾蓝瑶寨，进行基础资料收集与整理工作。在实地调研过程中，采用随机抽样和定点抽样的方式，选取勾蓝瑶寨内具有代表性的人群进行访谈，访谈内容主要是受访者对瑶寨和瑶寨内部街巷空间的保护与开发等问题持有的看法与建议。同时通过观察、记录、拍照、测量等手段，获得勾蓝瑶寨街巷空间的相关数据，了解历史文化、社会经济等影响街巷空间的因素，以此来探究旅游发展过程中瑶寨街巷空间存在的问题及优化路径。

三、勾蓝瑶寨街巷空间现状及问题分析

对瑶族传统村落街巷空间优化路径的研究应建立在深入了解空间现状及问题的基础之上。本组以江永县勾蓝瑶寨为研究地，通过观察与访谈的方式与当地村民和游客深入接触，了解村寨的建筑格局、街巷布局、居民生计方式、旅游发展状况等，从而为瑶族传统村落街巷空间优化与旅游的高质量发展提供有价值的建议。

（一）半结构化访谈情况

团队成员前往江永县勾蓝瑶寨开展调研活动，主要进行半结构化访谈。如表 1 所示，15 名访谈对象的年龄涵盖了五个年龄阶段，以中年人为主，其中大部分是村寨内的主要劳动力，在村寨发展建设中起到重要作用；访谈对象中，男性有 7 人，占比约 47%；女性有 8 人，占比约 53%，性别方面不存在较大的差距。同时，访谈对象类型多样，包括村干部、旅游从业者、当地农民、餐厅经营者、歌舞表演者、游客、古村落旅游研究者与爱好者，其中不乏接受过央视、湖南卫视采访的店家、表演者等。通过访谈了解到受访者对瑶寨和瑶寨内部街巷空间的保护与开发等问题持有的看法与建议，为对瑶族传统村落街巷空间的分析提供资料。

表 1 半结构化访谈对象基本情况

受访者	年龄	性别	职业与身份信息
1－01	47	男	司机
1－02	49	男	（湖南卫视采访过的）民宿老板
1－03	47	女	导游兼民宿老板（02 的妻子）
1－04	35	女	居民
1－05	30	女	导游，老村支书（勾蓝瑶寨历史文化资料收集者）的孙女
1－06	58	男	大兴村村民（农民）
1－07	51	男	央视报道过的小吃店老板
1－08	76	女	晚会主持人、织锦老奶奶、老教师、老村支书（勾蓝瑶寨历史文化资料收集者）的妻子
1－09	38	女	村计生委员、妇女主任
1－10	56	男	广东游客，从事电子计算机工作

（续表）

受访者	年龄	性别	职业与身份信息
1 – 11	36	女	居民
1 – 12	55	女	柚子商
1 – 13	50	男	广西文化研究者（游客）
1 – 14	37	男	晚会表演者
1 – 15	21	女	游客，学生

（二）街巷空间现状

勾蓝瑶寨居住有蒋、欧阳、黄、何等 13 姓，至今延续了 40 多代，历经了 1000 多年，但村庄的位置始终没有变，居住的家庭基本没有变，民族成分始终没有变，是一个保存非常完好的勾蓝瑶人祖居地。瑶民根据姓氏集合聚居，一个姓氏一个门楼，门楼与主干道垂直，各姓氏各自沿主干道及次干道设置的小巷向后延伸布置住房，形成以血缘为主脉的居住格局，加之有四道防御工事构成的独特防御体系，形成极具特色的街巷空间布局。虽然勾蓝瑶寨历经千年风霜洗礼，但其整体街巷空间布局没有发生很大变化，尤其是从 2016 年勾蓝瑶寨发展旅游业、正式对外接待游客至今，其整体街巷空间依旧保存良好。勾蓝瑶寨的街巷中分布有大小不一的池塘，如今的居民们仍然会在池塘边捣衣、洗菜。对于当地居民来说，勾蓝瑶寨的街巷空间还承载着瑶民之间的深厚情谊，维系着四大民瑶千百年来的友好往来。对游客而言，勾蓝瑶寨原有街巷风貌及特色是吸引游客参观的一大亮点，某游客表示："我觉得它还是挺有特色的，就是它有瑶族的建筑风格。"某广东游客说道："总体来说这个村商业化不是很严重，基本上还是原住民在这里……把这个整体村落的样貌保存了下来。"

道路是街巷空间的主体要素。在瑶寨内部，古老的石板路得到了较好的保存，保持了最原始的样貌，虽然在旅游开发之前，村寨内部有村民自行铺了一些水泥小路，但是在发展旅游之后，村委会已经限制了村寨内部水泥路的新建，旨在进出方便，将外围的主路新修成水泥路，破损石板路的修补只能按原貌修补成新的石板路。本村织锦老奶奶提及："路也是没有动。比如这些青石板路都是滑溜溜的，都是一直都没有动。"本村妇女主任兼计生委员说道："寨子里内部街巷间的石板路都是很久的了，寨子在的时候就有了，石板路一般没怎么翻修，发展旅游要与街巷原始风貌保护兼顾。"新修的道路也并未对瑶寨古街巷景观产生很大的冲击。新修缮的道路主要分布在瑶寨核心居住区的外围,内部也有一些住户在村寨发展旅游前用水泥修缮了部分小路。虽然新修的水泥路对原有街巷风貌有一定的影响,但是没有对风貌产生很大的破坏。反而,这些路不仅增强了游客的可进入性,而且给当地村民的日常生活带来诸多便利。有村民表示:"以前除了道路中间一小部分是古石板路,这两边都是泥巴,这几年才在石板路两侧新铺加了水泥路。以前像欧阳门楼那里路很窄,那种大一点的面包车都是过不来的;现在发展旅游后,那边修了一条大路,大卡车什么的都能进来了。"

(三)旅游发展过程中街巷空间存在的问题

1. 村民"留下来与搬出去"的困境

随着时间的推移,勾蓝瑶寨旅游发展的关注热度逐渐上升,在这一背景下,勾蓝瑶寨对于古朴原始的街巷空间保护力度也不断加大。村落的基本保护原则是:为保护传统街巷空间而不准许居民在村内修建新房,于是产生了村内房子不足以容纳居民的问题。村民提到:"因为小孩都大了,家里面还有老人,最少也要有四五个房间,是不是?只有一层三四个房间,我们不够住,住不下。"实地走访了解到,针对房子不够住这个问题,村里也有相应解决措施,在村寨旁新打造了一片住房区,居民可以搬出去住,但目前修建完成的房屋数量有限且有条件限制。本村妇女主任兼计生委员说道:"因为只有 70 多套嘛,所以第一批都是贫困户搬去新农村,第二批已经在规划了。"目前,勾蓝瑶寨只解决了少部分居民的住房问题,大部分居民仍然住在村内,面临住房带来的各种困扰,比如村里的年轻男子到了娶妻生子的年纪,却因为实在没有房子住,而不得不到县里买房,承担着巨大的压力。

2. 游客需求与居民需求的冲突

近几年来,勾蓝瑶寨以其原始淳朴的民瑶建筑风貌及瑶族文化韵味浓厚的盛大晚会,吸引着不少游客前来一睹风采。调查中,游客几乎都表示更加欣赏勾蓝瑶寨的原始街巷空间。文化研究者认为:"这些街巷越复杂,代表这个地方的文化越丰富,代表它的历史越久远。如果都是直直一条街,那就没味道了,那就不成为旅游地了。"并且游客希望勾蓝瑶寨能保持原貌,不要过度商业化。某游客表示:"比较理想的就是把这个传统村落整旧如旧。"所以,游客对于勾蓝瑶寨原始风貌的保存总体是持肯定态度的,不希望其过度开发。但对于世世代代生活在瑶寨的村民来说,街巷空间原始风貌的保持在一定程度上影响了日常生活，比如：村里道路大部分为狭窄的石板路，凹凸不平，车辆进出困难。访谈中不少居民也提出希望村里的房屋、建筑、道路等基础设施能够得到修缮："我觉得老房子该修的还是要修，真的看着太破烂了。"还有一些居民认为村落适度的商业化也是很有必要的："包给开发商，我感觉效果比现在更好。"总的来说，居民们普遍认为在村落的发展过程中不能只讲保护，而忽视了居民生活品质的提升以及街巷空间的发展。

3. 街巷空间破坏与结构复杂

虽然瑶寨街巷空间较好地保留了原有的街巷结构，但也存在着街巷空间功能丧失与荒废的问题。潇贺古道原是一条连接湖南和广西的商贸之路，路的两旁有很多商铺，居民们在围栏上摆着卖的东西。但现在这些商铺都已废弃，甚至无人居住，街巷空间失去了原有的商贸功能。同时，那些被破坏后未得到修复的庙宇逐渐被人们遗忘，周边的街巷道路也随之荒废。由于古老街巷空间的复杂性，且内部街巷形态多呈现狭长、封闭的带状结构，初来者易产生迷失感，穿行其间较难辨别方位。有游客表示："街巷看上去有点乱，偶尔还是会绕一下路。"游客 1 - 15 也表示："但我觉得挺容易迷路的……导游带着我走的时候，我觉得还挺蒙的，我不知道自己在哪个位置。"

4. 配套设施不完善与资源浪费

勾蓝瑶寨在发展旅游过程中，部分土地被征收用以发展旅游，但并未得到较好利用。村寨内打造了一片较大面积的花海，但种植的花卉季节性太强，秋冬季节这片花海就荒废了，没有观赏性也无法给瑶民带来经济效益。访谈中一位村民说道："很多村民对地没有开发好有意见的啊，很多人都会说的啦，大家都觉得村里面把地征收上来又没有好好利用这片资源啊，本来是该种草的要种草，该种花的要种花，就很好看了，就有欣赏性了，就现在种着土和草啊，所以游客一进来第一感觉就乱七八糟的那种。"同时，村寨内的配套设施还有待进一步完善，路牌设置模糊、路灯不完善等问题突出。又一村民说道："我们这里没有整治好、保护好，到处都是稀巴烂的，晚上村里很多地方一片漆黑。"另一位村民也提到："这个路牌的话就搞得很模糊一样的。"

四、瑶族传统村落街巷空间优化路径

勾蓝瑶寨享受到了旅游发展带来的红利，村寨内部基础设施得到了完善，村民们的收入也有所增加。进一步解决勾蓝瑶寨旅游发展，必须解决瑶族传统村落街巷空间格局存在的问题和矛盾。只有寻找到村落传统街巷空间保护与旅游发展之间、居民与游客之间的平衡，才能让街巷空间实现活力与动力并存，让传统村落实现炊烟与烟火并存。

（一）保护居民本真生活，升级传统街巷空间

勾蓝瑶寨作为少数民族瑶族与防御型堡寨共存的传统村落，其街巷空间体现了民族性与防御性双重特色。在街巷空间活化中应当注重保持其文化风俗的原真性，注重其民族特色和居住环境特色，严格保护原住民的本真生活，构建一个融民族文化和日常生活于一体的空间。同时也不能忽视其他公共空间的保护与升级，可以结合瑶族特色、文化历史等因素，以民族特色建筑为依托，结合特色庆典节日，如洗泥节，建设文化活动广场、演出平台等公共空间，并将民族元素融入公共空间的装饰中，促进空间活化。还可以通过保护和传承特色文化与资源，充分挖掘村落瑶族文化内涵，打造展示村落瑶族历史文化、聚落文化与民俗风情的公共空间。此外，应加强公共服务、安全防灾、环境卫生等基础设施建设，提高传统村落人居环境质量。

（二）激活传统建筑功能，维护村落整体风貌

瑶族传统村落建筑功能的激活，主要指在保护其景观原真性的前提下，延续建筑的原有功能，或者赋予新的恰当的现代功能。传统民居居住功能的激活离不开政府和相关机构的政策和资金扶持，在保持建筑结构和外观不变的情况下，对建筑进行修整，并配备现代生活设施，以满足居民现代生活的需要。文化方面，主要针对瑶寨内部分保存尚好、但失去原有功能的文物建筑或民居建筑，如勾蓝瑶女性技艺传习所、四方凉亭、三门街风雨桥等建筑，进行功能恢复，或根据实际需要进行适应性功能变动，作为展览馆、博物馆、图书馆等公共文化建筑使用。商业功能活化是重新赋予勾蓝瑶寨原有商业街区商业功能，可以将瑶寨古商业街进行修复，打造旅馆、餐厅、商店等商业场所。商业功能活化还需要慎重考察建筑的内部空间、外部环境及村落发展的商业需求，并控制村落建筑转向商业开发的数量和比例，以防止过度商业化。

（三）再造旅游承载空间，激发旅游经济活力

多年以来，勾蓝瑶寨丰富的历史文化旅游资源和自然旅游资源均未得到有效开发和利用。村庄经济以种植业为主，产业与县内其他村庄趋同，经济

发展落后。调研发现，勾蓝瑶寨内农业用地和其他资源浪费严重。传统村落能够吸引大量游客的原因在于游客能够在优美的环境中，放慢脚步感受自然，度过一段宁静的闲暇时光，并从传统村落的古建筑、传统习俗中获得丰富的知识。但这一切都离不开基础设施的完善和游览景观的规划。为了实现进一步发展，瑶寨需要整合现有资源，再造旅游承载空间。如利用闲置的农业用地和居住用地打造仿古商业区和乡野体验区，为游客认识体验勾蓝瑶寨的历史文化、乡土文化、田园文化提供物质承载空间，弘扬非物质文化遗产，激活村落的旅游经济活力，同时注重旅游空间的维护。

（四）引导村民观念转变，增强村民文化认同

村民是勾蓝瑶寨公共空间的使用主体，即使是从村落的经济效益出发发展旅游业，也不应当因为新消费群体的涌入而放弃了原始瑶民的利益。传统村落保护的关键点之一，在于让村民成为村落空间的话语权所有者，将传统保护规划自上而下的制定和管理方式，逐渐转变为由村民主导的自下而上的方式，使公共空间真正服务于村民，使村民有充分的幸福感、获得感、归属感、安全感和信任感。首先，要重视培育村民的主人翁意识，使其以主人翁的身份参与村落保护、文化传承、资源利用和生态维护。其次要改善村落的物质、经济、文化、教育等条件，使村民能够享受到现代化的生活方式，提高生活品质，增强幸福感。通过举办文化和职业培训，组织村民外出考察，增强参与决策的能力，提升自我独立发展意识，提高村民综合素质，逐步培养一批高素质、懂技术、能力强的新型农民，使他们成为村落活化的"领头人"。

留得住居民，才能发展得起旅游。与传统村落发展旅游时注重满足游客的需求而忽视居民的需求不同，本路径跳过游客，直接面向当地居民，让政府政策与资金首先满足当地居民的切实需求，其次才是为发展旅游考虑、为游客服务。在了解勾蓝瑶寨传统街巷空间分布与保留现状以及传统瑶民的日常生活的基础上提出的此路径，不仅能平衡瑶族传统村落街巷空间的保护与活化，而且具有一定的可推广性，能为其他传统村落的街巷空间保护与活化提供参考路径。同时也有利于其他专家学者及相关部门进一步研究，为传统村落的保护与传承提供新的思路。

关于农村传统工艺赋能
乡村振兴的调查研究
——以祁东草席与祁东木雕为例

课题组成员：彭　哲，韩雅冰，胡馨麓，曾宪博，谢娉慧
指导老师：方　提，杨　果

摘要： 调研团选取湖南省代表性传统工艺——祁东草席与祁东木雕，开展了此次"线上＋线下"的调研活动。线上调查阶段，主要考察网民对农村传统工艺的关注与认知情况。线下实践阶段，调研团通过问卷调查、实地调研、深度访谈等形式获取了大量信息，经综合分析，整理出了居民对传统工艺了解程度不高、政府宣传不到位、产业化发展不完善、电商销售实践不足等发展困境。基于以上内容，团队提出了搭建农村传统工艺"智库"、加强跨界联动、搭建产业共生生态链等一系列农村传统工艺赋能乡村振兴的建设性对策。

关键词： 农村传统工艺；乡村振兴；祁东草席；祁东木雕

一、前言

党的十九大提出实施乡村振兴战略，是以习近平同志为核心的党中央着眼党和国家事业全局，深刻把握现代化建设规律和城乡关系变化特征，顺应亿万农民对美好生活的向往，对"三农"工作做出的重大决策部署，这是全面建设社会主义现代化国家的重大历史任务，是新时代做好"三农"工作的总抓手。其中发展壮大乡村产业是新时代做好"三农"工作的重要一环。《乡村振兴战略（2018—2022）》中指出要以制度、技术和商业模式创新为动力，推进农村一、二、三产业交叉融合，加快发展根植于农业农村、由当地农民主办、彰显地域特色和乡村价值的产业体系，推动乡村产业全面振兴。而农村传统工艺的发展正是商业模式创新推动实现乡村产业的发展壮大的重要环节。尽管近年来我国的农村工艺产业发展迅速，但是由于工艺品生产方

式的特殊性以及以农民为主的管理者自身的局限性，与其他轻工产业相比，农村传统工艺产业化进程明显滞后，这在一定程度上制约了农村传统工艺的进一步发展。

基于此背景，我们本次研究聚焦以下几点：第一，通过分析祁东县部分传统工艺——祁东草席和祁东木雕的发展现状，对当下祁东农村传统工艺的发展情况进行调研，了解相关的乡村振兴工作成果；第二，对传统工艺转换为乡村发展动能的基本情况；第三，重点对农村传统工艺赋能乡村振兴探索路径方向，助力我国乡村振兴战略的推进。

从2018年到2022年，是实施乡村振兴战略的第一个五年，现在我国即将进入第一个乡村振兴战略规划的最后一年。农村传统工艺将乘国家政策的快车，抓住机遇，迎接挑战，发挥优势，谱写新时代乡村全面振兴新篇章。

二、农村传统工艺生存现状调查

本次社会实践调研分为两部分，第一部分包括利用网络爬虫工具进行线上数据抓取及分析、线上问卷调查；另一部分是线下实地调研，以祁东草席和祁东木雕为例，选取祁东县具有代表性的村镇开展以问卷调查、访谈为主要形式的线下调研，其中，问卷调查主要对象为当地工艺生产者、普通居民以及学生群体，访谈对象主要为非遗传承人和政府有关人员。现结合线上数据调查和线下调研结果对祁东草席和祁东木雕的生存实况做出以下分析。

（一）网络数据抓取

为了对农村传统工艺在乡村振兴背景下的生存情况进行全面的了解、分析和评估，我们首先对网络中的新闻信息以及 UGC 内容进行了监测和分析。以"乡村振兴 + 农村传统工艺（传统工艺）"为关键词，共查找到近24700000条信息，我们对近三个月以来（截至2021年8月31日）在互联网上采集的14100条信息和全时间段内141条新闻资讯进行了深入分析。

1. 新闻资讯数据量小，媒体关注不足

从监测数据来看，全时间段内包含"乡村振兴 + 农村传统工艺（传统工艺）"关键词的新闻资讯仅141条，与其他新闻信息相比，数据量极少，媒体关注度严重不足。

2. 地区信息关注度与项目数量正相关关系较弱

我国非物质文化遗产名录中传统技艺总共有629项，其中浙江、北京、江苏的项目数量最多，分别高达 54 项、41 项、38 项。但通过监测发现，这三地的信息量却没有领先，而对"乡村振兴 + 农村传统工艺（传统工艺）"信息最为关注的为山东、贵州、四川等地，信息关注情况与实际项目数量呈现非对称性。

3. 信息增幅大，最近一年增速迅猛

以"乡村振兴 + 农村传统工艺（传统工艺）"为关键词，共检索到近24700000 条信息，其中近 20700000 条信息时间范围所属 2020 年 8 月 31 日至 2021 年 8 月 31 日，约占所有信息条目的 83%。可见我国对于乡村振兴以及农村传统工艺的关注度在最近一年快速增长且增幅巨大。

（二）网民认知情况分析

围绕"农村传统工艺品牌助力乡村振兴"的线上问卷调查结果如下：

本次线上调查共发放问卷 400 份，收回问卷 400 份，有效回收率 100%。排除一些作废问卷和掩饰性较高的无效问卷，剩余有效问卷 387 份，问卷有效率约为 96.75%。

1. 总体关注较少

在问题"您平时了解过农村传统工艺吗？"的回答中，有 54.53% 的人从不或者偶尔了解过传统工艺，仅有不到 15% 的人经常了解，体现出网民对于农村传统工艺的关注较少。

2. 中老年群体关注相对较多

45 岁以下人群从不以及偶尔了解农村传统工艺的人数超过半数，表明中青年以及青少年群体对农村传统工艺了解较少。而 45 岁以上人群则更偏向于一般或经常了解，说明中老年群体对农村传统工艺的关注度更高。

3. 新媒体成为网民了解的主要途径

网民接受农村传统工艺的信息主要来源于新媒体，其中，短视频占比最大，高达 20%，移动客户端（17%）、微信（16%）等社交媒体总占比达53%，而传统媒体仅占比 20%。由此可见，新媒体在网民接收农村传统工艺信息中的作用十分显著。

（三）当地居民的认知情况分析

1. 基本认知情况

祁东县受访者有 74% 使用过祁东草席，58% 自己或家人购买过木雕，但普遍对祁东草席、祁东木雕的了解程度较低。由此可以推测，虽然祁东草席和祁东木雕是祁东老百姓熟知的产业，但受访者对于草席和木雕过去的历史脉络与文化底蕴却知之甚少。

2. 农村传统工艺印象调查

通过采访的形式，将居民对于以祁东草席和祁东木雕为代表的当地乡土文化的第一印象进行了统计并制成了词云图。大多数居民态度为积极性的，且聚焦于传统技艺、高雅、艺术性等，涉及性质、形式、特点、价值等多方面。也有部分居民持否定或者怀疑态度，例如"危机""古板"等，如图 1 所示。

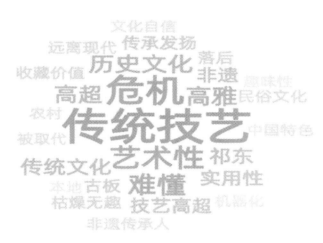

图 1 当地居民对祁东草席和木雕的印象词云图

（四）农村传统工艺从业者情况分析

1. 年龄与收入来源相关性分析

以祁东草席代表镇——祁东县金桥镇为调研地，结合所调查当地居民年龄情况以及采访得到的从业信息，分析得出以外出务工或第三产业为主要收入来源的居民年龄集中在 40 岁以下，而农村传统工艺从业者绝大多数是 55 岁以上的老年群体。根据对当地镇政府部门人员的采访和实地走访，了解到当地居民的主要就业渠道为外出务工，以获得较高的年收入。而从事传统工艺的居民收入却难以撑起一个家庭更多的开销。这反映了当地农村传统工艺发展不足，年轻劳动力外流的现象。

2. 从业者收入变化

通过实地采访和问卷调查，得出祁东县农村传统工艺从业者的收入变化情况。超过七成的从业者收入减少，其中 10% 从业者收入锐减，而仅有 20% 的从业者收入增多。随着国家经济不断发展，农村传统工艺从业者的收入总体上不升反降，可见农村传统工艺的就业环境极为不佳。

3. 政府支持农村传统工艺从业者的力度

为提高当地农村传统工艺从业者的就业环境，当地政府部门采取了一些措施，例如对从业人员提供贷款支持，对贫困从业人员进行精准帮扶，改善当地从业者的生活条件和经济条件，进而提升从业者满意度。根据对政府干部的深入访谈，我们了解到当地政府采取兴修道路、农田水利、通信建设等措施完善基础设施，不断完善为农村传统工艺产业招商引资的环境。通过对当地农村传统工艺从业者的走访，发现约有 59% 的从业者表示接受过政府的帮助，其中奖励金占 11%，媒体宣传占 25.5%，贷款政策占 22.7%。与此同时，约各有 1/5 的从业者分别表示不清楚、没有过帮助。这体现当地政府与农村传统工艺从业者沟通的效果还有待提升以及帮扶力度还需要更大。

（五）农村传统工艺产业情况分析

1. 群众购买率较高，购买频率低

综合网络问卷以及线下问卷调查，有 0.87% 的受访者总是购买农村传统工艺品，3.48% 经常购买农村传统工艺品，24.35% 的购买频率为一般，57.39% 的购买频率为偶尔，只有 13.91% 的受访者从未购买过农村传统工艺品。这说明大多数消费者都愿意为传统工艺品消费，且有小部分消费者有经常购买传统工艺品的习惯和爱好，但整体而言，购买频率较低。

2. 市场偏好纺织、雕刻类产品，文创市场具有潜力

受访者喜欢的传统工艺品类型前两名是纺织类、雕刻类，分别占 29.8%、28.3%。各类传统工艺品在不同年龄段的受欢迎程度不同，在 10～20 岁人群中，文具类工艺品最受欢迎，占此年龄段总人数的 50%。纺织类以及雕刻类在全年龄段都受欢迎，两者在两个年龄段排名最高，其中纺织类在 19～30 岁以及 50 岁以上的年龄段登顶，雕刻类在 19～30 岁、31～50 岁年龄段排名第一。由此可探析祁东草席和木雕市场的潜力以及文创设计的市场可行性。

3. 市场对农村传统工艺的价值需求多样化

在农村传统工艺品的价值方面，在 296 份问卷中，有 213 份集中在"有艺术性""实用性""趣味性""历史文化价值""收藏价值"上。"艺术价

值"是受访者们购买农村传统工艺品最看重的方面，占受访者总数的29.1%，与此同时，实用性、趣味性、历史文化价值和收藏价值分别约占受访者总数的19.6%、12.2%、6.8%、4.4%。由此可以推测，制作生产传统工艺品要着重打造其艺术效果，并充分挖掘其历史文化内涵，同时需要将实用性、趣味性、收藏性融入其中。

三、祁东县农村传统工艺赋能乡村振兴的实效分析

党的十九大提出实施乡村振兴战略。实施乡村振兴战略，是解决新时代我国社会主要矛盾、实现"两个一百年"奋斗目标和中华民族伟大复兴中国梦的必然要求，是建设现代化经济体系的重要基础。祁东草席与祁东木雕在助力乡村振兴的实践中，通过非遗传承人、政府、企业的大力投入，带动了祁东县教育、文化、经济等多方面的发展，对传统工艺助力乡村振兴起到了理论和实践上的指导作用，同时其在实践中的不足与面临的困境也引发了我们新的思考。

（一）已实施的措施以及取得的成绩

1. 政府"双线"宣传，推进乡村文化振兴

针对祁东县农村传统工艺文化的保护和宣传，祁东县政府采取了"线上宣传＋线下展演"的方式。线上宣传主要依托微信公众号，抖音等新媒体平台。如"祁东非遗"公众号对祁东县内非遗文化进行历史讲述和知识科普；"祁东文化遗产"公众号则以短视频形式介绍祁东文化遗产。线下，祁东县曾在全国文化和自然遗产日契机下举办非遗项目展演，分别组织了"草席传统制作技艺""祁东剪纸""祁东木雕"等"非遗"项目展示、展演活动。祁东草席和祁东木雕植根于祁东大地，其彰显的经济文化价值与当地乡土文明紧密相连。在新时代乡村振兴战略背景下，政府的"双线"宣传使得祁东草席和祁东木雕涵养的匠人精神、乡土特色深深烙印在本土群众的心中，对于铸就乡村振兴文明底蕴有现实意义。

2. 传统工艺文化进课堂，助推乡村人才振兴

祁东县采取传统文化进课堂以及课外培训的方式，以提升学生及其他群体对传统工艺的认知，培养残疾人等弱势群体的职业技能，以此对传统工艺文化进行保护。如祁东县启航学校每周都开设相关课程供学生自由选择。而祁东木雕传承人肖韶山、祁东草席传承人樊启顺都会去中学讲解传统工艺历

史文化沿革，并亲自教学生体验传统工艺制作。同时，政府已投入人力财力出版传统工艺科普书籍，并打算出版面向青少年群体的趣味教材。

3. 鼓励非遗传承人以点带面，帮助农民脱贫增收

掌握着卓越技能，德艺双馨的非遗传承人，在社会中能够起到带动作用，助力乡村振兴。祁东县许多手工艺传承人都有开设工厂，比如祁东木雕传承人肖韶山已创办"祁东县三福竹木雕刻工艺厂"，祁东草席传承人樊启顺创办了"祁东县金丰草席加工厂"，工厂的开办保障了村民居家就业，安民于本土。其中，木雕传承人肖韶山还积极关怀当地慈善事业，为社会残障人士的技能培训与就业提供平台与支持。

4. 建立农民专业合作社，助力乡村产业振兴

"农民专业合作社是指在农村家庭承包经营基础上，农产品的生产经营者或者农业生产经营服务的提供者、利用者，自愿联合、民主管理的互助性经济组织。"祁东草席主要生产地金桥镇，过去大多境况为"每户种植几亩田，加工机械一两台"，过小的生产经营规模导致农民人力收割席草累、为市场供给的草席分散、商品率低。2013 年，祁东县新亿席草种植农民专业合作社成立，为社成员提供席草种植技术培训、技术咨询、加工、疾病防治、引进新品种、新技术等系列化、专业化服务，解决了席草种植户技术不过关的烦恼；为社内成员种植席草加工的产品提供销售，草席加工户不愁产品卖不出。农民专业合作社的兴办，带动了越来越多当地农民调整农业结构，提高产业化经营水平和市场竞争地位，促进祁东草席专业化、产业化步伐，实现草席产业化经营的最佳规模效益。

（二）现实困境

1. 政府宣传不到位，乡村"人文美"优势尚未凸显

文化记忆是乡村振兴的文化根脉，源源不断地滋养着乡村经济的发展，为乡村发展提供新的可能，同时，文化是乡村振兴的重要组成部分，改善群众精神文化生活刻不容缓。祁东县传统工艺数量众多，祁东县政府虽然有对传统工艺线上宣传的实践，但根据在互联网中的检索结果，关于"祁东草席""祁东木雕"的内容寥寥可数，且政府官方账号中目前生产的关于该两类传统工艺的内容单一，形式单调，流量较低，难以满足群众对于传统文化审美的需求。结合调查问卷数据，祁东本地群众对祁东木雕、祁东草席"比较了解"或"较为了解"的比例十分低，由此可知祁东群众对本土这两类传

统工艺认知度较低，这与政府对传统文化的宣传不到位有一定关联。

2. 产业发展不完善，难以助推乡村经济高质量发展

完善的产业链条是乡村振兴的"血管"，能将经济动能输送到每一个角落。农村传统工艺产业发展不完善主要表现在两个方面：一是产业层次低，二是没有形成产业之间的共生链。不完善的产业难以创造经济效益，也更难助推经济的高质量发展。

现代消费者尤其是年轻群体在经济社会高速运转的带动下，个人审美、兴趣偏向不断发生转变，对传统工艺产品的生产提出更高要求。但由于祁东木雕、祁东草席传承人年龄偏大，对消费者兴趣变化不敏感，且本身要承担传统技艺传承的责任，无法投入充足的时间和精力探索工艺品革新之路，所以祁东草席和祁东木雕多年来一直维持着传统的产品形态和样式，产品多处于中低端市场，产业层次较低。

3. 技艺面临失传窘境，乡村经济持续"造血"成难题

多数农村传统工艺都面临后继无人的窘境，工艺无人传承，便难以持续为乡村经济"造血"。由于祁东木雕前期投入时间长，手工难度大，前来学习者寥寥；而祁东草席则因低迷的市场前景，难以吸引传承人。同时，根据调查问卷结果显示与实地走访情况，祁东县农村传统工艺从业者绝大多数是55岁以上的老年群体，当地居民的主要就业渠道为外出务工，由此可知年轻劳动力外流也是造成传承人断层问题的原因之一。

4. 市场竞争力相对低下，乡村品牌"出线"遇阻

乡村品牌的搭建是助推乡村振兴的关键之一，通过乡村品牌的打造，不仅可以为当地打造新名片，还能催生基于核心品牌的上下游产业链，从而释放经济潜能。但由于许多农村传统工艺产业层次较低，一些流淌着乡村基因的传统工艺难以在现代市场争得一席之地，在其品牌化过程中，也因为缺少市场竞争力而"出线"遇阻。

就祁东木雕而论，手工打造精品相较于机械化生产技艺复杂、制作难度大、生产周期长，民众对其高价格接受程度低，购买欲望小，市场竞争力弱。且祁东木雕工厂分布分散，手艺人之间合作与连接较少，没有形成规模化生产。

就祁东草席而论，祁东草席质量差、生产设备落后，以家庭小作坊生产方式为主，主要面向低端市场，又因藤席、竹席等替代品层出不穷等原因逐渐被市场淘汰。

四、农村传统工艺赋能乡村振兴的路径探析

通过农村传统工艺赋能乡村振兴的现状分析为探寻其发展路径指明问题导向，以便对症下药，在此提出农村传统工艺赋能乡村振兴的路径。

（一）合理"取舍"传统，促进传统之魂现代化再生

农村传统工艺的产生和发展，与当地的文化土壤息息相关、相伴发展，具有厚重的历史渊源。深入研究非遗具有的各种价值，弄清楚"非遗"的历史渊源是实现农村传统工艺赋能乡村振兴的坚实根基。没有传统文化根基的农村传统工艺品牌之路注定在竞争中逐渐消匿，在广袤的市场中迷失。

要调查并梳理工艺的历史演进、民俗传说等内容，充分研究其历史脉络，找出该工艺诞生的自然地理坐标以及社会历史坐标，深度挖掘其深层文化内涵与民俗秉性，为后续精准匹配适宜的开发设计方案提供原则性的指向标。要以活化历史文化、传承地域文脉为原则，将历史和故事整理并出版，形成遗产历史资料，重新焕发活力，激发当地的文化自信。

（二）建立人才培养机制，搭建农村传统工艺"智库"

面对人口外流，手艺人文化水平和技术水平有限的现实条件，依靠政府建立传统技艺人才培养机制，是实现产业升级的有效措施。一是通过"扶志扶智"的方式，采取外来人才帮扶本土村民进行"乡村造血"，为乡村特别是欠发达地区乡村培育技术人才，能够带动就业实现产业发展。二要建立传统工艺智库。政府应该通过整合科研机构、专业院校、工艺协会、行业组织、技术企业等机构帮助地方，特别是欠发达地区建立传统工艺智库，鼓励进行技术创新和工艺升级，为传统文化资源转化提供智力支持。如祁东县金桥镇的陈女士就通过政府搭建的专家团的培训获得了更为先进的红薯干制作方法，其产品畅销国内外。

（三）秉持用户共创理念，打造乡土亲民品牌

用户共创即和用户共同成长，共同丰富品牌的内涵与外延，共同完善产品，让用户感受和享受从加入、融入，到投入的过程中所产生的价值，实现以"人·传统工艺·企"为核心的新生态的共生。在传统工艺领域，用户共创表现为将设计权、参与决策权分享给消费者，让消费者自主设计工艺品牌形象等，既能调动消费者的参与热情，从而使工艺文化以及企业文化润物无

声地深入人心，又能加强用户黏性，从而转化为购买力。

（四）搭建乡村产业生态链，综合演绎品牌化之道

1. 活化文化创意产业，培育热门文创 IP

基于多数农村传统工艺产业层次低、产品种类和样式单一，难以满足多层次、个性化需求，从而导致市场受限、经济辐射范围小的现实困境，培育热门文创 IP 将为传统产业注入新生活力。结合当下热门的文化创意产业，从美学意蕴、文化内涵等方面创新农村传统工艺的文化形象，挖掘工艺中适合互联网传播语境的视觉以及文化元素，融汇现代艺术思潮，立足当代生活，破除祁东草席落后于时代审美的刻板印象，研发观赏性与实用性相统一的文创产品，打造文创 IP 推动乡村振兴的新模式。

2. 扶持教育打造生态，推动传统工艺走进校园

基于农村传统工艺缺乏与年轻群体的联系，致使与需要着力争取的年轻消费群体的距离过于遥远，故需本着"源于乡村并走出乡村"的理念，让传统工艺走进校园，既能使不同地区的年轻人都能欣赏到传统工艺的文化之美，发挥出显著的文化效益，又能拉近双方距离，加速转化为消费动力。

在学生群体的问卷调查中，57%的学生受访者比较希望或十分希望开设传统工艺课程；在"学生倾向的传统工艺课堂形式"中，38.56%的受访者选择了"前往作坊、工厂体验式上课，亲身参与制作"；21.19%的受访者想要"学校搭建专属教室，亲身参与制作"。另外，教室学习、网络小游戏学习也比较受欢迎。由此推测，学生群体更青睐于亲身体验的课堂形式。要推进传统工艺进课堂，就要创新授课方式，注重实践教育。

据此，学校可以尝试和当地传承人或工作坊合作设计户外体验课堂，也可以设计场景化课程方案，积极探索传统工艺的教育模式，尝试实现身临其境的沉浸式课堂形式，充分展示场景化课程的现场性、参与性、趣味性的特点。相关工艺品牌出版分享已创作的艺术形象、文创等设计，以图册、书籍等形式呈现给大众，既能发挥图书应有的文化教育功能，又能打开年轻人市场，进而获取经济效益。

3. 争取合作当地景区，"文旅融合"构筑文旅生态链

基于农村传统工艺发展受限且产业生态相对脆弱的现实困境，探索"文旅融合"的产业联动模式，构筑产业共生生态链成为急需解决的问题。推动文化产业与旅游产业融合发展，是党中央、国务院的重大决策部署，具有深

远意义。据此，旅游资源较为丰富的乡村地区，可以结合当地农村传统工艺这一文化资源，有利于拓展相关景区旅游价值。企业需要加强技术支撑，打造 VR 等科技体验产品；摸索以文促旅的融媒体传播方案建设，推出优秀融媒体产品，把传统工艺的历史价值融入景区的旅游开发创意点之中；在文创方面，推出与景区进行联名的工艺设计，使景区旅游与祁东草席文化创意相结合，催生出当地旅游业经济增长的新路径。

第四部分　中国特色社会主义社会发展篇

关于农村留守儿童暑期
托管服务调研报告
——以张家界市慈利县杉木桥镇为例

课题组成员：延海鑫，张艳玲，邓　珊，李明遥
指导老师：焦晓云

摘要：我国教育局于 2021 年 7 月 7 日发布了关于支持探索开展暑期托管服务的通知，在通知中表明，为减轻家长负担、解决人民群众急难愁盼问题，各地可以开办暑期托管服务。"三下乡"期间正值假期，农村留守儿童托管问题也是孩子、家长以及社会机构共同关注的重点。因此本次调研以生态系统理论入手，以"三下乡"实践地张家界市慈利县杉木桥镇为例，采用质性研究的方法，展开对农村留守儿童暑期托管政策实施情况的调研，并根据调研发现的问题提出具有可行性、发展性的解决策略与建议。

关键词：留守儿童；暑期托管；生态系统理论；质性研究

一、研究背景

（一）城镇化推进下农村留守儿童数量增加

根据全国妇联于 2008 年公布的《全国农村留守儿童状况研究报告》显示，我国农村留守儿童总数量多达 0.58 亿人。在这一庞大的数据中，14 周岁以下的就占据了总数量的 69%，约有 52% 的儿童正处于义务教育的适龄阶段。近年来，农村留守儿童的规模仍然有不断扩大的趋势，这一现象的产生与我国经济社会发展中的"民工潮"现象有着密切关系。随着我国社会经济的快速发展、城镇化进程的加快，外出到城市务工的农民越来越多，受到城乡二元结构的影响，农民工与城市居民很难享有完全等同的权利，导致大量儿童留守农村。

（二）农村留守儿童新形势下多方面问题的凸显

"民工潮"在满足家庭经济需求的同时也带来了严重的家庭问题和社会

问题，一般来说，农村留守儿童父母长期在外，从监护情况上看，超过 95% 的留守儿童由祖父母或外祖父母代为照料，其余为亲友照料，这些留在农村的孩子不但缺乏家长的监管和保护，而且也得不到来自父母的关心和爱护，这种不完整的家庭结构，不正常的生活方式长期存在，由于监护人文化程度普遍偏低，不能提供一个良好的监管环境，使得大量的留守儿童在生活、学习、心理、行为习惯和品行等各个方面存在着各种各样的问题。

（三）教育部部署支持探索暑期托管服务

农村留守儿童在学校和家庭的衔接中出现了"脱管"问题，托管服务便在这种背景之下应运而生，暑期托管服务让职工们看到了解决"看护难"问题的新的路径，逐渐为人们所接受和关注。在"三孩"政策出台两个月后，2021 年 7 月 7 日，教育部办公厅发布《关于支持探索开展暑期托管服务的通知》（以下简称《通知》），鼓励广大中小学主动承担起学生暑期托管服务的责任。7 月 13 日，教育部专门召开新闻发布会，强调了暑期托管服务应遵循学校主动、社会参与、教师志愿、学生自愿、公益普惠等基本要求。政府搭建起资源共享的平台，使提供暑期托管服务的各方主体之间相互合作与协调，促进了暑期托管从市场化托管服务为主转变为公益性托管服务为主，成为政府、学校、社会组织等多元主体多方参与和合作的公共服务项目。

二、研究目的

由于人具有自然和社会的属性，因此留守儿童教育生态系统在发展过程中，不单单受到自然环境的影响，而是在自然环境与社会环境的双重影响下得到的发展。留守儿童和非留守儿童最大的区别就在于成长环境不同，其成长环境包含的系统有家庭、学校、朋辈群体以及社区等层面。以社会生态系统理论视角去分析农村留守儿童暑期托管服务，通过社会工作介入儿童托管服务的探索，有助于拓展生态系统理论的应用，把留守儿童本身和其生活环境看做一个整体的生态系统，注重从微观、中观、宏观三个方面分析暑期托管服务对农村留守儿童的影响，进而在教育资源发展不平衡的状态下，说明留守儿童社会生态系统各层次之间的关系机制，探究暑期托管服务的实施在一定程度上弥补家庭教育的缺失，为留守儿童解困路径提供参考，促进留守儿童的全面发展。

三、研究方法及对象

（一）研究方法

1. 资料收集方法

资料收集的方式采用了以访谈法为主、参与式观察法为辅的方法。主要收集了 4 个家庭，包括 4 位学生及其亲属，机构负责人以及村委会负责人的访谈资料，并通过参与服务，进行观察补充资料。

2. 访谈法

此方法既符合研究的时间与成本的限制也比较符合研究需要，可以在最快的时间里得到较全面的信息。根据访谈提纲初步设置的访谈时间是四十分钟，访谈一次，后面可以再根据实际需要进行一次追加访谈。在研究过程中，通过对学生、家长、机构负责人以及村委会负责人进行结构访谈，了解各参与主体对项目的评价以及权益，明确各参与主体的权责关系。在访谈过程中，通过预设提纲，追问，情境举例等方式，可以生动地了解研究对象的行为表现和心理活动。

3. 参与式观察法

暑期托管项目的运作过程实际上是多元主体之间的互动过程。通过直接参与项目，作为项目开展的一员，对参与项目各主体的观察贯串于整个项目运作过程，弥补访谈得到的资料的有限性。通过参与观察学生在活动过程中的参与度，参与观察家长对服务效果的反馈，参与观察机构的运营机制、资源利用情况、环境以及布局，以及多次对学生及其职工的半结构访谈，了解服务对象需求，为进一步完善服务内容和形式提供资料。

4. 提纲编制

根据美国查尔斯·扎斯特罗教授的生态系统理论视角，将学生归为微观视角，家庭归为中观视角，机构与社区归为宏观视角。并选取不同范围几个代表性人物进行访谈与观察，提纲的原型参考了赵娜对职工子女暑期托管的研究，并根据现实情况对提纲进行修改，切合农村留守儿童暑期托管的主题。

提纲编制时考虑到不同访谈对象的理解能力、观察视角和利益角度，针对不同人群提出问题，同时避免过于生硬和学术化，具有一定灵活性，确保题目短小精练，将访谈时间控制在一个小时内。

此次研究主要采取质性研究的方法。前期通过与机构负责人沟通以及观察的方式确定访谈对象，随后与访谈对象确定访谈时间以及访谈方式，根据访谈对象的实际情况选择电话访谈或者面对面访谈方式。访谈过程中以访谈提纲为基础提问，并及时追问，全程录音。每次访谈结束后，第一时间把录音资料转化成文字，立刻转录，及时整理录音内容，掌握其核心观点并产生更深的理解，并及时记录被访者的语气、语态、表情和姿势等非语言形式，以防后期遗忘。整理后的文字资料通过 N Vivo 11.0 进行统计分析研究。对比访谈结果与观察内容，对不足之处进行补充，同时增加结果信度。

（二）访谈对象

此研究共访谈 12 人，其中包括四位学生、四位家长、一名机构主要负责人、两名机构工作人员和一名社区负责人。其中学生主要从高年级（六、七、八年级）选取，平均年龄 13 岁。学生访谈对象主要通过机构负责人提供以及日常观察选取，能够辩证地看待客观事物，具备自主思考能力，能够提供更多有价值的信息。机构负责人与工作人员均在日常生活中陪伴孩子，对留守儿童的情况较为了解。

访谈学生对象的具体信息如表所示。

表 1 访谈对象的基本资料

编号	性别	年龄	所在年级	家庭情况	是否为独生子女	访谈家长	职业
S1	女	13	七年级	父母离异，由父亲抚养，父亲外出打工，主要由爷爷奶奶照料	是	爷爷	农民
S2	男	14	八年级	父母离异，由父亲抚养，父亲外出打工，和奶奶居住在一起	否	奶奶	农民
S3	男	13	七年级	父母外出打工，由爷爷奶奶抚养，父母不怎么管孩子的学习	否	爷爷	农民
S4	女	12	六年级	父母外出打工，由爷爷奶奶抚养，父母不怎么管孩子的学习	否	奶奶	农民

四、数据分析与结果

（一）学生

留守儿童对暑假托管班的关注的重心主要在成绩、锻炼、伙食上，其加权百分比分别为 1.45%、1.23% 和 0.62%。

学生对学校的建议评价覆盖率在 18% 以上，对个人的人际关系、饮食数据覆盖均为 10%，对成绩的覆盖在 8%，可以得出学生对于此部分的关注较高。

学生评价的缺点参考点覆盖在 12%～14%，包括饮食 10%、住宿 3.5%。

学生评价的优点参考点覆盖在 17%，包括成绩 8%，人际关系 10%。

（二）家长

留守儿童家长对暑假托管班的关注的重心在孩子、成绩、学校、收费、老师上，其加权百分比分别为 2.82%、1.23%、0.94%、0.74% 和 0.54%。

家长对学校的提前了解在访谈中覆盖率在 17% 以上，对服务水平的覆盖率在 8%～10%，对收费情况、对孩子的支持意愿的覆盖率在 6%～8%。

家长评价的缺点参考点覆盖在 12%～14%，包括收费情况 6%、规范程度 4%、家长建议 2%。

家长评价的优点参考点覆盖在 15%～16%，包括服务水平 9%、支持意愿 6%。

（三）机构

机构负责人对暑假托管班的关注的重心在改变、成绩、管理、安全上，其加权百分比分别为 2.51%、1.07%、0.68% 和 0.49%。

机构负责人的自我评价在访谈中覆盖率在 36% 以上，对自身的优势、开班准备、自我建议覆盖率在 24%～28%，对自身劣势的覆盖率在 0%～4%。

评价机构负责人评价的劣势参考点覆盖在 5%～10%，包括伙食 5%、教师质量 0%～5%；

机构负责人评价的优势参考点覆盖在 25%～30%，包括管理 5%～10%、学习 5%～10%、其他 0%～5%。

（四）社区

社区负责人对暑假托管班的关注的重心在托管、暑期、安全、义务上，其加权百分比分别为 4.90%、3.27%、2.72%和0.82%。

社区负责人的评价在访谈中覆盖率在 70% 以上，对社区负责人建议的覆盖率在 16% ~24%，对托管班的优势评价覆盖率在 40% ~48%，其中教育覆盖率在 16% ~24%，安全 16% ~24%；对托管班的劣势的覆盖率在 24% ~32%，其中包括伙食 8% ~16%。

（五）数据得出模型

根据生态系统理论，以张家界市慈利县杉木桥镇东翔教育学校为例，借助 N Vivo11 对此次留守儿童暑假托管班项目展开的访谈，进行了总结性概念图分析。

五、农村暑期托管政策实施现状

（一）留守儿童情况

从此次调查对象口中我们得知：大多数留守儿童是自主来到暑期托管机构进行学习的，他们的目的往往是提高成绩或者寻求玩伴；也有一部分是家里人了解情况之后送到相应机构。而且他们大多连续几年都参与到这种托管机构中学习、生活。对于他们来说，父母不在家中，祖辈又忙于农活等生活琐事，抚养者有心却无力教育并照顾他们。因此，农村暑期托管现象对于他们来说已经习以为常，而且相较于在家里过假期，他们更倾向于在机构中度过假期。

（二）机构情况

对于留守儿童及其家庭来说，托管机构为留守儿童提供了暑期学习、活动、生活的场所，解决了父母无法照料孩子的问题，为儿童成长提供了一定的保障。但是，据此次调查，目前农村的托管机构存在许多问题。首先，托管机构的名称不规范，许多托管机构没有统一的名称，诸如托管班，托管中心，暑期托管营，儿童服务中心等，容易混淆和五花八门的名称导致社区和家长无法分辨和管理。而且，其行业标准也并不明确，托管中心不具有关部门给予的办理资质，开办托管中心的要求和条件不够明确，需要履行的责任和义务，直接管理部门等等都还存在很多空白之处。另外，托管的目的也不明确，大多数暑期托管机构仍然有着暑期培训班的影子，对自身的定位并不明确。

（三）政府社区参与情况

农村暑期托管机构大多属于营利性组织，社区与政府的参与度不高，其创办宗旨与公立的公益性组织不同，是为了谋取利益而非呵护孩子成长，倾向于培养孩子的学业而非社会实践能力与心理素质。由于社区对暑期托管班运营的监管不足，导致托管服务无法落实到位，而且由于农村的特定环境，学生的安全和教育无法得到应有的保障。

六、原因分析

（一）农村发展问题

农村留守儿童是一个极具特殊性的群体，农村环境的落后使得他们的父母迫于生活压力不得不常年离家工作，只留他们与祖辈生活，进而使得他们的家庭甚至其自身更倾向于关注学业成绩而非孩子自身的成长，也导致托管机构更倾向于辅导学业，使暑期成为"第三学期"。而且慈利县又是刚刚完成脱贫，落后的经济产业使得托管机构本身更注重于营利性，间接导致高昂的收费加剧了留守儿童家庭的贫困现象，也导致了暑期托管机构的质量良莠不齐。

（二）家庭观念问题

留守儿童大多由其祖辈抚养，但农村老龄人的文化素养普遍不高，而且在当今信息冲击的时代，老一辈对于互联网的使用度不高，对于政策的了解情况不够，同时落后的观念也可能与当今时代存在冲突，从而对托管机构本身的概念理解不清，使托管机构脱离了托管的本意而偏向课业辅导，增加了孩子的学业负担。

（三）相关政策实施问题

暑期托管服务的通知要求仍然不够详细，农村相关政府的宣传不够，当地孩子与其家长甚至是托管服务负责人对于托管服务的通知都不了解，社区的参与度也较低，导致托管服务的实施偏离了"双减政策"。而且，农村相关部门缺少对暑期托管机构的质量与安全性的监督，农村暑期托管机构对于儿童的服务没有安全保障，使暑期托管服务完全属于个人营利性活动。

七、解决策略与建议

（一）家庭建议

家庭是孩子的后盾力量，父母的关爱可以帮助孩子更好地成长，而留守儿童群体的特殊性就在于其父母关爱的缺失，但在如今科技发达的时代，父母可以通过互联网与孩子、托管机构进行联系，从而增进亲子关系，同时三方的互助联系也能更好地监督暑期托管机构的开展。另外，家庭在挑选暑期托管机构时也应该将关注点放在对孩子的自身成长塑造方面，而非一味关注于学业，进而可以间接促成暑期托管班脱离课业辅导。

（二）政策建议

教育部门应该确保学生的人身安全和生活质量，切实保障参与托管服务的师生人身安全。教育部发布的《通知》明确要求：地方教育部门和学校要完善安全管理制度，明确参与托管服务人员的安全责任，制定安全应急预案，加强安全卫生教育和常态化新冠肺炎疫情防控工作，消除托管场地安全隐患，确保师生人身安全。参与暑期托管的学生应购买意外伤害险，机构要承担学生在托管期间的安全责任，与学生家长签订安全协议书。同时安装可视化设施并进行联网，由各级责任部门根据权限在线实时查看各办班点情况，做好考核督查工作。

（三）管理建议

暑期托管服务主要的管理部门为教育行政部门、卫生行政部门、工商行政部门、安全消防部门等，具体责任如下：

1. 教育行政部门

对于托管服务中心教师资质的审查、教学课程的安排、教育内容和方法的科学性与合理性负有责任，给予教育行政部门最具权威和最有效的指导和监督。

2. 卫生行政部门

孩子们在托管中心的生活与学习涉及食品、卫生健康等方面，卫生行政部门应定期抽检托管服务中心的饮食，并设立监督机制，提供反馈和举报渠道，全民监督，为学生提供一个健康舒适的学习和活动环境。

3. 工商行政部门

民间开办的托管服务中心以营利为主，需要家长支付一定的费用。为保障学生与家长的法律权益，工商行政部门应及时为托管服务中心办理合理的经营手续，监管资金去向，防止偷税漏税，为家长索要支付记录与发票，维护双方的合法权益。

4. 安全消防部门

师生的生命安全应该放在第一位，安全消防部门应定期检查机构的消防器械和安全通道，经常进行消防安全教育与演习，确保师生的人身和财产安全。

八、总结

本次调研围绕农村留守儿童展开，以微观、中观和宏观三个系统对农村留守儿童暑期托管服务的实施情况开展研究。在本次调研中，我们发现了暑期托管服务在农村实施存在的不足之处，并分析了相应的可行性解决策略，望能为农村留守儿童暑期托管服务开展提供帮助。我们希望在政府的推动下，暑期托管服务能渐渐普及大众，深入到各个社区中。并且随着政策的颁布，暑期托管服务也能引起社会的高度关注与广泛热议，呵护留守儿童成长。另外，本次研究只调研慈利县杉木桥镇一个暑期托管机构，不同生活水平、文化程度与地区的托管服务都各有特色，随着我国暑期托管服务机制不断深入与普及，其他地区的其他问题也可能会接踵而至。怎样发挥社会不同层面的机制和功能来监督和完善暑期托管服务，接下培养孩子的接力棒，还应进一步继续探讨。

参考文献

[1] 赵娜. 生态系统视角下职工子女暑期托管项目模式研究 [D]. 哈尔滨：哈尔滨工业大学，2018.

[2] 沈媛元. 我国暑期托管服务的发展现状 [J]. 教育科学论坛，2021 (26)：62-65.

[3] 师海玲，范燕宁. 社会生态系统理论阐释下的人类行为与社会环境——2004 年查尔斯·扎斯特罗关于人类行为与社会环境的新探讨 [J]. 首都师范大学学报（社会科学版），2005 (4)：94-97.

长沙市湖中社区"医养结合"养老体系调查报告

课题组成员：吴强军，陈　莹，雷　聪，李佳怡，欧阳映
指 导 老 师：周紫阳，瞿理铜

摘要：20 世纪以来，中国的老龄化进程不断加快，庞大的人口基数给我国的养老服务带来了巨大的压力，习近平总书记提出解决人口学带来的社会问题关系到国家发展的大局。各地区针对自身的实际情况提出相应养老举措，以期解决老年人多方面、多层次的需求。本文拟针对长沙市望月湖街道湖中社区和街道卫生院所提出的"医养结合"的模式展开调研，分别走访社区老年人、社区书记等，系统分析社区老龄化现状和老年人需求，并提出相应对策和建议。

关键词：老龄化；社区养老；医养结合；湖中社区

一、引言

（一）调研背景

随着我国老龄化程度的不断加深，"老龄化社会"俨然成为如今社会的重点和热点话题，针对数量日益庞大的老年人群体，如何做到老有所养，老有所乐，提升晚年生活的幸福指数等诸多问题亟待解决。

城镇社区作为老年人常驻地，在养老服务链中发挥着重要作用。针对社区如何通过自身优势完善养老服务，应对人口老龄化现状的问题，长沙市望月湖街道湖中社区与望月湖街道卫生院进行深度合作，拟为社区老年人精准定制需求，利用其地域、医疗优势解决老年人治病、保健等医疗方面的需求，社区则主要解决老年人生活和娱乐需求，形成区院一体化的养老体系展开研究。

（二）调研意义

本文就湖中社区老龄化现状和"医养结合"的体系展开调查研究，以期针对如何应对老龄化现状提出可行性建议。

1. 聚焦社区角度，助力"区院一体养老体系"落地生根

通过设计调查问卷、走访调研等形式了解社区老年群体的现状和需求，为社区和卫生院精准定制服务、切实解决需求提供可行性建议，来应对老年服务中存在的需求与供应不平衡、服务水平参差不等问题，尤其是老年群体在医疗和保健等医护方面的巨大需求，提升老年群体的晚年幸福指数。

2. 聚焦社会角度，为积极应对老龄化社会出谋划策

"银发浪潮"来势汹汹，养老形势依然严峻。尽管已有学者针对如何应对老龄化现状提出多种意见，如融合互联网实行智慧养老，借鉴外国社区的运行模式将老年人需求"实证化"等。鉴于各地区实际情况的不同以及相应模式的适应性，尚未能形成具体完善的养老服务体系。通过对湖中社区的康养体系进行研究，为其落地生根提供相应建议，并以此为辐射点，为情况相同或相似的社区提供参考案例，正视我国不可避免的老龄化趋势，积极探索，合理应对。

（三）调研对象

湖中社区隶属于望月湖长沙市望月湖街道，总人口 3513 人，登记在册 60 岁以上老人共 175 人，其中 60～69 岁以上老年人 66 人，70～79 岁以上老年人 84 人，80～89 岁以上老年人 20 人，九旬以上老人 5 人，社区内基础设施建设较为完善。为应对老龄化趋势，湖中社区提出了"健康养老"的理念，与辖区内的望月湖街道卫生服务中心展开深度合作，共同完善社区养老服务，积极探索区院一体化养老体系，以期逐步解决老年人"生活难""看病难""养老难"问题，具有参考价值。

此次调研针对长沙市望月湖街道湖中社区 60 岁以上的老年人、社区书记和卫生院负责人展开调研。本次调研时间从 7 月 12 日至 7 月 26 日，调研对象主要涵盖在社区活动的老年人（望月湖街道内含多个社区，部分被调研者可能来自其他社区），累计发放 150 份问卷，全部回收，其中有效问卷 130 份，问卷回收率达 86.7%。

二、现状分析

（一）社区养老模式现状分析

1. 社区现有养老服务不够成熟，存在"服务短板"

在调研社区已经为老年人提供的养老服务时，有 40% 的老年人未享受过社区所提供的养老服务，而老年人享受就医和家政服务居多，分别占比

17.1% 和 11.4%，如图 1，可见社区"医养结合"的养老模式还不够成熟，服务未能精准对标老年人需求，存在"服务短板"。

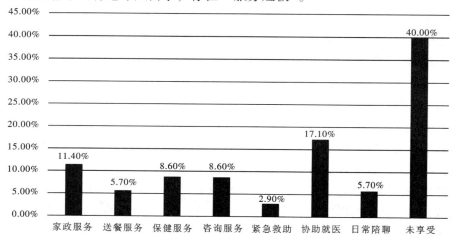

图 1　社区现有养老服务分析

2. 社区老年人日常休闲多进行简易活动

经分析，老年人在选择休闲养生的方式中，"散步""看电视听广播""打麻将"三种方式居多，分别占比 31.1%、22.2% 和 15.6%，另外还包括"下象棋""跳广场舞"等形式，可见老年群体的晚年生活较为丰富，但也反映出社区的养老服务较为稀缺，在晚年休闲中老年群体多选择能自给自足的方式，较少依赖外部条件。如图 2：

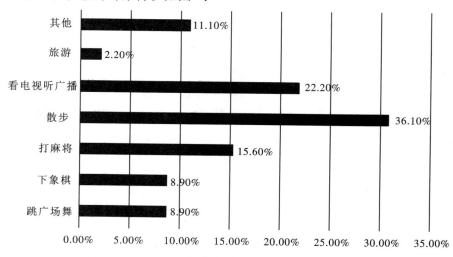

图 2　社区老年人日常休闲娱乐方式

（二）老年人养老需求分析

1. 老年人对养老养生方面的信息关注度较高

社区老年人普遍对于养老方面的内容较为关注，46.2%的老年人持"关注"态度，34.6%的老年人较关注，仅有19.2%的老人对该方面的信息不太关注。

同时通过分析健康状况和关注程度之间的交叉表可以发现，老年人群对养老方面的信息的关注度还与健康状况存在一定的相关性，由图3可知，在身体状况健康较好的人群中，持"不关注"态度的人较多，而随着健康状况的下滑，对于养老信息的关注程度有所提升，在"基本健康"的人群中，有38%的居民持"关注"态度。

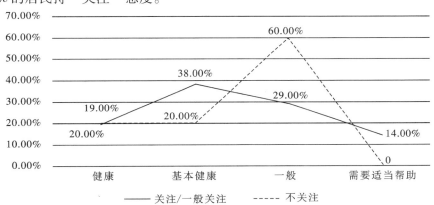

图3　不同健康状况的老年人对养老信息的关注情况

2. 老年人倾向于选择休闲式康养项目

在被调研的老年人中，对于休闲娱乐方面的康养项目兴趣最为浓厚，有一半的老年人都选择了该项目，除此之外对"绿色环境的熏陶"感兴趣的老年人也接近一半，选择"药膳、食疗、养生宴"的人群同样较多，仅有20人选择"养生保健讲座"。如图4：

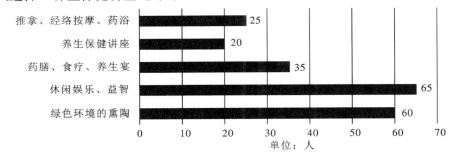

图4　老年人在对康养项目的倾向情况

在"老年人希望通过康养项目达到的效果"中，"延年益寿"和"放松娱乐"所占比重最大，有70位老人选择了该项，另外有45人选择"结交朋友"项，"缓解压力"相对来说占比较少，仅有20人选择。如图5：

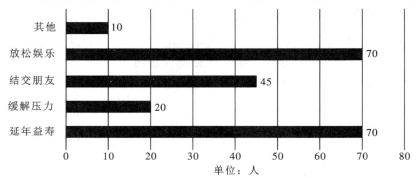

图5　社区老年人希望在康养项目中达到的效果

3. 老年人日常需求集中于基础服务和医护等

在日常养老需求上，基础服务如"打扫卫生"占比较大，为24.1%，"护理"和"陪送看病"的需求也比较大，分别占比18.5%和16.7%，读书方面的需求最少，仅为9.3%。

4. 老年人对"体检"和"康复护理"的需求最大

如图6，在医疗保健需求方面，"体检"和"康复护理"的需求最大，分别有70人和55人选择，"健康调查跟踪"需求量最少，仅有10人选择。从形式上看，该类型的医疗保健服务相对较为简单，具备一定的操作性，且能满足社区老年群体在医疗保健上的基本需求。

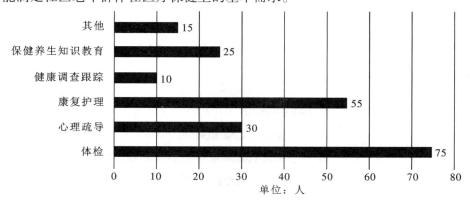

图6　被调研者在医护方面的需求情况

三、存在问题分析

（一）老年人养老需求与服务不对等

经调研，社区老年人在生活上照料、医护、心理辅导等方面存在较大的需求，大部分老年人在休闲方式上选择"散步""下象棋""打麻将"等较为简单的活动，实际上还有对"食物疗养""养生保健"等方面的需求，这与社区服务形式的缺陷有关，经走访发现社区目前仅存在棋牌室、公园等休闲场所，而"医养结合"的模式仍处于初步阶段，针对老年人在医疗保健方面的需求还未提供具体全面的措施。社区目前的养老服务还不能完全满足老年人在养老方面的需求，需求的多样化与服务形式的单一化导致养老服务上存在落差，不利于社区老年人晚年的幸福生活。

（二）社区现有养老模式成效不明显

在接受调研的人群中，可以看出，在已享受到社区养老服务的人群中，仅有11.5%的老人表示晚年生活的幸福指数得到了大幅提升，有超过20%的老年人并未从养老服务中获益。主要是由于社区现有康养服务未能真正落到实处，社区老年人虽然从形式上享受到服务，但没有深入人心。社区作为老年人主要聚集地，应该切实关照这些"原住民"的需求，注重将服务"人性化""实际化"，特别是针对老年人中特殊的群体如残障人士，根据国家相关要求，老年服务也是城镇建设中的关键一环，因此社区也要充分考虑如何进一步落实和精进现有养老服务，使老年人真正享受到贴心的服务。

（三）康养服务存在宣传上的缺陷

通过调研发现在被调研的人群中仅有34.6%的老人表示非常了解社区目前的康养服务，不了解此类型服务的人群更是超过了30%，反映出社区在宣传康养服务上存在较大缺陷，导致许多有需求的老年人未能享受相应的服务，虽然社区目前健康人群居多，但由于年龄的增大不可避免地会存在潜在的医护需求，因此要想避免社区老年人出现"看病无门""看病无路"的问题，社区就必须充分针对现有养老服务展开有效宣传，利用社区居民小范围聚集的特点，多利用重阳节等相关主题节日进行宣传，使社区老年人先知道后享受，解决老年人的切身需求。

四、对策建议

研究表明，伴随着社会和经济的发展以及劳动力的流动分配，传统的三代同住、"4＋2＋1"的传统家庭模式开始转变，老年人与配偶同住的比例上升，子女更多地给予经济上的支持而减少了生活上的关照，而由于年龄等因素，配偶的养老能力有限，意味着传统的家庭养老模式难以为继，就城镇而言，社区在养老服务中必然要发挥重要的作用。在《国务院关于印发中国老龄事业发展"十二五"规划的通知》指出，要"建立以居家为基础、社区为依托、机构为支撑的养老服务体系"。

社区老年人的需求可以大致分为心理、生活和医疗三方面的需求，社区居委会和卫生院在这个服务链中发挥主体作用，要想真正服务社区老年人，完善养老服务，提升晚年生活的幸福指数，就必须落实三个主要方面。本文在数据分析的基础上，结合湖中社区和周边的实际情况，针对如何落实服务，提出针对性建议。

（一）精准定制，打造有"归属感"的社区

一方面，不管是对健康养老的理念还是所推行的服务，社区都应该做好相应的宣传工作。尤其是老年人存在思想方面的阻力，更倾向于选择自己所信任的服务，因此要注重对心理防线的突破，让老年人放心、安心地接受服务；另一方面，此次调研所反映的问题较为有限，未能全面反映现状和需求，社区可利用自身优势，成立评定小组，针对辖区内的老年人情况进行摸排，制定档案，真实反映老人在心理、生活和医疗方面的需求，进行分类整合，再根据相应资源进行合理分配。

当然，也可结合信息技术，建立信息反馈平台，针对不同类型的需求，综合进行服务。例如，针对存在心理需求的空巢老人，社区可以安排人员于固定时间组织上门慰问等。美国的 NORC－SSP 项目（"自然形成退休社区"养老模式）会根据项目数据，制定出最符合该社区需求的服务，从而最大化社区需求供给。在我国社区养老服务供应链的需求构建中，也可以相应借鉴该形式。

（二）切实服务，打造有"温情感"的社区

经走访调研，老年人的常驻地多为街道棋牌室、公园等地，作为休闲娱乐的主要方式，面对较为庞大的人群，社区发挥的作用有限，因此可以考虑

多与相关机构和企业合作，为社区老人提供切实的服务。

对于已经合作的机构，如定期在社区开展养老服务的红枫养老机构，要进一步利用资源优势，完善志愿者队伍的建设，定期开展有质量、有效果的养老活动，做到真正意义上解决老年人在养生、娱乐等方面的需求。

对于未合作的机构，可以根据社区老人的需求，考虑引入商家和企业或与之展开合作，如通过相对较低的价格享受家政服务、心理慰问服务或者医疗服务等。或开展"健康月"活动，与企业和店家合作开展免费体检、家政、咨询等服务。

（三）医养结合，打造有"幸福感"的社区

经过对社区"医养结合"模式的研究，提出以下三点建议：

1. 发挥优势，切实服务

社区和医院双方都需要充分宣传，让该模式辐射到社区有需求的老人，并针对其在医护方面的需求精准定制服务，可根据实际情况设置养护院、康复院等康养机构，拓宽老年人服务渠道，简化流程，对于不同健康状况的老人可以提供不同级别的医护服务，合理分配医疗资源。

2. 落实管理措施，明确双方职责

社区和医院作为合作的甲乙方，就必须各司其职，相辅相成，明晰服务主体、对象和相应的评估机制。并跟多方机构达成协商，不断完善和落实服务机制。政府也可以相应介入到该体系中，辅以资金和政策上的支持。研究表明，社区中大部分老人生活费用在 1000 ～ 2500 元/月之间，或可以设置一定的优惠政策来减轻医护方面的经济压力。

3. 完善反馈机制，做好养老服务的最后"一公里"

社区建设是国家建设的重要组成，完善社区养老是建设中不可或缺的一部分，区院双方在服务的同时也要注重结果的反馈，以此评估服务链的完善程度，对于服务中缺失的要加以落实，吸取经验不断改进，致力于打造一个幸福温情的社区，使老年人老有所乐，老有所医。

五、结语

通过此次实地调研，查阅大量相关文献，我们对中国的老龄化现状有了切身的感受，深感国家在养老方面的巨大压力和完善养老服务的必要性，事关人民福祉和国家发展大局。

　　我国正处于并将长期处于老龄化社会，不同于世界上其他国家或者地区，我国老年人口具有基数大、分布广、地域性差别大等特点，不仅是农村和城市之间，不同城镇地区的社区基础设施水平也存在较大差异，而由于年龄、家庭等因素，老年人存在心理、生活、医护等多方面的需求，且还受到健康水平等因素的影响，参差不齐，因此要做到精准定制和切实服务存在较大的阻力。

　　我国步入老龄化社会以来，对于有效完善的养老模式的探索从未止步，不管是对居家养老、社区养老等形式的现状和需求分析，还是对"医养结合"等诸多模式的探索与总结，始终把实现老年人晚年幸福生活，解决他们的切实需求作为宗旨。近日，《国务院办公厅关于推进养老服务发展的意见》由国务院印发，明确指出在 2022 年有效满足老年人多样化、多层次的养老服务需求，这份文件被誉为养老政策中"可行性最强"的文件，意味着未来将迎来养老服务的"高峰期"，带动相应产业的发展，进一步完善养老服务。

　　路漫漫其修远兮，我国的养老服务还有很长的道路要走，本文所反映出的问题也仅是冰山一角，未能窥见全貌，湖中社区的"医养结合"模式能在一定程度上缓解老人在医护方面的巨大需求，对于完善养老服务链具备一定的指导性，当然还存在很多亟待完善的细节，需要社区、卫生院、机构等多方面"上下求索"，共同解决养老服务问题。

参考文献

[1] 王琼. 城市社区居家养老服务需求及其影响因素——基于全国性的城市老年人口调查数据 [J]. 人口研究，2016，40（1）：98 – 112.

[2] 黄毅，佟晓光. 中国人口老龄化现状分析 [J]. 中国老年学杂志，2012，32（21）：4853 – 4855.

[3] 孙熠，应丹丹，姜丽萍. 国外主要养老模式介绍 [J]. 中国护理管理，2013，13（3）：97 – 99.

[4] 孙泽宇. 关于我国城市社区居家养老服务问题与对策的思考 [J]. 中国劳动关系学院学报，2007（1）：98 – 101.

[5] 青岛市卫生健康委员会. 推动医养康养结合，满足健康养老需求 [N]. 中国社会报，2021 – 7 – 29（004）.

[6] 王玉川，李柏志. 基于人口老龄化现状对医疗服务管理的挑战及对策 [J]. 中国老年学杂志，2019，39（13）：3341 – 3343.

"湘南第一圩" 历史变迁
及发展趋向调查研究

课题组成员：刘书彤，王格子怡，邹　利，
　　　　　　　周子仪，周佳琪
指导老师：邢鹏飞，吴鹏程

摘要：公平圩场位于湖南省耒阳市公平圩镇公平村，自清朝开圩至今已有近两百年的历史，号称"湘南第一圩"。圩场对于民众生活具有促进农副产品分配、维系乡土情感、保留民俗风情等不可替代的作用。近年来在农村人口减少、网购模式冲击等问题的影响下，公平圩场面临着经济萧条、社会职能减弱的困境。新时代公平圩场的"破局之路"在于完善圩场基础设施，维护市场秩序，推动"圩文化"传承与发扬，传播"湘南第一圩"的盛名，打造"圩文明"村庄，重唤圩场风采，推动公平圩场新发展。

关键词：圩场；农村集贸

一、引言

民族要复兴，乡村必振兴。乡村振兴对于全面建设社会主义现代化国家，实现中华民族伟大复兴具有深远的全局战略意义。推进乡村振兴必须因地制宜，依托农村经济文化传统产业优势，实现推动经济社会跨越式发展。公平圩场位于湖南省耒阳市公平圩镇公平村。圩场自清嘉庆、道光年间创立至今，已有两百多年的历史，享有"湘南第一圩"的美誉，为湘南重要的商品交易集散地。圩场可供附近村民消化多余的农副产品，对老一辈村民而言是一种生活习惯与情感牵挂，也是风俗民情的见证者与港湾。而改革开放后，公平圩场面临客流量大幅减少，新型购物消费模式的冲击等困境。虽然公平圩场经济大不如前，但不可否认的是，圩场对于民众生活以及农村经济等各方面仍有着不可替代的作用。圩场是农村经济的重要一环，公平圩场所遇困境的背后，也是现今农村圩场新征途上"破"与"立"的思考。面对当前的困境，如何踏出公平圩场"破局之路"，这不仅仅对公平圩场未来发展意义重大，同时也对其他圩场的建设具有指导意义。

二、研究设计及实施过程

此次实践，我组成员前往湖南省耒阳市公平圩镇公平村进行实地调研，搜集并整理了公平圩场百年变迁史。与此同时，成员针对圩场当前情况进行了深入考察，包括经济效益、治安管理、卫生保洁等方面，以期探究圩场发展的困境所在，为公平圩场的建设寻觅新的突破点。

（一）研究意义

1. 梳理圩场的百年变迁，探寻"圩文化"内涵

公平圩历史悠久，"圩文化"沉淀深厚，享有"湘南第一圩"的美誉，然而圩场变迁发展史尚未系统整理，《耒阳市志》《耒阳县志》《耒阳经济志》等文件中只有零散的相关内容。此次实践调研将村民口口相传的圩场记忆与文献资料相结合，梳理出了圩场百年的变迁历程，以文化涵养增值圩场新发展。

2. 为农村贸易集市发展战略提供指导

圩场是农村商品交易的重要场所，也是村民情感交流中心、信息传播中心，具有经济、社会和文化传播的重要功能。改革开放之后，圩场迎来了新的发展局面，同时也迎来了各方面的冲击与挑战。在电商冲击和农村老龄化趋势下，圩场衰落原因、如何发展等问题，对于农村贸易集市制定正确的发展战略规划具有一定的指导作用。

（二）研究方法

1. 口述访谈

口述史访谈是此次调查的立足点。我组成员分批次访谈了耒阳市政府、耒阳市党史办、公平圩镇政府、公平村村委会各级领导干部，知晓公平圩场历史的老一辈，赶圩流动商贩以及圩场内商铺经营者，梳理了圩场百年来的发展脉络。

2. 文献研究

一是档案文献。档案文献主要保存在耒阳市档案馆，其中包括民国到20世纪90年代公平圩镇有关圩场和经济发展的政策、文件。

二是地方文献。地方文献主要保存于耒阳市方志馆，其中包括清末至今

的《耒阳县志》《耒阳经济志》《耒阳市志》《耒阳简志》等公平圩镇和公平圩场的相关部分。

三是党史文献。党史文献主要保存在耒阳市党史办和党史馆,其中包括中共郴州地委党史资料征集办公室编写的《湘南起义史稿》和中共耒阳市委党史研究室编著的《中国共产党耒阳历史》(第一卷1921—1949)中有关红军进入公平圩场的部分。

四是期刊文献。主要通过搜集知网上有关各地圩场、农村贸易集市,湖南农村贸易市场的相关论文、报告等。

(三)研究过程

团队成员围绕公平圩场的百年变迁与现今情况展开实地调研。在调研过程中,团队成员依据口述史访谈材料,梳理了圩场百年发展史。同时,团队成员前往耒阳市档案馆、党史陈列馆、市委、市政府借阅相关书籍以及档案,搜集有关公平圩场的文字资料。

为了全面地了解公平圩场现今情况,成员们采访了耒阳市党史办、市委、镇政府相关负责人,了解目前政府对公平圩场发展的态度及未来规划。在实地调研期间,团队成员切身体验了圩场的赶圩风俗,多方面了解了圩场当前的经济发展、治安管理、卫生保洁等方面的情况。

三、"湘南第一圩"的历史变迁及现状

公平圩场自清朝开设至今,其历史变迁展现了公平村集贸文化的时代画卷,凸显出了近代中国南方集市贸易的变迁。然而,在时代巨浪奔涌向前的潮流下,公平圩场也面临着困境。

(一)"湘南第一圩"的历史变迁

1. 创圩过程

旧时横岭老圩场民风不正、市场秩序混乱,常有暗偷明抢、欺行霸市等不公平的市场行为,人们十分渴望能有个交易平等、买卖自由的市场环境。当地一位名叫曾生发的人联系周围十几个村庄里有钱的大户出资建立了新圩场。圩场改设离横岭一公里的东茅皂,此为各个村落正中心的位置。同时此处为山间凹地,地形平坦开阔,相较于老圩场,能够容纳更多人进行商品交易。更重要的是,新圩场位于古茶盐道附近,交通便利,通往广东、江西、广西等地,辐射范围广,利于吸引更多商客前来买卖。

除此之外，公平圩场的创建也离不开精神文化层面的支撑。相传，圩场有个"圩胆"，是保佑圩场繁荣昌盛的圩场之魂。据村内老人介绍说，"圩胆"有三种说法：一种是圩场中央的一抔土。创圩人初建圩场时，从老圩场那儿"偷"来了"圩胆"并将其埋藏在圩场中央。至此之后，公平圩场名声大振，贸易十分繁荣昌盛；另一种说法是"圩胆"似那口琴中发声的弹簧，能够发出"嗡嗡嗡"的巨大响声，方圆几里都可以听见；再有一种说法是，"圩胆"是特指圩场买卖的喧嚣声，因圩场十分繁盛，所以声音传播得非常远。至今，虽然已经不知道"圩胆"究竟为何物，但"圩胆"背后的精神文化价值是不可忽视的。"圩胆"作为一种精神符号，给予人们信仰与支持。人们相信公平圩场受上天庇佑，福泽万千，欺诈盗骗等劣行断不敢出现在圩场，其繁盛也将千秋万代，故安心地在圩场进行交易。

2. 圩场特点

为了促进公平圩场的生意，人们特意挑选了节假日前一天的好日子作为赶圩时间，即农历逢四、逢九，以方便人们提前准备好过节所需品。为了将新圩场的名气传播更远，当地人在黄市清水浦请了一位教书先生为圩场取名，这位先生据说是大文豪欧阳修的侄孙子，因人们对公平贸易的渴求，故将其命名为公平圩。开圩后，公平圩场坚守"交易公平"的准则，绝不允许缺斤少两、欺诈消费者的情况出现。与此同时，圩场践行着"外来人来了不欺负人家"的原则，外地商贩享受着与本地商贩无差别的待遇，受当地人保护。公平圩场最有人性化的一点则是当地大姓会统一购买圩场商贩卖不掉的商品以减少商贩的损失。

相较于其他圩场，公平圩场最大的优势便是商品种类繁多且齐全，其中最出名的是猪崽和耕牛。当地人多有养猪的习惯，猪崽数量多且质量好，价格也公道，同时圩场设有其他圩场不曾有的猪行和牛行，故商贩们都将猪崽和耕牛牵往此处售卖，客商们纷纷慕名前来购买。开圩时，猪崽商便早早地用箩筐将猪崽挑到猪行里，耕牛商也一路赶牛将牛引入牛行中。购买猪崽和耕牛的多以外来客人为主，因语言不通往往会委托圩场的交易中介帮忙挑选牲畜并商谈价格。倘若客商没有在公平圩买到所需商品，可将情况反映给圩场的管理人员，他们会在下次开圩时尽力找到相关的商贩，将其引入公平圩，因此无论是买家还是卖家，都愿意不远千里来到公平圩交易。

3. 圩场发展

在各方面有利因素的加持下，公平圩场一度繁荣至极。公平圩场最繁盛时，商贩有几千人之多，而买家则达到了几万人。开圩时间可从凌晨三四点一直持续到傍晚七八点。每逢开圩，商贩们往往提前几天就赶往圩场，在圩场的伙铺住上几天，这就使得圩场周围衍生出新的经济产业与职业，如驿站、旅店、交易中介等，以圩场为中心，形成了一个功能较为完备的商业圈。

后来，受环境影响，公平圩场历经波折。而在不断地摸索与实践下可以发现，农村集贸经济作为国家经济的重要一环，具有不可忽视的作用。圩场集市坐落于经济交往相对困难闭塞的乡村，为四方村民进行商品交换的集中场地，为村民提供生活便利。圩场所吸引前来做生意的客商更拉动了农村的经济活力，给农村发展焕发阵阵生机。

（二）"湘南第一圩" 当前情况及困境分析

进入 21 世纪，公平圩场也迈入新的发展阶段。政府出资在圩场修建了大棚，同时也新砌了水泥板摊位，为摊贩提供更好的摊位设施。摊贩们自发地按照摊位布局，以商品种类分区，定点设摊，维护圩场摊点秩序。商贩若在政府修缮的水泥板摊位设点摆摊，每次需缴纳一至五元的卫生管理费，按月收取，具体费用依据商贩所贩商品及生意规模而定。除了政府修缮的水泥板摊位，圩场周遭住户也自设摊点出租，在自家门口的空位上摆放长板、长凳等以供商贩设摊买卖，收取一部分摊位费，费用在每次五元左右，同样按月收取。待每次赶圩结束，住户们便将长板、长凳收起，下次开圩再搬回摊位布置。

与此同时，政府加强了圩场内外的卫生、交通秩序管理。公平圩逢农历四、九开圩，一个月有六场圩，政府雇请环卫工人负责散圩后的圩场卫生。圩场的环卫工人一般为当地村民，这也体现了政府与村民携手共建美好圩场的用心。再有，政府加大对圩场交通秩序的整顿。每逢开圩，常有部分商贩将摊点设在马路两旁，造成交通堵塞，形成极大的安全隐患。政府在圩场马路两旁设置禁止摆摊设点标识，且组织工作人员佩戴红袖章，维持圩场外的交通秩序，使得现今圩场外的交通情况大有好转。

虽然有关部门针对公平圩场当前情况采取了相关行动，并取得了较为有效的成果，但是圩场发展仍面临着两大困境。

1. 圩场经济功能减弱

相较于鼎盛时期，现今圩场经济呈现出萧条的景象。首先，从开圩的持续时间来看，圩场在二十一世纪以前，夏季的开圩时间可从上午四五点持续到下午一两点，冬季甚至持续到傍晚。如今，上午九十点，赶圩的客商便差不多散尽，交易时间大大缩短。其次，从圩场的市场规模来看，现今圩场的场地范围虽未变更，但是市场规模急剧缩小，集中体现在商贩大量流失，客源大量减少，交易额大幅度下降。圩场周遭的商户表示，现今圩场经济已大不如前，当圩之日，摊位甚至留有空余。而彼时，连圩场周边的山坡上都聚集了商贩。靠圩场生意已无法维持生计，商户多是赶圩时做生意，平日则关门歇业，另谋出路。同时，圩场目前的商品也多以初级农副产品为主，种类单一。从赶圩的主体人群来看，赶圩人以老年人居多，年轻人较少前往圩场赶圩，圩场不再具有活力。

造成公平圩场经济萧条的原因是多方面的。一是公平村经济支柱产业少，无留住当地青壮年劳动力的地区优势，村落人口减少，圩场客流减少。公平圩场以猪崽、耕牛出名，然而随着生猪屠宰场的统一，圩场经济支柱大受打击。随着网络购物等新型购物模式的发展，圩场作为商品集散地的功能慢慢被取代，这就使得圩场经济交易额不断下降，靠圩场生意为生的村民无法维持生计，纷纷外出务工。青壮年劳动力多前往郴州、广东务工落户，留在当地的多是老人妇孺，村内人口大量减少。

二是 20 世纪 90 年代公平圩场治安混乱，圩场声誉至今难以恢复。随着改革开放的深入，市场经济带来的负面影响不断侵蚀农村淳朴的民风，加之社会主义核心价值观还未形成，农民的整体文化素质低，法律意识淡薄，致使农村治安事件频出。部分农工外出务工时受到不平等待遇，弃工回乡，成无业游民，无事可干，在圩场上敲诈勒索以维持生计。在这一时期，公平圩场也成了"不公平"之地。21 世纪后，政府开展扫黑除恶斗争，打击不法势力，同时大力宣传社会主义核心价值观，提升人们的道德素养及法律意识，圩场治安渐渐恢复。然而，由于圩场经济的封闭性，曾经的盛名也难以挽回。

三是交通秩序制约了公平圩场的贸易往来。公平圩场形似锅底状，四周被民居房所包围，仅有一条小通道通往圩场，商贩和村民进出不便，特别是大车难以进入圩场。后在圩场后方修了大路，这才方便大车进入圩场。但圩场正入口依旧过小，开圩时人流拥堵的情况难以改变，且圩场入口旁为107国道，大型运输车辆来来往往，给进出圩场的客商带来极其重大的安全隐患。

四是附近村落的圩场兴起，分散公平圩场客源。中华人民共和国成立后，马田圩场、小水圩场、车站圩场的建立分散了公平圩场的客源。其中小水镇位于公平圩镇的北部上游，更靠近市区，交通更为便捷，且房地产业吸引当地及外地人口买房落户，人口数量多，圩场客流大。客流大则吸引商贩入驻，商品种类更为齐全，形成良好循环。同位于公平圩镇的车站圩场，由于靠近公平火车站及矿业工人区，更有镇政府搬迁至此，商品交易需求大，也自发形成了圩场，分散了公平圩场的客流。

2. 圩场社会功能减弱

除经济发展不如从前外，圩场交流情感、信息传播的功能大大减弱。旧时，男男女女、老老少少都相约着一同前往圩场赶圩。在交通不便的年代，村民们往往天还没亮，便摸黑与同伴聊着天往圩场赶去，一路上相互寒暄，谈论着自家村落发生的大事，近期发生的大事也就随着口口相传而传播甚广。年轻人之间也流行在圩场相亲、约会以交流感情。除此之外，远地而来的村民会在赶圩之余，探望圩场内的亲朋好友。圩场的亲朋好友们也会早早地烧好炭火、煮好茶水，等着亲戚歇息留宿。现今，交通工具的便利使得村民能够即去即回，赶圩时间大大缩短。同时，信息交流渠道的丰富使得村民无需通过赶圩获取信息，圩场信息交流功能减弱。而随着社会经济的进步，城乡公共设施不断完善，人们有了更合适的相亲交友场所，圩场的社会功能大大减弱。

四、"湘南第一圩" 新发展的对策建议

作为农村经济的重要一环，圩场有其与生俱来的使命。公平圩场当前所遇困境也是整个农村集贸问题的缩影。公平圩场的"破局"之路，不仅对其未来发展意义重大，同时也对农村集贸建设具有指导意义。

（一）重视基础设施建设，保障圩场职能运行

政府应重视公平圩场基础设施的建设，保障圩场经济交易及其他职能的正常运行。圩场后方为大型车辆出入口，通道虽有改造，但尚未修缮完整。政府可进一步将其修整完善，以便于大型货车出入，减少车辆进出扬灰所带来的卫生问题。而为了方便客商及小型车辆进出，圩场正门出入口也应扩建，避免通道过于狭窄而出现人流聚堵至场外，影响场外 107 国道正常交通秩序。与此同时，由于圩场历史悠久且四方围绕着村内民居，圩场通道相对狭窄且有坑洼，雨天不利于客商采买。修整圩场内部的过道可改善圩场环境，给予客商更好的消费体验。在实地调研过程中，我组成员发现圩场内部尚未设商品分区，虽然商贩自发地进行了基本分区，然而依旧存在乱摆乱放的情况，

加之不少居住在圩场内的村民在自家门口摆摊设租，更影响了整个圩场的市貌。圩场内部可调整布局，将商品进行分区，村民自发设租摊位也可归放置一处，以促进场地合理分配，同时使得圩场环境更为明朗。

（二）加强市场秩序管理，形成良好交易环境

当地有关部门及村民应大力维护圩场卫生、交通、治安秩序，保障客商利益，践行遵守"公平交易"的宗旨。90 年代地痞欺行霸市予以公平圩场重击，现今商贩对此依旧心有余悸。当地有关部门除安排工作人员在圩场维持秩序外，可号召居住在圩场内的村民组建圩场秩序小队，共同参与圩场日常治理，传承前辈坚守的"公平交易"创圩宗旨，严禁违背市场交易准则的商贩进入圩场买卖。与此同时，假冒伪劣商品的混迹也是目前农村集贸市场普遍存在的问题。由于知识水平、思想观念、经济条件的限制，农村人口法律意识相对淡薄，对正版盗版商品的认识不足，同时假冒伪劣商品往往价格低廉，易吸引老弱妇孺，这就使得假冒伪劣商品横行于农村集市。针对这样的情况，有关部门应加大打击力度，严控商品质量，还可在圩场就地组织相关的法律讲座，以提升群众的法律意识，自觉抵制举报假冒伪劣产品，维护圩场管理秩序。市场交易环境得到改进，才能维护客商权益，从而让更多的人愿意来到公平圩场买卖。

（三）因地制宜发展产业，吸引农村人口回流

公平圩场的发展应放入公平圩镇发展的大环境中看。农村人口减少是制约农村经济发展的重要影响因素，农村人口发展且有可观稳定的收入，圩场客流量与交易额自然能够得到提高。当地可向小水镇学习发展经验，招商引资，因地制宜地发展扩展产业，带动人口就业，使得人们无需外出觅工，在当地便可劳动致富，吸引农村人口回流，从根本上解决农村留不住人的问题。与此同时，高质量人才的培育与引进也是新发展的重要一环。当地应重视扶持学校教育，且不可忽视对学生"湘南第一圩"百年历史及红色精神教育。朱德同志曾在公平圩场召开"万人会议"，以动员群众参与革命，且当地建有烈士群墓，老一辈公平人的红色热血屹立依旧。而我组成员在调查过程中发现，当地孩子及青年对于该地的历史文化了解不多。加强对年轻一辈乡土文化教育，可潜移默化地培养青年人对于家乡建设的认同感与责任感，更能吸引人才投身于家乡建设，助力圩场新发展。

（四）继承发扬"圩文化"内涵，构建"圩文明"村庄

传统经济交易方式遭受网络购物模式冲击已是时代必然，如何在时代洪流下突出重围是圩场面临的巨大挑战。公平圩场应继承发扬其特有的"圩文化"内涵，坚守圩场独特性。"湘南第一圩"之所以能够一骑绝尘，其"圩文化"内涵是关键。"圩胆"传说、创圩精神、红色渊源、朱德"万人会议"遗址、王公祠的前世今生、猪崽牛行的往日辉煌等等构建了公平圩场独特的"圩文化"。公平圩场在发展过程中，不应趋同于城镇市场建设模板，而应在参考的基础上创新性发展。当地可通过网络渠道，传播打响"湘南第一圩"的名声，并结合当地的历史文化底蕴，将赶圩建设成为具有当地特色的"圩文化"节，构建"圩文明"村庄，吸引更多的人前来体验赶圩文化，重焕圩场风采。与此同时，圩场建设也可与附近小水镇、黄市镇的旅游景点联动合作，以点连线，设计观赏路线，打造旅游之路，吸引外来游客观光打卡，感受赶圩氛围，体验当地文化。从而在发展圩场经济的同时，传承发扬百年圩场的历史文化及精神。

公平圩场彰显了无数的历史风采，见证了湘南地区的百年发展。尽管公平圩场经济有所萧条，但公平人仍然保护着圩场，守候着这个承载"公平"的精神寄托，一切都在朝好的方向发展。我们期望这片"净土"——公平圩场，会在历史的年轮滚动中再次余韵焕发。

关于新时代湖南省
乡村振兴新机遇的调查研究
——以长沙市望城区白箬铺镇为例

课题组成员：邓元园，钟平平，罗钰莹，

李惟一，温珍叶，胡琼燕

指导老师：黄勇军，焦晓云

摘要： 白箬铺镇地处长沙市望城区西部偏南，生态环境优美，地形以低山丘陵为主。受气候、地形以及河流等因素的影响，土壤形成了红土和河流冲积土两大类。为切实地感受乡村振兴的现状，从土地利用的角度出发，调查了自 2018 年以来响应乡村振兴战略所取得的现有成就。采用问卷调查和访谈两种形式去收集数据并记录村民对乡村振兴措施的反馈，并进行数据分析。根据调查结果可以发现当地现存有农民积极性不高、产业发展速度缓慢、政策解读不彻底三大主要问题。为使乡村振兴战略能够稳步推进，针对上述问题从政府、经济建设、基础设施、村民四个方面提出建议，希望乡村建设可以长远健康发展，实现白箬铺镇的全面小康和基本现代化建设。

关键词： 乡村振兴；土地利用；产业振兴

一、概况

（一）调研背景及目的

2021 年 4 月 29 日，十三届全国人大常委会第二十八次会议表决通过《中华人民共和国乡村振兴促进法》，该法提到要坚持因地制宜、规划先行、循序渐进，顺应村庄发展规律，根据乡村的历史文化、发展现状、区位条件、资源状况、产业基础来推进农村发展。为此，我们选取了长沙市望城区白箬铺镇作为调研地点，了解当地的土地利用现状。希望通过调查当地土地用于种植各类作物及带来的收益、土地用于环境保护及带来的生态效应、土地用于开发旅游业带来的经济收益等进一步了解当地乡村振兴的进展。

（二）调研方法及过程

1. 调查方法

本次调研综合采取问卷调查与访谈两种方法。在初步走访村民之后确定调研问题；再次走访村民深入了解情况、发放调研问卷，收集大量数据并记录村民对乡村振兴现状的真实反馈。其次，设计好访谈提纲，在发放问卷过程中对调查对象进行非标准化访谈，利用开放式的问卷来搜集资料，进而设计个案访谈的问题。

2. 调查过程

调研团队首先查阅文献资料，了解乡村振兴的整体框架，经过讨论并结合大量的文献资料分析，确定问卷结构。结合所掌握的资料充分考虑结合当地实际情况设计面向白箬铺镇现状与自身特色的调查问卷。

之后，团队沿着319国道对各村居民进行抽样调研。由调研组安排调研人员后，各组分别走访当地居民，进行问卷调查。在发放问卷过程中，进行随机访谈并记录内容。走访完毕后各组进行问卷数据统计，主要使用问卷星和SPSS进行统计和分析，并撰写调研报告。

（三）调查对象分析

我们以白箬铺镇居民为调研对象，共发放问卷200份，其中有效问卷176份；随机抽取90份问卷进行分析，其中有效问卷88份，将其录入问卷星和SPSS并进行数据分析。在88份样本中，男性占比42.05%，女性占比57.95%；年龄在18岁以下的约占8%，19～35岁的约占20%，36～59岁的约占60%；60岁以上的约占12%。调查样本的年龄分布较为合理。

二、白箬铺镇土地利用现状分析

（一）白箬铺镇概况

1. 地理位置

白箬铺镇，属于湖南省长沙市望城区，地处望城区西部偏南，交通便利、区位优势较为明显，以金洲大道为中轴线，319国道、长益高速贯穿东西，县道白乌线沟通南北，水泥公路连接千家万户，具有十分有利的交通区位优势。白箬铺、五里堆、友仁三个各具特色的集镇呈三角形分布，自古以来就是长宁线上主要商贾要塞。

2. 自然环境

白箬铺镇生态环境优美，岗峦交错、景色宜人，蜿蜒秀丽的八曲河、白箬河共同滋养一方沃土。该镇地形以低山丘陵为主，小片平原散布其间，气候主要为亚热带季风气候，四季分明，降水量充沛且分布比较均衡，热量充足，光照资源丰富，适宜动植物的生长和繁殖。

3. 土地情况

白箬铺镇占地面积为 100.08 平方公里，耕地面积 42823 亩，其中水田 36583 亩。该地受气候、地形与河流等因素的影响，土壤形成红土和河流冲积土两大类。红土是地带性土壤，为有机质少的酸性土，一般分布于山丘、岗地一带，适合种植农作物、蔬菜和水果。冲积土分布在低平地区，土质疏松，肥沃性不高，适合种植萝卜、白菜、香菜等多种生长期比较短的蔬菜作物；适合种植西瓜、草莓、葡萄、梨、山楂等早熟水果作物以及芦荟、鸡冠花、美人蕉等花卉。

（二）经济发展状况

镇党委政府十分重视经济的发展。经过历届党委政府的努力，镇内现有精鑫铸造、和平体育、天仁机械、益华气体、菲菲毛巾、合丰耐磨、中粮机械、德信鞋业等多家规模企业，并形成了以 319 国道沿线为主的机械铸造加工产业集聚之地。同时，农业产业结构调整也初具成效，龙莲西瓜、白箬苦瓜、光明蔬菜成为市场畅销产品。"十三五"期间，白箬铺镇财政总收入 2.52 亿元人民币，完成固定资产总投资 24.5 亿元，社会销售品零售 4.8 亿元，规模工业总产值达 138.6 亿元。

（三）土地利用情况

经调研小组调查，白箬铺镇的土地资源主要用于粮食种植业、畜禽养殖业、水产养殖业、蔬菜水果种植业、处理污水植物种植、旅游观光农业、绿化种植业。

1. 粮食种植业

白箬铺镇耕地面积占 42823 亩，其中粮食种植产业主要有 13 家，总计粮食种植业面积为 6300 余亩，主要集中分布于古山村、淑一村等，粮食种植主要以水稻为主，单季稻平均亩产为 500kg，双季稻平均亩产 450kg；除此之外，白箬铺镇还引种推广新品种红薯 1000 亩，具有当地民俗风情的红薯片，也可作为旅游参观景点的土特产，带来一定的经济收入。

2. 蔬菜水果种植业

经小组调研白箬铺镇 10 家具有代表性的蔬菜果园，蔬菜水果种植在白箬铺镇发展情况良好，主要集中在光明村和黄泥铺村。了解到白箬铺镇根据当地土壤性质以及气候，大多选择种植葡萄、无花果、梨、西瓜等水果以及各种有机蔬菜；白箬铺镇结合"特色农业＋旅游"模式，打造了 10 余家集特色种植、休闲体验、采摘品尝等功能于一体的采摘果园；打造了当地特色品牌水果——巨峰葡萄、归去来无花果、翠冠梨、水蜜桃等。除此之外，农庄外还打造了供垂钓的鱼塘 50 多亩，配套水产畜牧如鱼、虾、鸡、鸭等养殖。

3. 处理污水种植业

据调研小组调查，白箬铺镇的居住环境十分宜人，主要是因为当地政府大力支持污水处理以及垃圾分类来保护环境。美人蕉喜温暖湿润气候，适应性强，几乎不择土壤。根据当地气候和土壤条件，美人蕉非常适宜种植，而且美人蕉能净化空气、吸收空气中的有害气体，对环境起到一定的净化作用。在白箬铺镇，建立了许多人工湿地，主要以种植美人蕉为主；同时也在郊外建立了多个污水处理厂。

4. 旅游观光农业

得益于生态环境优美，土壤条件优越，白箬铺镇在不断探索中找到了一条新的发展之路，以旅游＋农业为主打造旅游农业区供参观者一边享受休闲的旅游时光，一边体验农业的乐趣，这也是白箬铺镇第一、三产业融合的重要实践部分。近年来，旅游观光农业的发展已经趋于成熟，而且也吸引了很多游客前往参观，带动了部分周边地区的经济。

三、乡村振兴效益数据分析

（一）问卷的合理性分析

为了保证问卷具有较高的可靠性和有效性，我们需要对问卷的信度和效度进行分析。通过使用 SPSS 分析：该问卷信度系数值为 0.689，所有研究项对应的共同度值均高于 0.4，由统计学原理可知数据信度质量可以接受；问卷的各研究项信息可以被有效地提取，数据具有效度，本次设置的问卷具有较高的合理性。

（二）土地利用现存问题

1. 政策角度

（1）对土地利用补贴政策解读不透彻

通过查阅相关资料并结合走访调研了解到农村补贴分为三种。其一，农业支持保护补贴：主要针对三大粮食作物——水稻、玉米和小麦；其二，粮豆轮作补贴：主要是针对种植大豆的农户；其三，篮子补贴：食品篮子项目将继续支持水果和蔬菜，包括茶叶和其他产品。

调查数据显示，有 34.09％的村民表示只有种植水稻才有补贴，由此可知很多村民对农业种植的各项补贴政策解读不透彻，从而降低了农民的种植积极性。

（2）防止耕地非粮化政策在当地的实施有很大难度

为落实国家粮食安全战略，政府将执行严格的耕地保护制度，坚决遏制耕地"非农化"和防止耕地"非粮化"。推进高标准农田建设、特色种业创新，增强粮食和重要农产品储备安全保障能力。耕地在优先满足粮食和食用农产品生产基础上，适度用于非食用农产品生产。当地的主要粮食是水稻，但是水稻在培植过程中需要大量人力的投入，并且会受到天气、灌溉条件等多方面的影响。调查结果显示，约有 69％的人认为种其他作物的利益高于种水稻的利益。

2. 村民角度

（1）参与农村建设积极性不高

通过调查发现，当地村民很少将种植业作为自己的主业，并且将分配的土地用于自家种植的只有 30.68％，他们大部分都会将土地租给土地承包者，然后选择外出务工获得收入，由此可见他们参与农村建设的积极性不高。

（2）环境治理方面积极性有待提升

在实地调研过程中发现，当地在垃圾分类方面，垃圾回收都是由政府统一安排工作人员到村民家中进行两天一次的回收。村民垃圾分类的习惯也存在差异，只有约 41％的人会每天进行垃圾分类，有约 20％的人基本上没有进行垃圾分类。而且据政府工作人员说，美人蕉的种植以及污水处理厂的兴建与运行都是完全依靠政府的力量。

3. 政府角度

(1) 环境治理效果有待提高

从调查数据结果中我们可以看到，目前还只有约36%的认可政府污水处理效果，认为非常有效，可以安心排放；还有约26%的人认为还没有发挥效果。

表1　您认为政府采取的污水处理措施效果怎么样

选项	小计	比例
非常有效，安心排放	32	36.36%
目前只有一定的效果	33	37.50%
还没有发挥效果	23	26.14%
本题有效填写人次	88	

(2) 政策的宣传不到位

农业、农村、农民问题是我国社会主义现代化建设中的最基本问题，近年来党和国家大力关注"三农"问题。建设社会主义现代化新农村是党建工作的重中之重，国家部委至今已相继出台了深化税费改革、扶持粮食生产、促进农业增效和农民增收、深化农业基础设施建设、推进社会主义新农村建设等一系列惠农服务政策，加大对"三农"的支持力度，催化了农业和农村经济发展的良好势头。然而调查结果显示，约68.24%的人对乡村振兴政策不太了解，约7.35%的人完全不了解。

四、土地利用问题原因分析

(一) 农民参与乡村振兴积极性不高

1. 作物分配不够合理，种植带来的经济收入少

通过调查发现，村民通过种植业获得的经济收入比较少。纵观近十多年来国内物价上涨情况，物品价格翻了几倍甚至几十倍，但唯独粮食价格却上涨比较缓慢，只涨了60%，粮食关乎国计民生，是每个家庭的必需品，一旦涨价，就很容易引起恐慌。而且粮食是国家战略储备的重要物资，国家自然要把控好价格，所以即使国家有少部分补贴，获得的经济收入还是特别少，这严重打击了村民种植的积极性。此外，69.32%的被调查者认为土地种植其他作物更能带来经济收益，种植水稻的利润不高。

表 2 从事农业种植一年一般有多少收入

选项	小计	比例
没有收入	26	29.55%
2000 元以内	19	21.59%
2000～10000 元	14	15.91%
10000～20000 元	8	9.09%
20000～50000 元	0	0%
50000 元以上	0	0%
不种植	21	23.86%
本题有效填写人次	88	

2. 部分村落地理位置距离当地旅游景点较远

虽然白箬铺镇交通便利、区位优势十分明显，但是占其大面积的各村落道路比较少，尤其公交车等公共出行方式及数量特别有限。调查中，对于"是否享受到现有旅游业发展带来的好处"的问题，约有 45% 的村民因为地理位置太远了而没有享受到旅游业发展带来的好处，从而影响了村民参与旅游业的积极性。

3. 自身的文化水平与技术水平不高

白箬铺大部分的青壮年都会选择外出打工，仅有少量中老年人留守村内生产，他们劳动力相对较弱，自身的文化水平与技术水平相对比较低，接受乡村振兴新思想和认可产业振兴新措施的速度较慢，由此影响了他们响应乡村振兴战略的积极性。

（二）政策解读不彻底

由于村民自身文化水平有限，加上他们对民生新闻缺少一定的关注，对国家颁布的各项政策了解得不及时，并且理解上也存在一定的偏差，需要政府耐心讲解政策针对的人群、适用场景、社会意义等更多详细的内容。

（三）产业振兴发展速度较为缓慢

1. 缺少本土带头人以及带头企业

人才的指引对农村的发展起着举足轻重的作用。但是由于乡村的发展机会特别少，大部分的高校毕业生不会主动选择到乡村发展，当地大部分青壮年选择外出寻觅实现自我价值的机会，导致涌现出来的产业振兴中流砥柱非常少，自觉利用地区特色发展起来的带头企业就更少了。

2. 缺少资金

资金是决定产业发展的重要因素，缺少资金是众多产业发展受阻的普遍原因。而前期的各项投入都需要资金的支持，仅靠政府扶持的基金远远不够。

3. 政府与群众之间的沟通不及时

乡村发展需要合适的机遇，而政府的正确决策就是指引灯，是带动当地经济发展的重要方向。当地政府在不断探索中逐步寻找适合当地发展的产业，每种尝试都需要群众的支持，需要村民理解政府为人民服务的初心；而群众自身对乡村振兴的感受也要及时反馈给政府，这样才能实现乡村振兴的健康发展。

五、乡村振兴健康发展的可行性对策及建议

（一）充分发挥政府职能

1. 从群众中来，到群众中去，加强与村民之间的交流

深入群众，了解当地村民种植业的种植情况、村民与土地承包者的各项事宜、对生态治理所能贡献的力量、对旅游业发展的看法，把群众的分散意见集中为领导者和领导部门的指导意见，然后再拿到群众的实践中去检验，如对于村民所赞成的种植其他作物如瓜蒌子、菊花等比种植水稻获得的收益多的建议，可通过调查了解其他地方关于这方面的具体情况并允许当地村民或者土地承包者将其落实到行动上，通过试验来获得经验。此外，对于各项关于乡村发展的政策，当地政府应让各村委会加强与村民的联系，将新的惠民政策向村民们解读到位。对于当地的特色农业、旅游景点，应加大宣传力度，让村民们了解自己乡镇的情况，并利用群众的力量将其往更加广的区域宣传。

2. 发挥政府的规划指导作用

政府在整个乡村振兴中起着重要的领导作用，地方政府借助自身的号召力、公众力、凝聚力可以更好地实现土地的合理规划，提升土地的利用价值，促进经济的发展。对于外来承包者，政府可以帮助其对农民的土地进行承包并确保租金到位，保障当地村民的利益。在实施垃圾分类的过程中，政府应该安排相关工作人员对村民进行相关知识指导并实时将家家户户的垃圾进行

清理。对于污水处理与旅游业的发展，应充分发挥政府行政职能，加快形成政府主导、覆盖全乡镇的可持续发展的体系，引导村民利用产业特色发掘新景点并扩大资金来源以保证发展过程中的资金链。

（二）以"一村一品"为理念发展农村集体经济

1. 实现集约化、规模化生产

政府应该积极宣传当地土地种植优势引进技术人员以及土地承包者对当地土地进行租赁并实行大规模生产，通过积极引导村民将自己闲置的土地放心地租出去，方便大规模生产的同时减少荒地、增加收入，同时还要加大大型机械的资金补贴、加强对技术人员的技术培训，在实现规模化生产的同时实现机械化生产，减少人力物力，增加土地利用价值。

2. 打开已有品牌的知名度，挖掘更多特色品牌

在区委、区政府的正确领导下，全镇上下紧紧围绕"构建富强、秀丽、文明、和谐新白箬"的奋斗目标，深入实施"融城强镇、产业富镇、生态靓镇"的发展战略，工业、农业、旅游业等各项产业有了突飞猛进的发展，现有和平体育、天仁机械、菲菲毛巾、中粮机械等大规模企业，同时龙莲西瓜、白箬苦瓜、光明蔬菜等成为市场畅销产品。但他们对外的知名度并不高，故应当加大宣传推广力度、创新宣传方式，进一步打开知名度。此外，当地还可以充分发挥农业产业特色、自然地理位置以及环境优势，结合当地历史文化，对种植园开展采摘式的亲身体验方式的旅游、开展农家乐，对于多元的大规模种植园开展旅行观光等。这些间接措施也会促进当地的产业发展。另外，当地还有很多隐藏的特色产品，比如当地酸制的一种特色酒品——谷酒、腌制的腊肉、坛子菜，还有自制红薯片、芝麻豆子茶、蜂蜜柚子茶等，这些都是潜在的白箬特色产品。若能加以资金投入，实现干净、高质量的规模化生产，也将进一步提高居民收入，推进美丽乡村建设。

3. 引进技术，拓展市场

健全各项补贴制度与人才引进制度，加大对人才的鼓励制度，通过引进人才来普及各项技术并对各类工作人员进行技术培训与指导。通过市场调查分析确定市场需求，根据市场需求进行产品定位和市场定位，在明确了产品市场和产品销售对象后，制定详细的市场推广策划方案，并借助宣传媒体对当地农产品、旅游景点进行线上推广，通过电子商务平台销售各类产品，提升产品和服务在市场的认知度和影响力，从而拓宽市场、获得更大的市场

份额。

（三）加强当地的基础设施建设

1. 优化人居环境，发展自然教育产业

近年来，通过引进水生植物美人蕉以及建立污水处理厂，白箬镇的生态环境得到了明显改善，但对于发展农村自然教育产业来说还远远不够。未来可通过养花、种树、开辟小池塘等措施进一步优化人居环境，为前来体验生活的家庭提供更好的自然环境；之后针对主题划分搭建适合亲子活动的设施，让前来观光的家庭能够沉浸式体验亲子自然教育。

2. 重视休闲娱乐设施建设，丰富村民生活

增加一些公共健身设施，每个村至少有一个设施点，让村民重视自身的身体健康，拥有自己丰富多彩、轻松自如的生活，而不是简单地"活着"。设施需定期检修，完善管理制度。制定规章制度，村民共同遵守，延长设施使用寿命，及时排除安全隐患，让村民们用得放心、安心。

（四）提高村民参与乡村振兴的积极性

1. 培养新型职业农民，加快人才培养和引进速度

在我们的传统印象中，农民主要是从事插秧、除草、种树等等这些又苦又累的活儿，但其实新时代需要的农民并不是这样的。为了乡村建设的长远发展，以及乡村振兴战略的稳步推进，我们需要鼓励农村从业人员积极参加技能培训，鼓励和支持社会培训机构、合作社、专业技术协会、龙头企业等主体承担职业技能培训任务，开展劳动力转移培训农村使用技能培训，加强乡村技能人才培养。其次，还要积极引进优秀人才参与到当地的乡村建设中去，并落实乡村工匠培训和评价方法，探索新时代复合型高素质人才。

2. 吸引外出人员回乡

利用当前国家支持农村发展的有利政策和大好形势，加快农村建设的进程，充分挖掘白箬铺镇的发展潜力和优势。吸引外地创业者携资入驻，吸引本地外出务工人员回乡建设。同时政府要积极宣传目前现有的优质产业开发示范区，让人们看到乡村振兴的发展前景和潜在利益。同时政府也要充分利用本地优质的各类自然资源，积极指导村民合理开发土地，最大限度地减少土地资源的浪费和自然资源的破坏。

关于衡阳市祁东县中小学生
心理健康教育的调查研究*

课题组成员：彭玲丽，伊方园

指导老师：杨　果

摘要：青少年时期正值全面成长的时期，心智发育还不成熟，心理防线较为脆弱。这个时期的青少年心理健康发展会受到内部因素和外界因素影响，如家庭因素、学校因素、社会因素等。大多数青少年由于没有受到良好的心理健康教育，导致其抗挫折能力相对较差，对挫折和压力敏感，从而影响其人格的发展和心理健康发育。不能正确面对和处理挫折，可能导致他们产生不健康心理，如：偏激、冷漠、焦虑、自私、嫉妒、自卑等。更有甚者可能导致违法犯罪行为的发生，将对家庭、社会造成严重危害。因此，中小学生的心理健康应引起各级教育部门乃至全社会的高度关注。学生的心理健康教育应在思想道德建设工作的范畴中被着重强调。

关键词：农村地区；心理健康；中小学生

一、引言

近几年来，中国经济不断发展，城镇化进程加快。而此时的中小学生又是一个心理发育尚未成熟、缺乏社会经验、适应能力差的一个群体，物质生活越来越丰富，心理问题却日益突出。他们如果不能得到科学的释放和疏导，心智的发展可能会受到阻碍，从而造成学习信心和动力丧失、学习能力低下、人生方向的迷失等情况。此次调研针对农村地区中小学生的心理健康教育问题，了解其现状并对守护中小学生心理健康提出可行性建议。

* 湖南省普通高等学校教学改革研究重点项目"'思想道德与法治'课'问答式'教学模式研究"（项目编号：HNJG－2021－0044）的阶段性成果。

二、研究设计与实施

（一）调研时间、地点及对象

本次调查时间为 2021 年 7 月至 8 月，地点为湖南省衡阳市祁东县启航成龙学校。本次调查对象为湖南省衡阳市祁东县启航成龙学校及其周边 10～16 岁的中小学生。

（二）调研方法及调研过程

本次调研采用问卷调查为主，交谈采访法为辅的调查方式、对中小学生的学习心理、人际交往关系紧张与敏感、焦虑及抗挫折能力等进行调查。本次调查共发放调查问卷 125 份，回收有效问卷 125 份。其中男 65 人，女 60 人；10 岁 25 人，11 岁 12 人，12 岁 33 人，13 岁 19 人，14～16 岁 36 人；其中留守儿童 88 人，非留守儿童 37 人。

调研前期，项目组成员通过查阅相关文献、筛选题目并确定调查问卷初稿；再咨询当地教师了解情况后，队伍其他成员根据调研方向进行检查与修改，经多次审核与讨论，问卷最终定稿并打印分发，由调研对象根据实际情况进行问卷填写，再收集问卷。随机抽取其中部分对象进行访谈并记录学生心理健康情况。最后根据所回收问卷统计分析，从"心理健康与学习心理状态""心理健康与人际交往关系""心理健康与焦虑状况""心理健康与抗挫折能力""留守儿童心理健康"等多方面进行数据的处理，得出初步结论。

三、湖南省中小学生心理健康现状

（一）湖南省衡阳市祁东县中小学生心理健康现状

1. 学习压力

调查显示，65% 的学生学习压力比较适中，29% 的学生觉得经常感到学习压力大，6% 的学生感到学习压力非常大。调查还显示，家庭的期望和自己的期望是学生学习压力的主要来源，尤其是家庭的期望，占 62%；其次是自己的期望，占 28%；还有 10% 的学生认为目前的压力来源于老师的期望。其中，留守儿童与非留守儿童相对比：留守儿童的学习压力相对于非留守儿童较小，且留守儿童的压力多数来源于老师的期望，少数来源于父母的期望。

2. 学习方法、习惯及态度

调查结果表明，在学习方法方面，大部分的学生认为共同学习的效果更好，共占 59.6%，青睐于独自学习的学生占 32.4%，没有思考过怎样进行学习才能更高效的占 8%。在学习态度方面，在没人监督的情况下，有 79.2% 不会主动学习的学生，主动学习的学生比例最少只占 20.8%，并且 16.2% 的学生有轻度厌学的情况，8.5% 学生厌学情况严重。在学习习惯方面，9% 的学生学习习惯较好，然而只有极少的学生会定期给自己设定学习目标，91% 学生不懂得设定目标，只是一味地完全学习任务。

3. 人机交往关系紧张与敏感

调查显示，学生与老师之间存在着一定的差距，没有同伴和父母，爷爷奶奶相处时的亲切感。在问卷中，学生选择对师生关系很满意的只占 10%，而选择满意程度一般的比例高达 85%，其他选择对师生关系不满意的占 5%。

4. 焦虑感

根据调查，虽然有 56% 的学生不感到焦虑，但 34% 的学生感到有些焦虑，10% 的学生是十分焦虑的。这说明还有很多学生的心理出现了一些不健康的问题。中小学生由于面临学习或升学压力，会过于担心自己的成绩，急于想提高自己的成绩，这些问题使得学生在不知不觉中产生了焦虑。

5. 抗挫折能力

调查发现，几乎所有学生都遇到过挫折，其中多数人（65%）对挫折的承受能力较强，能敢于面对挫折；只有 28% 的学生表示受过挫折，并且在心中留下了阴影。面对考试的挫折，多数学生也能很好地处理，7% 的学生表示对自己的打击程度是比较严重的。在遇到挫折或是不顺心的事情时，会向家长倾诉的学生只占 16%，几乎没有人向老师进行求助，9% 的学生向爷爷奶奶外公外婆求助，高达 75% 的学生会选择向朋友倾诉。可见，向朋友倾诉是中小学生缓解压力的主要方式。

6. 自卑、孤僻、逆反

调查发现，对于留守儿童而言，自卑、孤僻、逆反、性格与行为出现偏差等现象较为严重。父母不在身边，孩子没有依靠和坚强的保护，很容易造成这些心理。在留守儿童中，有 25% 的同学这种心理情况适中，而较为严重的有 69%，十分严重的为 6%。

（二）影响湖南中小学生心理健康问题的因素及原因

1. 学校因素

（1）学校太过于注重升学率。10～16 岁的中小学生大部分时间是在学校度过的，因此，学生存在心理健康问题的主导因素在学校。学校的教育指导思想对学生的心理健康起着不可忽视的作用。学校普遍对升学率有所追求，对学生的要求严格是在所难免的，可是却忽视了对学生的关心和道德素质的教育，容易使学生我行我素，造成心理健康问题。

（2）教师的要求过高。教师的行为素质也影响着学生的心理健康，学生在学校接触最多的就是老师，部分老师为了让学生学习更好，采取强制性教育，不关心学生是否想学、爱学，不能因材施教，只是一味地逼迫孩子学习，而没有起到很好的引导作用，致使学生产生厌学、注意力减退等一系列不良的心理。

（3）学校不关心学生的课后生活。课后学生需要完成相关作业，并没有完全脱离学校，学校对学生的课后生活缺乏关心，部分时候不能够了解学生的自学能力、完成作业的能力和认真完成作业所需要的时间，一味地按照现有的想法布置学习任务，没有经常关心和了解学生的课后生活，致使部分学生会有过度劳累的心理、不愿意完成作业的想法。

2. 家庭因素

（1）家庭教育的缺失。每个家长都很重视孩子的教育，但在同一文化背景下，不同家长的文化素质、思想素质以及心理素质都有差别。部分家长有很多错误的观点和做法，使孩子不自觉地走向了家庭教育的误区，这样不仅没有达到教育孩子的目的，反而对孩子的心理健康造成了影响。正所谓"言传身教"，父母是孩子们的第一任老师。父母的教育对孩子有直接、持久和潜移默化的影响作用。而农村留守儿童长期与父母分离，无法在良好的亲子关系中与父母进行正常的情感交流，无法获得直接的情感体验，导致其安全感缺失、对外界反应敏感甚至产生敌意和心理上的焦虑。

（2）父母期望过高。"望子成龙，望女成凤"的观念在具有重视子女教育传统的中国社会里根深蒂固。孩子是父母生命的延续，在儿女身上寄托着父母甚至几代人未圆的希望与梦想。现在绝大多数小学生都是独生子女，父母的全部希望都压在了一个孩子的身上。因此，孩子从小就像一只身负重托的蜗牛，在人生成长的道路上艰难地爬行。他们要求孩子从小就按自己的意志发展，根本不考虑孩子自身的兴趣、能力和其他个性特点。当孩子达不到父母期望的目标时，要么大失所望，撒手不管；要么迁怒于孩子，大打出手。

但是由于部分家长的要求太过严格，给孩子造成了很大的压力和负担，孩子很容易产生自卑感，自暴自弃。

（3）过度的家庭责备。过度的家庭责备会使孩子对事情产生畏难心理，让孩子们对自己所做的事情没有把握，产生自卑心理。不敢尝试有挑战的事情，自我怀疑，减少自我的创造力。

（4）保护过重。对孩子的尊重不等于放纵，关爱更不等于溺爱。父母对孩子的过度溺爱，使得孩子觉得自己是世界的中心，自己所获得的一切都是理所当然的，自己想要什么就应该得到。这种以自我为中心的生活观，使得孩子步入社会受到一丁点打击就会萎靡不振，产生抑郁、人际关系敏感、适应不良等心理障碍。父母对孩子千依百顺，当发现他们存在这些问题时并没有及时进行有效的干预措施，仅仅从物质上不断地给以补偿。这样的日积月累，孩子心理障碍逐渐恶化，随之也就引起一系列的心理问题。

3. 社会因素

（1）所处环境社会风气不健康。健康的社会风气可以激励学生奋发向上，而不健康的社会风气对孩子的影响更大，很可能改变孩子的思维方式，造成心理问题。学生的生活学习环境也直接影响到学生的心理健康，不同的社会环境，学生的心理健康状况不尽相同。他们的生活环境处于山区，存在很多恶习，如言语粗俗不当、行为没有素质。大部分学生还没有走出过这片山区，没有正确的判断能力，造成很多学生也有这样的行为与做法。

（2）网络环境不够健康。对于留守儿童而言，父母不在身边，监护人多为老年人，不懂新媒体技术，不能教导孩子有正确的判断，很有可能受现代媒体上不良风气的影响，又因为缺乏判断能力和家庭监督力度不强，很有可能会造成他们的不良心理。对于非留守儿童而言，父母虽在身边，但随着网络技术的普及，大部分家长也会沉迷网络，对孩子有潜移默化的影响，导致孩子对网络环境的沉迷，上学也想带手机，从而造成少部分孩子不健康甚至扭曲的心理状况。

（3）缺少社会公益组织。当地并没有心理咨询室、公益救助站等之类的公益组织，缺乏社会关爱，导致学生没有相对先进的教学设备以及用来学习的相关媒介，也没有可以让学生诉说心事的地方，造成孩子们学习积极性不高，坏心情沉积，从而导致少部分学生产生不愿与人交流、不愿表达想法、沉默和过度内向的心理问题。

四、应对中小学生心理健康教育的途径与对策建议

（一）学校方面

1. 建立健全校园心理辅导室

学校应建立较为健全的心理健康教育机制，加强对心理健康教育的重视，加强对教师心理教育学反面培训、配备专业心理教师、建立心理咨询室。可定期面谈以了解学生心理教育现状，加强对学生心理问题的了解，并为学生提供及时的心理疏导。

2. 定期家访，家校联动

学校应通过家访主动地了解学生的生活环境和家庭环境，了解孩子现阶段的心理状况以为孩子提供具有针对性科学的心理疏导。给家长进行较为专业的心理健康疏导培训，提升家长的思想素质和心理素质，使家庭与学校同时参与到学生的教育中，并形成良好配合。同时，教师应该多关心呵护孩子，了解孩子心理近况，并告知家长孩子在学校的近况，增加家长对学生的了解，减少家长对学生的不必要误解。注重中小学生心理教育健康建设、关心学生的心理健康发展、多鼓励学生帮助他们建立自行、鼓励并引导学生学会正确表达自己、多与家长沟通交流，建立家校共联。

3. 进行专业培训，加强师资队伍建设

老师的一言一行都影响着学生。学校应不断引入专业人才负责心理教育课程的授课，打造专业的师资队伍，提高学校的教育水平。在引进专业人才的同时，还应该加强对学校全体老师的专业培训，使其形成对心理健康教育的正确认知、了解心理健康教育的基本知识。只有学校和老师对心理教育高度重视，学生才能形成对心理健康教育的正确认知和正确态度。

4. 接受社会援助

多主动寻求与支教队伍以及其他的公益团队合作，通过开展"心理学进校园""免费心理学教育知识讲座"等活动帮助学生形成对心理学的正确认识，为学校教育注入新鲜的血液。同时，学校现有的教务人员可以与支教队伍或者公益团队进行交流与探讨，汲取其先进的想法，改进现有的教学模式，更可以扩大学生的视野，坚定学生们走出去的信念。

（二）家庭方面

1. 父母必须了解家庭教育的重要性

每个孩子一出生，在家里度过的时间占 2/3，从他出生的第一时间起，家庭教育就已经在无形中产生了。家庭教育是伴随一生的教育，因此会有"父母是孩子最好的老师"的说法，想要培养孩子形成健康良好的心理素质和行为习惯，就必须经历连续、不间断的教育过程。同学校教育相比，家庭教育更加具有连续性，家长是其终生的老师。等孩子长大成人以后，社会就是锻炼他们的环境，家庭教育也会在他们的一生中起着至关重要的作用。在一个人的身上能看到他的家庭教育是怎么样的，这就是家庭教育对孩子一生决定性的影响。

2. 改变传统观念，形成正确认识

父母应首先改变自己的想法，再改变自己的做法。父母对孩子的适度要求，是可以促进孩子的成长的，要尽量制造一个温馨和睦的家庭环境。家长素质是影响家庭教育的重要因素，家长应当努力做到举止文明、情趣健康、敬业进取、言行一致、好学善思、自觉遵守社会主义核心价值观，以健康的思想、良好的品行教育影响儿童。

3. 家校社协同育人

家长要认识到家校社协同育人的重要意义，主动参与家校社协同教育，尊重教师，理性表达诉求，积极沟通合作，保持开放心态，引导儿童正确认识各种现象，科学合理利用来自学校、社会的教育资源，促进青少年心理健康成长。家长可以主动举办家校社协同活动，利用休息时间同学校教师以及社会相关机构进行交流与探讨，了解孩子在校生活和心理状况，听从建议，三方配合，打造良好的心理健康教育环境。

4. 加强亲子间情感交流

对于留守儿童，父母应增加对孩子的关爱，多给孩子打电话，保持必要的沟通。时刻关心孩子的生活状况和学习状况，在有条件的前提下避免对孩子的长期疏忽和分别。对于非留守儿童，父母更不能忽略对孩子的关爱，在大部分人都有手机的智能时代，父母不应该把原本跟孩子的欢声笑语变成关注网络的沉默，每天的闲暇时光，放下电子设备，多与孩子进行交流，了解孩子的需求和心情，关注孩子在校的学习和生活状况。

（三）社会方面

1. 设置守护中小学生心理健康的部门

协助学校和家长共同守护中小学生心理健康。该部门还要规范当地人的言语，行为等方面，给中小学生创造一个良好的生活环境。设置心理咨询室，并配有专门年轻人员作为咨询师，让青少年有地方可以倾诉，有问题可以解决，在了解学生的疑惑之后，可以给出适合他们的办法。

2. 建立守护中小学生心理学机构，扩大民间机构影响力

社会上已存在自发对中小学生心理健康进行帮助的公益组织，应扩大活动范围，策划、举办有发展性的心理教育类活动以提高自身知名度和影响力，鼓励带动更多有能力的人为偏远地区的中小学生送来温暖和关爱，公益解决他们的部分温饱问题或公益提供文具设备和兴趣爱好设施，在一定程度上提高其生活质量，从而改善他们的心理健康状况。

3. 整合社会力量，加大心理教育宣传力度

随着互联网的普及，大众传播媒介迅速发展，农村地区居民与外界联系也更加密切。此时媒体应该主动承担起中小学生心理学教育知识的普及和心理健康教育宣传的重要性。在为中小学生进行心理学教育知识讲解的同时也要帮助家长改变传统教育观念，引导全民建立正确的心理健康教育观念。同时，设立专门机构来整合社会力量，构建留守儿童教育和监护体制，建立家庭、学校和社会三方面共同合作的关爱系统，将家庭、学校和社会联系起来，把三方面进行的相关措施整理改进，促进留守儿童的健康成长。

乡风文明建设视域下农村
老年人才作用发挥研究
——以湖南省邵阳市邵阳县下花桥镇为例

课题组成员：向韵璇，罗俊祺，刘泓峻，

黄　洁，吴　攀，张新洲

指导老师：龚　曦，杨　果

摘要： 乡村振兴，既要塑形，也要铸魂。习近平总书记强调，要弘扬新风正气，推进移风易俗，培育文明乡风、良好家风、淳朴民风，发挥老年人才在家庭教育中的潜移默化作用和对社会成员的言传身教作用。在我国人口老龄化大背景下，以积极老龄观看待农村老年人才在乡风文明建设中的作用显得尤为重要。本文立足社会支持理论，从个人、社区、社会、政府四个方面，分析影响移风易俗、隔代教育等方面乡风文明建设中农村老年人才作用发挥与机制构建的现状、因素并提出建议对策。通过对下花桥镇实地调研，总结出"老年协会＋"经验模式，并进一步探究，形成更利于推广的以离退休干部党支部引领，老年协会为核心，多个社会群团组织支撑的"1＋1＋N"新模式。

关键词： 老年人才；乡风文明；老龄观

一、引言

党的十九大提出"实施乡村振兴战略"，并明确了"产业兴旺、生态宜居、乡风文明、治理有效、生活富裕"的总要求。2021 年中央一号文件强调，要加强新时代农村精神文明建设。繁荣乡村文化，培育文明乡风，对于推动乡村振兴意义重大。习近平总书记强调广大老干部、老战士、老专家、老教师、老模范等离退休老同志是党和国家的宝贵财富，是加强青少年思想政治工作的重要力量。而随着人口老龄化和城市化发展，大量农村青壮年劳动力外流，阅历丰富、社会影响力大的老年人才成为乡村振兴战略的一大主力。

通过调查发现，部分地区乡风文明建设情况并不乐观，如部分乡镇缺乏群众性基础文化设施，封建迷信、落后习俗仍有残留等。基于探究老年人才在乡风文明建设中的作用发挥机制等问题，我们以湖南省邵阳市邵阳县下花桥镇离退休干部党支部、老年协会为例，通过问卷调查、深度访谈等方式，全面剖析农村老年人才在乡风文明建设中发挥作用的影响因素，进而提出对策建议，构建老年人才在乡风文明建设中的作用机制。

通过问卷调查与深度访谈，能够了解农村老年人参与乡风文明建设的现状、基层干部和老年人才在乡风文明工作中遇到的困难等，帮助当地老年群团组织完善自身制度，采取相关措施激励更多老年人才参与乡风文明建设；同时分析问卷中影响农村老年人才参与乡风文明建设相关要素的重要程度，总结当地老年人才参与乡风文明建设的模式；并结合该模式当前所存的弊端，构建更为完善的作用发挥机制，为政府政策制定提供相关参考价值。

二、研究设计

（一）研究思路

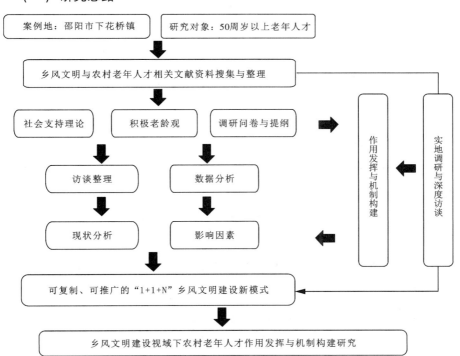

图1　研究思路逻辑图

（二）样本分析

此次问卷样本数据结果均满足 SPSS 的信效度检验。克隆巴赫 Alpha 系数为 0.709，大于 0.7，通过信度检验，具有可靠性。效度检验结果 KMO 值为 0.675，效度合格。

本次问卷调查的对象主要为下花桥镇离退休干部党支部、老年协会及周边村民等 203 人，其中男性 125 人（占比 61.6%），女性 78 人（占比 38.4%）。从年龄分布来看，50~55 岁老人占 9.9%，56~60 岁占 21.7%，61~65 岁占 36%，66~70 岁占 10.8%，71~75 岁占 9.4%，76~80 岁占 9.9%，81 岁以上占 2.5%，年龄分布结构较为合理，符合调研样本科学化要求。

从职业上来看，农牧业人员占 38.4%，公务员、教师、企业管理人员、医生、商贩分别占 29.1%、11.3%、15.3%、2%、3.9%。由此可知，公务员、管理人员和教师等知识人才占比也较多，当地离退休干部党支部和老年协会等群团组织具有良好的人力资源基础。

从受教育程度来看，该地区未受教育的人数仅占 9.9%，高中及以上学历人数占比达 40% 以上。此外，有近三成受访者是共产党员，该地区老年人才文化程度、政治素养较高，为其参与移风易俗、隔代教育等乡风文明建设活动提供了有利条件。

三、研究结果

为更好地分析影响乡风文明建设视域下农村老年人才作用发挥与机制构建的因素，本部分将以在下花桥镇收集的 203 份有效调研问卷与 13 份访谈记录为依据，对乡风文明建设视域下农村老年人才作用发挥与机制构建的现状进行分析。

（一）参与乡风文明建设普遍具有较高积极性，但实际影响有限

下花桥镇农村老年人才对乡风文明建设了解程度较高，参与意愿较强。调研数据显示，对此较少了解和不了解的仅分别占 17.2%、2.00%。从社会支持理论的社区角度分析，在老年协会、离退休干部党支部等组织的支持下，下花桥镇乡风文明建设工作有着坚实且广泛的群众基础。

同时，下花桥镇有近百名老年人才加入了红白理事会等群团组织，乡风

文明建设参与意愿较强。数据表明：当地老年人才愿意志愿参与的占40.40%，愿意有偿参与的占20.20%，如有政策鼓励愿意参与的占31.50%，而不愿意参与的仅占7.90%。从社会支持理论的个人视角分析，作为土生土长的乡村人，老年人才对于家乡的土地和人有着深厚的情感，衰老并不意味着不需要在村庄社会中体面生活，他们仍需适度参与乡风文明建设。

但下花桥镇老年人才参与乡风文明建设影响力有限，老年协会的许多活动常因资金受限而难以开展。

"国家财政对我们老年协会支持力度不大，我们的很多活动开展不起来，效果差，没有钱。"（下花桥镇老年协会刘先生）

总而言之，在老年协会、关工委等组织引领下，下花桥镇老年人才参与乡风文明建设积极性较强，虽取得一定成效但实际影响有限。

（二）老年人才在移风易俗、环境卫生、隔代教育等乡风文明建设中发挥了重要作用

由多重响应分析可知，当地老年人才在乡风文明建设中最显著作用表现在移风易俗方面，响应百分比为90.10%，在203份问卷数据中个案数达183，其次是改善环境卫生、配合村"两委"开展工作。

首先，移风易俗方面有明显改观，从"薄养厚葬"到"厚养薄葬"。下花桥镇各个村都成立了红白理事会，一有红白喜事的消息，协会成员第一时间前往当事人家中，了解详细情况，宣传禁止大操大办等相关政策和规定。

"我们都有村规民约那些章程的，现在办红白喜事规定只能在3万块钱以内，不能大操大办。以前花10万多的都有，现在提倡节约了，把旧俗改掉，移风易俗。"（下花桥镇村民李先生）

其次，在环境卫生方面也有一定作用。老年群团组织走访不能理解相关工作的"顽固"老人，劝说他们支持村委工作及时上交卫生费。

"根据村里面的经济条件没有什么福利的，都是一些自愿的，前一阵子我们的老年协会成员顶着大太阳帮助我们收卫生费。"（下花桥镇岩门村村"两委"周先生）

"每个村都安排了卫生员，老年人才来做卫生员，做定期检查，户户检查，一周检查一次。"（下花桥镇离退休干部党支部刘女士）

最后，在隔代教育方面作用明显，由于青壮年劳动力外流，留守儿童居

多，老年群体是主力军。

"和政府的政策相配套，隔代教育的第一阶段的任务基本已经完成了，现在主要是向精细化和全面化发散。"（下花桥镇老年协会 蒋先生）

"隔代教育的问题，你们来之前，我们已经在5个村开了宣讲会，我们是全县第一个搞的，隔代教育非常重要。"（下花桥镇离退休干部党支部 刘先生）

（三）老年人才在乡风文明建设中的作用发挥面临部分困难

1. 老年人才在乡风文明建设中作用发挥缺乏资金支持

调研数据显示，有23.20%的共产党员表示愿意有偿参与，18.70%的群众也表示愿意有偿参与。无论是共产党员还是群众，尽管愿意志愿参与人员占了多数，但仍有不少人希望得到资金支持，有资金支持会吸引更多人参与。

由访谈情况可知，活动经费来源少，缺乏资金支持制约着老年人才在乡风文明建设中发挥作用。该地群团组织经费主要来源于会员缴纳会费及少量政府资金下拨和社会各界的支持，除日常开支外，开展其他活动需自掏腰包。

究其原因，社会对老年人才的能力存疑，政府对由老年人才组成的社会组织不够重视，下花桥镇老年人才组织没有得到足够资金支持。

2. 在乡风文明建设中老年人才短缺

人才紧缺是影响其在乡风文明建设中充分发挥作用的又一重要问题。受过初中以上教育的老年人占比35.40%，所占比小，从事农牧业的老年人占比38.40%，所占比最大。

农村基层组织的主体是农民，只有少数老年人才，且服务对象也是农民群众。在乡风文明建设中能真正发挥作用的老年人才并不多，老年协会会员也只是参与讲座等活动，并未参与乡风文明建设的实际行动。该地老年协会中会运用现代网络设备的人屈指可数。

3. 参与乡风文明建设中的老年人才个体性别差异较大

据统计分析，当地男性社会参与意愿与能力均高于女性，女性更愿意在家庭中承担角色，未参与群团组织的妇女占比达59.00%，参与老年协会的占比29.50%，而男性为36.80%。

在调研和访谈的过程中，下花桥镇近90%的女性坦言不喜欢在正式场合说话，不了解相关的政策法规，只愿意在非正式场合闲谈。在老年协会等组织领导班子中，女性老年人才仅占十分之一。

究其原因，是在传统社会的性别分工中，女性多在照顾家庭，其社会支持网络由亲属邻里组成。照顾家庭、承担家务被认为是女性的天职和本分；而男性则属于公众领域，如在外工作、参与政治生活等。"男主外、女主内"的格局让女性被限制在家庭日常生活中。

4. 参与乡风文明的老年人才作用发挥与身体素质相关

当地参与乡风文明建设的老年人才身体素质整体情况较好，身体健康的老年人才参与乡风文明建设的积极性与贡献大于身体抱恙的老年人才。

当地老年人才对于自身身体情况较为重视，会通过开展一系列集体活动或者务农等行为来锻炼身体。拥有良好身体素质与健康状况是积极投身乡风文明建设，发挥老年人才"余热"的前提。

四、影响因素

鉴于上述下花桥镇老年人才参与乡风文明建设现状，团队通过问卷调查、深度访谈，从政治素养、社会交往能力、文字和口头表达能力、组织协调能力、认知水平能力这五大能力素养出发，对当地乡风文明建设中农村老年人才作用发挥与机制构建的影响因素进行综合分析。通过数据分析得知，上述五种因素影响力依次递减，政治素养能力排序第一，响应百分比为 53.20%。

（一）政治素养影响农村老年人才在乡风文明建设中作用的发挥

政治素养能力最为重要。在当地乡风文明建设中发挥重要作用的老年协会等群团组织成员多因具备良好的政治素养而具有较强社会影响力和威望。本文结合调研数据、深度访谈及文献资料，以社会支持论的视角，从政治面貌、从业经历、政治品质三个方面进行分析。

1. 政治面貌

政治面貌影响老年人才参与乡风文明建设的积极性和对乡风文明的认知水平。总的来说，相较于普通群众，老党员参与乡风文明建设的积极性和对乡风文明的认知水平均高于前者。在不同"政治面貌"和"主观上是否愿意参加乡风文明建设"关系分析中，老年党员愿意志愿参与的意愿为普通群众的近两倍。

"我们这里主要的群团组织，像老协会、红白喜事会等，这些组织负责

人都是老党员。"（岩门村村"两委"唐先生）

由此可见，当地老年人中，党员的思想素养普遍高于一般群众，老党员更加愿意奉献自己，为家乡的乡风文明建设做贡献。

2. 从业经历

在从业经历方面，担任过生产队队长、支部书记等职务的受访者，具有较高的政治素养。从业经历使他们具有丰富的实践经验，并积累了广泛的社会支持网络。

"在宣传工作上，不仅要身体好，有文化，还要有一定的工作经验，这样人家才会听你话。"（下花桥镇离退休干部党支部刘先生）

"在村里当了多年的退休支部书记、老教师和老干部都是村里的老年人才，也是我们老年协会的骨干。"（下花桥镇老年协会唐先生）

职场经历和专业技能在潜移默化中影响着农村老年人才参与乡风文明建设，其政治心理和政治行为发生了长期稳定的内在作用。通常从事教师、公务员等涉及公共利益职业的人，社会责任感与使命感更强。

3. 政治品质

受访者认为老年人才应具备的社会责任感包括：坚持道德上正确的主张或者真理、坚持实践正义原则、愿为他人做出奉献牺牲、愿意主动为乡村建设贡献力量。由多重响应分析得知，"愿意主动为乡村建设贡献力量"响应频率最高，占比 29.70%。

"这都是我们自愿的，一有新政策、新工作，我们就马上去做。"（下花桥镇老年协会刘先生）

老年人才为党工作、受党教育多年，对党有着深厚的感情，政治立场坚定、工作经验丰富、群众基础深厚，拥有较高的政治素养和社会责任感，他们自愿无偿地参与当地经济、文化等各项建设，调节邻里纠纷与社会矛盾。作为生于此、长于此的主体，其早已将血肉情感与当地融为一体，守望着乡村发展，继续发挥"余热"。

（二）社会交往能力影响农村老年人才在乡风文明建设中作用的发挥

社会交往能力是个体在特定的社会情境中，通过恰当的方式，实现适宜社会目标，并产生对个体及社会发展有积极意义的结果的能力。从社会支持理论发展维度分析，农村老年人才个人社会交往能力一定程度上影响着其话语权。针对该问题的调查，仅 2.00% 的人认为不重要。

本文结合调研数据、深度访谈及文献资料，以社会支持论的视角，从社会地位、社会支持网络两方面进行分析。

1. 社会地位

社会地位指的是个体在一定社会关系体系中所处的位置，反映了个体与社会整体的关系及在与社会整体互动关系中的社会身份。

"我们的老年协会和红白理事会一般都由退休党员干部和家族里说话有分量的族长担任。"（岩门村村"两委"孟先生）

调研数据显示，党员更愿意参与乡风文明建设，不愿意参与的仅占 2.90%。以共产党为代表的拥有话语权、威望等个人魅力的老年人才，因拥有或更易获得有利的社会地位而在乡风文明建设中具有突出作用。

2. 社会支持网络

社会支持网络指由个人之间的接触所构成的关系网，通过这些关系网，个人得以维持其身份，并获得情绪、服务、信息等支持。来自家庭、社会、组织等方面的因素通过影响农村老年人才的社会支持网络进而影响其参与乡风文明建设的积极性与有效性。

"村里有些老年人比较顽固，我们又是刚刚来这里工作，处理某些问题时会有困难，像协会会长、退休干部这些比较有威望、有人脉资源的老年人才能劝导、开导他们。"（岩门村村"两委"雷女士）

据问卷调查分析，老年人在老年协会工作的占比 34.00%，在离退休党支部的占比 4.40%，其他群团组织占 9.90%，而未参与工作的占 51.7%。当地老年人才在乡风文明建设中作用的发挥主要依靠老年协会等群团组织，但仍有一大部分老年人才未参与其中。

综上可知，从社会支持理论的个人和社会两个视角分析，社会交往能力通过影响农村老年人才的社会地位与社会支持网络，从而影响其在乡风文明建设中作用的发挥。

（三）文字和口头表达能力影响农村老年人才在乡风文明建设中作用的发挥

文字表达能力强调文字水平的能力。口头表达能力是指用口头语言来表达自己的思想、情感，以达到与人交流目的的一种能力。针对该问题的调查，仅有 3.90% 受访对象选择"较不重要"。

本文将结合相关的文献和调研资料，从教育经验和工作经验两方面进行分析。

1. 教育经历

受教育程度高低是文字和口头表达能力的重要表现。在访谈的过程中，当被问及"您如何看待教育经历对老年人才文字和口头表达能力的影响"时，大部分受访对象都明确表示，二者成正比关系，仅有 2.60%拥有高中学历的老年人才不愿意参与乡风文明建设。

"那些拥有良好教育背景，从事正规工作的老年人，更能接受党的教育，在乡风文明建设中发光发热。"（下花桥镇老年协会蒋先生）

可见，教育经历的高低对于老年人才的文字和口头表达能力有较大影响，老年人才的受教育程度越高，他们的文字和口头表达能力就越强，更愿意主动参与乡风文明建设，在隔代教育、移风易俗等乡风文明工作中作用越明显。

2. 工作经历

大多数受访者曾从事教师、医生、公务员等社会工作，文字和口头表达能力另一方面体现在个人的工作经历中。

"村里很多事的解决，老年人才都发挥着重要的作用。比如年轻的时候在村里当了几十年的退休支部书记，还有退休回来的老教师与老干部，这些都是村里老年人才的组成成分。"（下花桥镇老年协会唐先生）

长期的工作经历，使他们拥有较强的文字和口头表达能力。调查数据显示，未参与工作的老年人才很了解乡风文明建设的占比仅 7.60%。

综上可知，教育经历、工作经历很大程度上影响着老年人才的文字和口头表达能力。鉴于此，应鼓励老年人才继续学习，不断提高文字和口头表达能力，以更好地助力乡风文明建设。

（四）组织协调能力影响农村老年人才在乡风文明建设中作用的发挥

组织协调能力指根据工作任务，对资源进行分配，同时在控制、激励和协调群体活动过程，使之相互融合，从而实现组织目标的能力。针对该问题的调查，有 47.30%的受访对象选择"非常重要"，选择"比较重要"的有 30.50%，选择"一般重要"的有 15.30%，仅有 6.90%的受访对象选择"较不重要"。

在组织协调过程中，控制、激励和协调群体活动过程需借助老年人才的关系网络，这些工作与老年人才与群众的联系、个人的人脉资源等密切相关。

"老年人才要能和群众打成一片，和群众拥坐在一块，融入群众。"（下花桥镇村民周先生）

结合访谈资料和相关文献进行分析得知，社会人际关系影响组织协调能力主要体现在个人人脉、话语权等方面上。与群众和睦相处，有利于提高组织协调能力，减少老年人才在乡风文明建设中作用发挥的阻力。

（五）认知水平能力影响农村老年人才在乡风文明建设中作用机制发挥

认知水平能力即对信息的处理能力，主要包括专注力、判断能力、思维能力、记忆力等，而以上能力有共同的内核即思考能力。针对该问题的调查，有35.46%的受访对象选择"非常重要"，选择"比较重要"的有40.36%，选择"一般重要"的有21.18%，选择"较不重要"仅有3.00%。

"在处理乡风文明相关事务时，我们会遇到很多阻力，比如很多老人不听，我们就想办法，让思想开放的老人去帮忙劝导。"（岩门村村"两委"杨女士）

结合访谈资料和相关文献进行分析得知，认知水平能力是农村老年人才在乡风文明建设中作用发挥的重要影响因素之一，优秀的判断力和遇事冷静的处事方式在处理乡风文明建设事务上十分重要。

五、措施建议

针对此次问卷调查与访谈中的问题，我们依据社会支持理论，从个人、社区、社会、政府四个层面，提出对策。进一步完善"老年协会＋"下花桥镇式模式，以离退休干部党支部为引领、老年协会为核心，使其成为可复制、可推广，规范与科学兼备的"1＋1＋N"乡风文明建设新模式。

（一）个人：重视党员先锋，树新乡贤模范

"退休不忘本，离岗不褪色"的精神是中国共产党不忘初心、牢记使命的体现。老党员是乡风文明建设中不可忽视的力量，他们可组织开展如红色论坛、隔代教育等一系列活动，协助政府、村"两委"开展相关工作；同时，可在社区定期开展读书会、联谊会，营造良好学习氛围。根据社会支持理论可知，老年人群体一旦形成自主学习氛围，其个体在心理认知和参与社会建设等方面就会全面提升，进而有效提升其被赋权之后的增能效果。

农村老年人才作为新乡贤的一分子，应积极投身民俗保护、传承优良家风等地方文化事业，例如：参与公益志愿活动；借助自身文化底蕴深厚、生活阅历丰富的优势，梳理宗亲资料，讲好家族故事。同时，通过与族人共同的溯源活动，凝聚建设向心力，吸引更多有"返家乡，筑梦乡"初心的青年才子投身乡村振兴。

（二）社区：激发内生动力，活用乡愁感召

农村基层党组织是乡风文明建设的主心骨，要完善当地老年群团组织运行的机制，充分发挥基层党组织在其中的引导作用。可通过民主协商形成解决问题、服务高效的村级治理机制，化解难点和痛点，激发内生动力。同时，应健全党委领导、政府负责、公众参与、法治保障的现代治理体制，加大老年群体在社区组织方面的支持。

费孝通在著作《乡土中国》中指出，中国人习惯于以亲疏有序为原则建立人际交往网络。一些返家乡的农村老年人才往往需要社会使命的赋能。我们可以通过激励、引导他们，帮助其克服"小家意识"可能带来的消极思想，将老年人才的思乡情节、自我使命的心理动力转换成参与建设的强大精神动力，借"乡愁"感召，从而带动更多同辈。

（三）社会：加强宣传工作，引导社会舆论

老年人才得到社会支持主体的互动越多，就能越好地参与乡风文明建设。可以通过在县级报纸上开设老年人才专栏的方式，大力宣传老年人才突出事迹，也可以在老年大学、党史学习会等场所发动农村老年人积极参与乡村建设，鼓励积极老龄化。

群众参与是乡风文明建设有效的重要保障。通过电视、新闻报道等媒介，强化有关老年人才的正面宣传，以减少大众对老年人才、男女性别的偏见。积极倡导村庄参与精神，鼓励村民尤其是妇女共同参与环境整治、疫情防控等常规工作，营造共建共享的社会氛围。

（四）政府：加大涉老扶持，推动适老改革

地方政府要加大经济上的"涉老"倾斜力度。为此，地方政府应保障原有老年协会的活动经费，尝试构建"以社会集体经济发展收益与社会捐助为基础，政府补贴为辅"的新型组织资金收入模式。同时，应加强对农村非物质文化遗产再发展的经济支持，推动农村老年文化产业发展，助力其品牌建设。

政府应营造适老生存环境。从积极老龄观的角度看，政府可以吸纳和培养有丰富工作经验的老年人才，并为其提供良好的政治环境；因老年人才具有社会话语权优势，应将有资历的农村老年人才纳入乡村干部培训规划；同时，建立培训机构不断培养学习新知识的老年人才。

总而言之，在新时代全面推进乡村振兴战略和人口老龄化趋势增长的大背景下，应从个人、社区、社会、政府四个方面共同努力，协同构建其在乡风文明建设中作用发挥机制。社会各界应以积极老龄观对待农村老年人才，通过给予其实现个人价值的社会支持网络，让他们在乡风文明建设中继续"老有所为，发挥余热"。

关于新时代农村留守老人养老水平的调查报告
——以平江县及周边地区为例

课题组成员：雷媛媛，李倩琳，陶璐璐，
　　　　　　赵珂洁，金俊豪，钟　达
指导老师：杨　蕾

摘要：根据第七次人口普查所得到的数据，我国 60 岁以上的老人已经超过 2.64 亿，约占社会总人口的 18.70%。随着青壮年外出务工人数的增加，农村留守老人数目逐年增加，低养老金和低劳动收入与不断增加的养老支出的矛盾成为中国养老面临的主要矛盾，解决农村留守老人养老保障难题显得尤为迫切。老人自身观念、家庭情况的制约、经济条件的制约和社会养老服务不健全等都是影响新时代农村留守老人养老水平的重要因素。

关键词：农村留守老人；新时代；养老

一、基本情况及面临困难

（一）基本情况

目前，我国六十岁以上人口已经超过 2.64 亿，农村老人所占比例过半，总人数超过一个亿。农村老人是社会人口组成中最弱势最贫困的一个群体。一直以来，尊老、敬老、爱老、助老都是中华民族传统美德，解决农村老人养老问题，提高农村留守老人养老水平也是全社会的共同期待。

参考相关统计数据和资料，我国农村留守老人养老水平与西方发达国家相比仍有较大差距。从经济基础上看，农村留守老人经济基础薄弱，养老金不高，为了维持基本生活，在业比例很高，也有许多农村留守老人在经济上高度依赖在外打工的子女；健康保障方面，虽然新农合缓解了农民看病贵的问题，但对于农村留守老人来说，受经济能力、行动能力、医疗水平的影响，患病后的就医率并不高；情感需求方面，由于子女长期在外打工，对于留守老人来说，无论是生活照料还是情感慰藉方面，都是很不够的，容易使老人在心理上产生脆弱孤独的情绪；娱乐活动方面，农村老年活动中心管理松散，娱乐设施不健全，许多地方老人的老年娱乐活动缺乏，生活枯燥乏味。

（二）面临的困境

1. 老人自身观念

受到几千年传统文化的影响，中国农村老人对土地有着难以割舍的热爱与执着。许多农村老人为了不荒废土地，忽视自身的身体状况，无视亲人的劝阻，执意去田间劳动，过度的体力劳动不利于老人的身体健康，在一定程度上也会加重医疗卫生事业的负担，这不利于提高农村留守老人的养老水平。

此外，勤俭节约是中华民族的传统美德，对于农村老人来说节俭观念更是深入骨髓。由于大多数老人都经历过物质极其匮乏的年代，留守老人独居家中，本着"能省则省"的生活原则，在金钱上保持节俭再节俭，有时就算是为了身体看病买药还是舍不得。这也是影响农村留守老人养老水平的重要因素。

2. 家庭情况的制约

改革开放以后，我国经济迎来飞速发展。但目前我国城市与农村发展水平仍存在较大差距，许多农村青壮年为了增加收入选择外出务工。青壮年在外务工，教养孩子的任务便落在了留守老人们的肩上，许多在外务工的青壮年由于忙于生计，对家中老人和小孩的照顾难免存在疏忽。这一方面导致农村留守儿童的教育问题，另一方面也为农村留守老人的疾病救治留下了隐患。农村留守老人若出现突发疾病，家里没有拿主意的青壮年，有时容易导致得不到及时有效的医疗救助，耽误病情、加速病情的恶化。

3. 经济条件的制约

现阶段，我国农村家庭的经济水平和思想观念与城市家庭存在较大差距。2019年农村居民人均可支配收入为16021元，城镇居民人均可支配收入42359元，农民的人均收入仅为城市居民的37.8%。在经济基础较为薄弱的情况下，对于农村留守老人来说，医疗卫生保健和定期体检的费用对于其家庭来说是一笔不小的开支，他们往往并不愿意额外支付这一笔花销，甚至一些留守老人生病了也拒绝去医院检查治疗。此外，农村青壮年到城市打工后往往选择在城里购房，背负很重的还贷压力，赡养父母的资金可能不足，一些由于地理空间的距离，有时甚至难以尽到子女的赡养职责，这也会影响农村留守老人的养老水平。

4. 社会养老服务体系不健全

我国老年人口数量不断增加，老龄化趋势逐年增长，如何为老年群体提供高质量、个性化的养老服务成为政府、社会及千万家庭共同面临的重要问题。面对"爆发式增长"的养老服务需求，我国显然没有做好充分准备。现有研究数据表明，我国养老服务发展尚不充分，社会养老服务供给严重匮乏，许多地方甚至没有建立养老服务机构，老年群体的服务需求满足率不足16%。尽管近年来我国养老服务事业发展有了较大突破，但仍难以满足日益增长的老龄人口养老服务的需求。具体到农村地区，我国大部分农村地区娱乐健身基础设施配备不足，老人们缺乏锻炼的合适场所；现有的农村养老基金会由于资金短缺、人员匮乏，通常也难以带给每一位老人家庭般的关怀；此外，基于传统观念的影响，留守老人对于入住养老院也存在心理上的抵抗情绪。

二、研究方法

（一）问卷调查法

我们团队主要进行线下调查，包括调查走访、分发填写问卷等方式。我们团队走访了平江县瓮江镇仁胜村，金井镇，浯口镇，晏家村，石井洞等地，根据当地情况以及调研方向，我们设计了关于健康体检、锻炼方式、物质生活满意程度、子女外出打工情况等针对 60 岁以上留守老人的 13 个主要问题，共向当地农村留守老人发放了 2000 份调查问卷，并帮助他们完成问卷的填写，最终回收有效问卷 1988 份，采用 EpiData 3.0 软件建立和录入数据，采用 IBM SPSS 20 进行数据分析。

（二）访谈法

我们团队与本次三下乡乡村村委书记吴书记、部分留守老人及部分在家的老人子女进行了面对面采访，以深入了解当地留守老人的生活状况，以保证调研报告内容的准确性和可靠性。

（三）文献法

在实地走访之前，我们团队在学术期刊网站（如中国知网）和搜索引擎

（如百度）中查找了各种与留守老人的相关资料，我们团队还前往平江县养老院、瓮江镇卫生院了解了当地农村留守老人社会养老服务现状和养老保障情况。此后在实地走访的过程中，将查阅了解的相关资料与当地的实际情况结合起来，进行分析与总结，最终完成调研报告的撰写。

三、农村留守老人养老水平的现状

（一）农村留守老人定期体检意识不强

众所周知，医疗卫生水平的提高是改善农村留守老人养老水平的重要方面。人到老年，各项身体机能逐渐衰退，各种疾病出现的概率大大增加。此时，加大体检力度，早发现早治疗，避免错过疾病的最佳治疗时间就显得尤为重要。经国家相关部门的大力宣传，公众对体检的重视程度已大大提高。然而，在一些偏远乡村，农村留守老人对体检的重要性依旧缺乏深刻的认识，据调查，61.6%的老人没有定期去医院体检的习惯。

体检能及时对身体健康情况进行检查监测，同时还能根据体检结果及时干预疾病防止其恶化，每一位老人及老人亲属都应该对其高度重视。我们也调查了老人对于定期去医院检查的看法，有过半的老人觉得定期去医院体检麻烦、多此一举，还有33.9%的老人认为去医院体检是一种浪费金钱的行为。他们秉持着"病拖一拖可能自己就好了"的观点，这种思想认识对于免疫力下降、身体健康状况每况愈下的老年人来说十分不利。因此提高农村留守老人的体检意识也是提高农村留守老人养老水平的重要切入点。

表1　对定期去医院检查的看法

	频率	频次	百分比	有效百分比	累积百分比
有效	浪费钱，不去	484	33.9	33.9	33.9
	麻烦，不想去	744	52.1	52.1	86.0
	支持	200	14.0	14.0	100.0
	合计	1428	100.0	100.0	

（二）农村留守老人身体锻炼频率不高

目前，农村体育健身器材相对缺乏，许多农村并没有专供老人锻炼的体育健身场所或器材。除此之外，农村留守老人对锻炼身体的重视程度普遍不高，在许多农村留守老人看来，干农活就是健身，但从体能消耗和身体保养等角度出发，田间劳动属于体力劳动，不能称之为体育锻炼。据调查可知，经常锻炼的农村留守老人仅占 37.7%，基本不锻炼的老人占 20.1%，所占比重不低，甚至有 5.4% 的农村留守老人从不锻炼身体。从这一结果可以看出，提高农村留守老人的锻炼频率是改善农村留守老人养老水平的一个重要方向。农村留守老人体育锻炼的频率问题主要是生活习惯和思想观念上的问题，老人们平时有时间的时候，也更偏向于坐在躺椅上，而不是走动锻炼。

此外，我们进一步对农村老人锻炼的主要方式进行了调查，发现他们一般以散步为主要的锻炼方式。散步运动强度不大，是一项适合老年人的饭后运动，但从锻炼方式上来看，有些单一，缺乏趣味性。其原因与乡村体育健身器材的缺乏息息相关。从丰富农村留守老人的养老生活，加强其身体锻炼的方面出发，村委会可以适当完善老年人健身器材设施的建设，提供健身场所供老年人日常休闲锻炼。

表 2　平时锻炼身体频率

频率		频次	百分比	有效百分比	累积百分比
有效	经常	538	37.7	37.7	37.7
	偶尔	526	36.8	36.8	74.5
	几乎不	287	20.1	20.1	94.6
	从不	77	5.4	5.4	100.0
	合计	1428	100.0	100.0	

（三）农村留守老人娱乐活动缺乏

农村留守老人的养老水平一方面取决于物质生活水平，另一方面取决于精神生活水平。通过调查，我们了解到，在进行乡村振兴之前，面向农村留守老人的娱乐活动并不多，农村留守老人的养老生活较平淡乏味。但随着社会的发展以及人们对农村留守老人越来越多的关注，我们调研小组针对本地区农村留守老人娱乐活动的开展频率进行了统计调查，不难发现，乡村举办娱乐活动的次数相对以前增多了，但相比于城市养老生活仍是远远不够的。随着我国对社会养老服务的重视，农村相关养老举措愈加丰富。但要想真正做到让老年人身心愉悦，不仅仅应保证多举办这样的老年娱乐活动，还要做到让更多留守老人参与其中，感受到社会的关怀，这才是举办这些娱乐活动的真正意义所在。

表3　村委会举办老人娱乐活动的频率

	频率	频次	百分比	有效百分比	累积百分比
有效	经常	188	13.2	13.2	13.2
	偶尔	1171	82.0	82.0	95.2
	从不	69	4.8	4.8	100.0
	合计	1428	100.0	100.0	

（四）农村留守老人物质生活明显改善

改革开放以来，我国经济迅速发展，人民物质生活水平大大改善。随着农村居民平均可支配收入的提高，农村留守老人的生活水平也有了很大提高，即使是一些家庭条件贫困的农村留守老人，有了低保、政府关怀和社会救助，也基本解决了温饱问题。

根据调查结果发现，仅有2.4%的农村留守老人对衣食住行不满意。农村留守老人对衣食住行的高满意度不仅是我国经济发展的成果，也有赖于中央脱贫攻坚工作的推进。农村留守老人基本物质生活得到保障，老人心情愉悦，身心健康，幸福感增强，这对于进一步提高农村留守老人养老水平有积极的促进作用。

表4　衣食住行满意程度

	频率	频次	百分比	有效百分比	累积百分比
有效	满意	855	59.9	59.9	59.9
	不满意	34	2.4	2.4	62.3
	还行	539	37.7	37.7	100.0
	合计	1428	100.0	100.0	

（五）社会养老服务正处于发展阶段

随着2000年我国宣告进入老龄化社会，老年人口逐年增加，养老压力越来越大，社会养老服务在党中央的高度重视下也飞速发展起来。城市社会养老服务体系已经逐步完善，但农村社会养老服务体系仍然处于比较低的水平。比如老年活动中心、健身器材的缺乏，思想观念的落后，一些农村留守老人甚至认为只有被子女抛弃的老人才会入住养老院。

在我们的采访过程中发现，有62.3%的留守老人不会选择养老院养老。通过走访一些乡镇养老院，我们也发现了一些问题：少数乡镇养老院由于工资水平低，条件待遇差，基本上只有农村中年女性对老人进行护理。虽然她们很周到，但仍欠缺专业知识技能。让农村留守老人入住养老院是发展社会养老的重要步骤。只有农村养老院的生活条件得到根本改善，人们才会慢慢改变对养老院的认知，才愿意选择去养老院，从而在农村留守老人养老的问题上，从家庭养老向家庭养老与社会养老结合过渡，这样也有利于社会养老服务的长远发展。

（六）农村留守老人养老生活展望

农村留守老人对养老生活的满意度是农村养老水平的一个重要评价指标。我们对农村留守老人养老生活的满意程度进行了调查，由表格数据可知，大部分农村留守老人（占比 77.6%）从物质生活上来看对现有的养老生活是比较满意的。但仅仅解决留守老人的温饱问题不是我国社会养老事业的追求，不仅要让农村留守老人的物质生活得到保障，同时也应丰富其精神生活。我们也调查了农村留守老人对养老生活的期望。在走访过程中我们发现，几乎所有的留守老人都渴望子女的关怀。树欲静而风不止，子欲养而亲不待，在外务工的子女要多打电话，常回家看看，竭尽所能地给父母更多的关怀。为了解决农村留守老人缺乏子女关怀的问题，政府可以大力发展乡镇企业，鼓励青年回乡就业和创业。

四、农村留守老人养老问题的对策与建议

研究小组通过查阅相关文献和资料，结合问卷调查和实地访谈结果，进行了小组讨论，根据湖南省岳阳市平江县瓮江镇仁胜村，金井镇，浯口镇，晏家村，石井洞等地的实际情况，针对农村留守老人的养老问题提出了以下对策和建议。

（一）完善农村留守老人医疗养老服务

其一，与相关乡镇医院达成协定，定期开展免费测血糖、血压等医疗志愿服务活动；其二，完善农村社会保障体系，建立统一的城乡居民基本医疗保险制度，合理提高政府补助标准和个人缴费标准，健全重大疾病医疗保险和救助制度，让农村留守老人"老有所依"；其三，落实城乡居民基本养老保险待遇确定和正常调整机制；其四，推进城乡低保制度统筹发展，逐步提高特困人员供养服务质量；

其五，定期展开医疗健康知识讲座，提高老年人的健康知识水平。

（二）增强养老服务，完善养老体系

其一，设立公交爱心卡，规定 60 岁以上老人可凭借爱心卡免费搭乘公交；其二，节假日时，村部基金会或者相关机构多走访留守老人家庭，对于家庭条件困难的家庭，给予物质补给；其三，与当地较富裕家庭或者政府筹建一个专门针对留守老人的基金会，在寒冬时给予物资补助，避免出现冬天受冻的情况。

（三）增加娱乐设施，增强老人的生活乐趣

加大对农村老年人活动场地建设的投入力度，建立经济适用的文体活动场所，扩大农村公共活动空间，为农村留守老人提供一个共同休闲的场所，招募志愿者指导老人使用体育健身器材，促进老人适时进行体育锻炼。开展多姿多彩的文体娱乐活动，比如定期举办电影老片观影活动，丰富农村留守老人的精神生活世界。

乡村可以根据本地实际情况选择性建立老年艺术团，在老年艺术团开展教学活动。许多老人都愿意去学习才艺展现自我，只是缺少机会，老年艺术团教学既可以让老人们学习到新的才艺，弥补人生遗憾，又能丰富精神世界，收获快乐。同时还可以安排志愿者定期组织团内老人进行彩排，到附近乡镇进行义演。政府也可以请专业人士进行指导，让有才艺的老年人开展各种形式的专场演出，比如二人转、打腰鼓等。

（四）加强对农村留守老人的关爱服务，建立农村留守老人关爱服务系统

农村留守老人关爱服务管理系统可以包括如下一些功能：

其一，留守老人信息采集。村委会建立留守老人信息台账。各村委会通过走访、集中设点的形式对 60 周岁以上的农村留守老人的健康、生活、家庭、经济等状况进行摸底调查，并将信息录入关爱服务系统。并根据年龄、组别、家庭情况和身体健康状况等进行分门别类，及时更新，实现动态化管理。使用身份证读卡器或身份证拍照识别保证数据真实准确性，以便在县乡两级政府的统筹管理和统一规划下加强留守老年人的关爱服务工作。

其二，留守老人统计分析。根据各级政府抓取的下级地区的留守老人信息，根据年龄、经济来源、家庭情况和身体健康状况等进行统计分析，并导出留守老人信息。系统提供农村留守老人数据统计分析功能，并按乡镇，县区，地市，省 4 级控制数据统计的范围。例如乡镇数据管理账号可统计查看本乡镇留守老人汇总数据和在各村委会的分布。可根据留守老人自理能力、身体健康状况、老人类别（关爱需求类型，安全风险类型）、经济来源、居住情况、家庭情况、年龄、文化程度等统计指标进行统计分析。

其三，留守老人管理。省、市、县、乡镇民政工作人员与村委会信息采集人员可查询本辖区下所有留守老人信息。及时更新信息，实行动态化管理。

其四，志愿者成员管理。乡镇、村委会招募本镇、村的志愿者成员，记录志愿者成员的姓名、性别、联系方式、职务等具体信息。

其五，季度探访管理。村委会定期通过电话问候、探访等方式为留守老人提供关爱服务，及时了解其生活情况。登记留守老人的需求，如有必要可将需求指派给志愿者队伍、老年协会或社会老年服务机构处理。系统将留守老人的具体情况以照片、语音的形式，以短信、微信、系统消息等方式及时向其子女亲属反馈，并督促其予以照顾。

其六，健全县乡村衔接的三级养老服务网络，推动村级幸福院、日间照料中心等养老服务设施建设，发展农村普惠型养老服务和互助性养老。

（五）农村老年活动中心系统管理

在我国社会养老服务大力推进的情况下，农村地区的老年活动中心越来越多，但是老年活动中心内部分工并不明确，文化内涵也不是特别高，民间资本投入的力度也不是很大。进入农村老年活动中心，老人往往只能看到一排排书，其他医疗保健、信息咨询、老年娱乐等等服务，都十分短缺。管理上的不科学、不系统会影响前期的投入，无法让老年活动中心发挥最大的作用。因此，需要进一步完善农村老年活动中心的内容构成，安排专业工作人员进行系统管理。

参考文献

［1］杨京京. 基于嵌入性理论的农村留守老人养老困境分析［J］. 农村经济与科技，2021，32（9）：250 - 252.

［2］王福帅. 农村留守老人养老服务体系构建研究［J］. 领导科学论坛，2020（21）：40 - 44.

［3］陈丹，陈恩. 农村留守老人的生活现状、现实困难及其可能出路——基于调查问卷的数据分析［J］. 新东方，2020（4）：31 - 35.

［4］杨灵. 老吾老以及人之老　幼吾幼以及人之幼——记全国政协"关爱农村留守老人儿童"远程协商会［J］. 中国政协，2020（13）：21 - 22.

第五部分　中国特色社会主义生态文明发展篇

林果产业绿色发展助力
生态宜居美丽乡村建设
——以湖南邵阳李子塘村为例

课题组成员：袁海群，刘嘉欣，杨艳坤

指导老师：刘窑军，龙　珊

摘要："绿水青山"乃致富之道。在乡村经济快速发展的时代，产业扶贫所致生态环境问题会逐渐对生态宜居产生负面作用。对之如何抵消并依托优势产业兼顾生产与生态功能协调，是生态宜居美丽乡村建设必须直面的问题。此次调研活动以邵阳市李子塘村为例，果园经济带动乡村振兴并创佳绩，但生态处理欠妥。采用实地考察、问卷走访等方法对其自然与人文方面进行调查分析。设增长极趋向，在经果林（完善径流调控及构建林下覆盖体系等）与人文（提升文化软实力等）方面推进人地关系协调，助力李子塘村在脱贫攻坚巩固期避免前行路上因生态问题造成滞慢效应，建成可观的生态宜居美丽乡村。

关键词：乡村振兴；自然环境；经果林；人文建设；生态宜居

一、前言

生态宜居是美丽乡村核心，习近平总书记强调：建设生态宜居家园既是乡村振兴重要目标，也是国富民强重要基础与保障。环境就是民生，青山就是美丽，蓝天也是幸福。有提供资源、消纳废弃物与循环利用、美学与精神享受以及生命支撑系统的作用。人于自然中求可持续，摘掉穷帽子后乡村建设蒸蒸日上，但仍面临人地协调的问题：先走经济还是照顾环境？人与自然相处是否和谐？

本着了解湖南省乡村振兴情况以增强社会责任感和使命感、正确定位自身以将所学理论用于实际来回报社会的决心进行此次调研。邵阳市北塔区享"十里大画廊，桃醉李子塘"美名的李子塘村（27°15′37.77″N，111°22′

34.87″E）村域 3.2 平方公里，典型丘陵地貌，其中果园占地 1/5。村共 9 组，306 户，1107 人。该村有着优美的自然风光、悠久的文化历史；百年古柿树讲述红色故事、果园装点乡村田园风景⋯⋯李子塘村近年大改造，发展一、三产业相融合，以经果林为首带动乡村振兴，但在生态方面处理欠妥，如坡改梯造成水土流失、原生林破坏造成生物多样性减少等。村民的日益美好生活是见证，美好期盼是动力。李子塘村的自然、人文环境皆为不错的考察对象、探讨人地协调问题的不错范本。

地理科学专业袁海群选题生态方向，邀刘窑军教授作专业指导，组员刘嘉欣、杨艳坤。以发现不足、献出建议为主向，通过实地考察、访谈及抽样调查及科技文献资料法等，对李子塘村自然与人文状况进行信息收集、处理和分析，以求数据真实，为提高科学性为旨。

二、自然环境调查

李子塘村"变废为宝"将主要山体开发成果园（黄金贡柚 60 亩：长岭山、玉山垅；黄金奈李 120 亩：老猪山、高山岭；黄桃 350 亩：高山岭；杨梅 400 亩：乌龟山、华明山），至 2021 年中，经果林占总村域（3.2 平方公里）1/5。用材林地是经果林备用地，与农用地、经果林地、房屋占地约合村总面积 80%。

（一）植物群落调查

李子塘村将原生态山体开发的目的是规模种植以创收且取成效。这期间替换村总地表 1/5 覆盖性植被，秋冬季节地表植被覆盖率下降更加明显。

1. 考察植物重要性

生命活动有力推动自然环境变化，生物是人类活动所必需资源和生存基本条件，而植物作用要求研究环境时须重视其地理意义。李子塘村大规模替换原生植被后，其与原生林外貌差异明显。生物多样性减少造成水土流失、生态脆弱性增加等是李子塘村需面对的问题，为此需要知晓当前次生林状况。

2. 植物样地对比

先日积雨云遮天，发生强降水。考察日（07 月 20 日）早上大雾，后烈日高照，考察时间为 08：00 至 11：30。考虑对照性经反复选址后确定于高山岭山间林地与黄桃果园分界线两侧取样，林地的为 1 号，果园的为 2 号，且位于 1 号关于山间林地与黄桃果园分界线的等距对称位置，相距约 15m，分别以卷尺测量 10×10m 样地，用地质罗盘测量山坡走向与坡度（1 号：W→S3°，24°；2 号：N→E54°，21°）。以样地对角选择 2 个 1×1m 的样方进行植被调查，具体数据详见表 1。

表 1　李子塘村植物样地对比

类型	林地（1 号）				果园（2 号）			
	样方号	植被名	数量	相对多度	样方号	植被名	数量	相对多度
乔木	1	松树	1	1.77%	无			
	2	松树	1					
灌木	1	山茶花	2	2.66%	1	黄桃树	1	4.55%
	2	山茶花	1		2	山茶花	2	9.09%
	1	冬青	2	1.77%				
	2	檵木	1	0.88%				
草本	1、2	芒萁	53	46.90%		商陆	5	22.73%
		芒株	47	41.59%	1、2	牛筋草	5	22.73%
		地菍	5	4.42%		小蓬草	9	40.91%
其他样地	栎、枫香树等				薄荷、夜牛香、耳草等			

通过调研过程及数据观察，二者无论在植物类型还是植被覆盖都差异明显。原生林植被覆盖率较高，植物种类多样；体感温度适宜；有虫鸣鸟叫，飞蚊叮咬；无明显地表扰动；地面有较薄的枯枝落叶层，脚踩有蓬松感。而黄桃园植被零散分布且种类较单一，人为控制下优势种明显；部分土体直接裸露，脚踩无蓬松感；空气干燥，异常炎热；地表石子散布，有利于增大昼夜温差，利于果实糖分积累。

（二）土壤调查

李子塘村部分果林地以坡改梯得来。在开发过程中太过注重量变而忽视质的重要性，经果林布局与原生态留林等多方面皆存在问题。生物多样性的下降势必对土壤造成影响，为探究自然环境改造后地表植物的生境状况，考察其最基础因子——土壤。

1. 考察土壤重要性

土壤资源具有量（面积）与质（土壤肥力）两方面内容，对特定区域而言，土壤资源的面积与分布区域固定不变，不能像其他生产资料一样根据生产生活需要进行空间转移。李子塘村对土壤环境的改造巨大，作为该地自然环境最大变量之一，现行开发与后期管理速度不匹配。对于经果林，出现了坡改梯造成土壤层次结构破坏、肥力下降等严峻问题。土壤改良会对生态产生莫大影响。

2. 土壤剖面调查

植物样地方位已确定，而地表植被状况是土壤质量的很好反映。在土壤剖面选址时，1 号剖面处于 2 号样地所在地，而 2 号剖面与之相距约 35m，位于 1 号样地旁。于二地用地质罗盘测量坡向与坡度（1 号：N→E54°，21°；2 号：S→W62°，32°）后获取 1m 深近垂直土壤剖面（表层杂质未去除），用直尺（以 10cm 为间隔做记号处理）作参照物进行拍照记录并进行分层采样。相关内容见表 2。

表 2　李子塘村土壤剖面对比

类别	林地（2 号）		黄桃园（1 号）	
土壤分层	土层深度（单位：cm）		土层深度（单位：cm）	
	0 ~ 3	枯枝落叶层	0 ~ 10	耕作层
	3 ~ 12	腐殖质层	10 ~ 60	堆淀层
	12 以下	淋淀层	60 以下	原生层
分层依据	表层多干枯枝叶。腐殖质层多分解和半分解有机质；腐殖质积累，颜色较深，呈黑色或灰黑色； 淋淀层：上层矿物质溶于水下渗，颜色较浅；下层淋溶物质积累，质地黏重，颜色较深。		耕作层：黄桃园以单一植物为主，表现为人为表层锄草； 堆淀层与原生层：55 ~ 60cm 黑土为坡改梯前的地表有机层，上层夹杂大量石砾而下层没有，且下层更加紧实。	

林地土壤中毛管孔隙及非毛管孔隙对半分布，土壤空气与土壤水存在状况良好，土壤以黏粒为主；地表完全被植被覆盖，第一层富植物根系，土质疏松，土壤肥沃；下层土壤湿润，能搓成长条状；有大量土壤生物，肉眼观察到蚂蚁、蜈蚣、蚯蚓；考虑腐殖化大于矿质化，为土壤提供的肥力更多。

黄桃园土壤剖面在表层 10cm 以下土壤非毛管孔隙极少，土壤保水能力差；植物根系极其稀少；耕作层土质松散较湿润；60cm 以上土壤夹杂石砾，20cm 以下土壤干硬难开采，打碎后呈粉末状。在 25 ~ 30cm 和 55 ~ 60cm 深处有肥沃土壤层出现；除少量蚂蚁，未见其他土壤生物；考虑矿质化大于腐殖化。

（三）果园生态环境问题

研究某地自然状况不局限于土壤和植被，需多方因子综合分析使问题显现，为此结合对果农抽样走访数据，其最终有效对户问卷 22 份。

1. 人为扰动下水土流失

高山岭黄桃园整体布局规划以及基础设施建设已趋成熟，规模还在扩大，且首届黄桃节为李子塘带来可观收入，这表明李子塘村打造集休闲、采摘于一体的精品水果产业园的潜力巨大。

但必须面对的是：大范围人为扰动使地表缺乏有效覆盖；坡面径流为主而缺乏排水系统；水资源供需失衡而生理性缺水及干旱问题；农药化肥投入所致水土污染；生物多样性差，生态系统服务功能低。在走访过程中发现一农户屋后山体滑坡后土体漫至窗台，且该水土流失是在种植杨梅林与房屋修建后出现，此外有其他多处非人为过度影响山坡也有此类现象，这与土壤质地以及在用地过程中未妥善处理坡面问题有强关联。

2. 果园面源污染

果园面源污染产生量受降雨、土壤类型、地表植被覆盖情况等因素影响较大。降雨量越大、强度越高、土壤保水能力差、地表植被覆盖率低，则径流产生量越大，由此导致的面源污染也越重。此外，果园的坡度越大，水土流失风险也越大，由此导致的面源污染也越严重。调查结果显示，李子塘村农户使用农药化肥情况普遍，其果园面源污染主要是农业固体废弃物在上述因素下的恶化。

3. 果园径流调控不足

典型中亚热带湿润季风气候，四季分明，雨热同期。李子塘水库为当地最大水体，对局地气候调节、农业灌溉及生活用水等影响巨大，地位显著。然空间分布高度不均致果园有蓄水地却补给不足，表现为水库仅补给地表支流 1 条，且全村无其他河流，不足以自流灌溉农林地。径流分配时间差异，降水后以坡面径流为主迅速流失，相对高地拦截蓄水与下渗涵养不足加剧旱季补水难度。

4. 果农生态意识待加强

问卷有所涉问题所得农户近年来农户作物用地情况、土壤质变感受等调查中，认为没有明显变化为 54.55%，更加肥沃为 36.36%，更加贫瘠为 9.09%。

有调查可知，李子塘村农户普遍一年两次使用农药和人工锄草，且过半土地常年全部使用；相当比例农户不知晓植物固氮等相关知识；不用农家肥而选化肥或其他占一定比重，在环境保护、经济发展、人地协调何者优先时超 1/4 认为经济优先。

三、人文环境分析

打造生态宜居美丽乡村需做好人文建设，这是乡村建设的灵魂，也是评价乡村宜居度、打造美丽乡村的关键所在。李子塘村自 2017 年整村脱贫，致力提升村民精神生活及环境宜居度，打造最美李子塘村名片。近年来经济与文化双头并进，在人文环境上已展现出不错成绩。

（一）基础设施建设

李子塘村力争"应有尽有，去繁从简"。调研中主要探究其交通、供水供电、网络设施、房屋建设以及环境绿化五方面的基础建设以洞悉李子塘村文明程度。

1. 交通

据与村书记访谈记录，村已修柏油路 1.2 公里、水泥路 5.5 公里，各游览点共配 164 座彩球灯光和安保标识等设施。此外，预于 5 年内实现柏油路高度覆盖，给游客更舒适体验。实地考察证实李子塘村公路完善后村里村外沟通无大阻碍，不少村外居民慕名而来参加黄桃节等文化活动。

2. 供水供电

要想摘掉穷帽子，光修路可不够。考察悉，李子塘村家家户户通有自来水。生活用水、土地灌溉方便。村民卫生水平提高，生活污水经下水管排出，无乱倾乱倒现象。供电无碍给生产生活提供了基础保障，同时方便引进高新技术实现乡村振兴，使乡村更趋宜居。

3. 网络设施

据与村干部访谈，李子塘村在整村脱贫后已实现 4G 网全覆盖。走访调查实证，村民普遍使用智能手机。在问卷调查统计 22 户常住村民过程中，以问题"您家有 Wi-Fi 吗？"调查了村民家中无线网络普及率。网络设施的完善将城乡差距真正缩小，让李子塘村敞开大门走出去，外来文化融进来。

4. 房屋建设

素有十里大画廊之称的李子塘村流水潺潺，粉墙黛瓦，蓝云白天下房屋错落有致，二十余房墙画有精致壁画。新房改造起，危房无人住。李子塘村处处可见新房，张张是可爱笑脸，这是村民们走向美好生活的象征，也是在经济快速发展下不忘发展文化生活、充实生活的人文美。

5. 垃圾处理、环境绿化

垃圾处理方式体现一个村的文明程度、村民的环保意识，是乡村生态宜居方面的重点关注内容。村中每条街道上都有集中垃圾箱的摆放，村户门口都有两个垃圾桶（可回收与不可回收），每天由专人从各垃圾存停放点收集并运至市中集中处理，不存在焚烧垃圾、就地填埋等问题。

此外，针对乱丢垃圾现象的问题，问卷调查结果显示村中仍有乱丢垃圾现象但不普遍，村民卫生意识与文明素养仍有待加强。

（二）村风民俗

习近平总书记强调，乡村振兴不仅要塑形，更要铸魂。打造美丽乡村，还得有内在（村风民俗）。村民和睦，精神文明富足，村中文化建设完善，是一个村内在美的最好体现。

1. 村民精神文明生活

从调查结果悉知，"吃得饱穿得好"后，村民们开始追求生活娱乐及精神丰富。多数村民娱乐方式超过三种，日常文化活动丰富。村民主要娱乐方式为看电视、玩手机，可见科技的发展浸润在村民生活的每个角落，网络给村民带来超越地界限制的视野提升和精神享受。近一半村民在闲暇时光会去到文化广场健身、跳广场舞，这不仅彰显他们真正解决了温饱问题，也体现了对美好生活的积极探索。但村中仍存有少数较为贫困家庭，因经济来源问题导致生活娱乐方式、充实精神文明途径较少。问卷问题"您希望村内再建什么文化场所？"体现村民们对生活的期待与热情程度。休闲公园位列榜首，体现当地人对人地协调观念的深入理解和绿色健康生活的向往；其次为图书馆，反映了村民们对学习知识、丰富精神的渴求。这些也是村内文化场所所缺。

2. 村中文化建设

村中文化建设分设施建设与活动建设。

李子塘村文化设施有作为名片的 22 幅精美壁画、面积为 2000 平方米的文化娱乐广场。此外，高山岭一带 600 亩荒地被打造成集休闲、采摘、观光于一体的精品水果产业园，园内基础设施完善，修筑了进园水泥路 1200 余米、阶梯人行路 3000 余米、休闲凉亭 4 座、玻璃观赏鱼池 1 个、仿藤木扶手 200 余米，装有庭院灯 200 余盏、LED 路灯 50 余盏，沿阶梯路两边建有花圃

4000 余米。这些文化设施丰富了村民们的精神生活，也是吸引外地游客到此游览参观的聚宝盆。

村委关注村民生活并重视人文建设，尽全力地提升村民文化素质、丰富精神文化。李子塘村举办许多文化活动来丰富村民生活，将美丽李子塘的名声打出去。杨梅节、舞蹈大赛，以及 2021 年首届黄桃节……村中还举办过"好婆媳"评比，村委会在春节期间对老党员进行走访慰问。可谓是处处彰显村中文化，人人心中文化自信。

（三）其他问题

当前李子塘村发展大步向前，果园旅游型经济使近年村内流动人口增多，同时居住环境相比以前得到相当发展，使村民觉得生活更有盼头。然处在初步发展期，李子塘村的人文建设尚存在一些不可避免的问题，如人才、资金、政策等。

1. 发展失衡

方向发展失衡。访谈结合问卷调查结果悉，李子塘村大部分人力物力财力着重放在经济建设方面，导致人文建设上资金紧张。投入人文建设方面的资金占比不高，经济重心放果园扩建上。大多村民认为资金短缺是难中之难。村干部们表示力争加大人文建设方面的投入，并希望能有更多激励政策推进村文化发展。

区域发展失衡。果园游区附近住户经济水平高于边缘地带住户；果园承包问题存在较大漏洞，部分村民难分一杯羹。村内经济发展步调不一致而直接或间接导致村民人文素养、精神文化生活存在地区上的不平衡。大多离果园游区较远的村组，生活条件差，娱乐方式单一，对经济与人文建设发展不均衡问题存在怨言。

2. 村民教育待加强

李子塘村存在村民主观意识不强问题。村民对李子塘村人文建设没有积极性，习惯听之任之，导致村干部们对人文建设的问题难以下手。由此透露出村民当家作主观念薄弱，在共同引领李子塘村人文发展方面缺乏主人翁意识。同时，李子塘村村民对于人地协调观念认识不够，卫生意识与文明素养也有待加强。归根结底，在于村民人文教育的欠缺，村民民主意识的匮乏。村民平均文化水平为初中，村中也缺少农家书屋、读书会等村民接受再教育途径。此外，人文建设目前还面临着缺少政策支持、人才短缺（留不住）等问题。

四、对策建议

所谓生态宜居建设即自然环境在外界干扰下达到与人文环境相契合的状态，最重要的也是最有能动性的可变因子即人类，须坚持"生态优先，绿色发展"原则。而人文的发展与自然基础密不可分，两者互惠互利、相辅相成，这也是调研宗旨所在。针对李子塘缺陷，主作用于果园，其他类可参考。

（一）生态果园产业

1. 加强果园生态防护布局与规划

按照生态清洁小流域建设理念，采用"山顶种树戴帽、山坡果梯围腰、山间留林系带（果园开垦每隔一定距离应沿坡设置生态隔离带来丰富果园生物多样性，对病虫害亦有一定防御作用）、山脚植生镶边、山谷建塘穿靴"，有效控制80%以上水土流失。李子塘方式为范围全部开垦，现阶段应以上述地段优先恢复为主导。

待开发区依据水土保持"30% 戴帽山顶，30% 生态留林，40% 果园开发"原则，充分权衡生态与生产关系，保持适度规模开发，实现生态保护与经济增长协调。

2. 完善径流调控体系

（1）科学整地

根据林农地坡度分反坡梯田整地与水平阶整地处理。

在坡度较缓、土层较厚、坡面平整的丘陵坡地适用反坡梯田整地。田面向内倾斜3°～5°（反坡），田面宽2m至3m，前埂后沟。根据设计的果树行距，确定上下两级梯田的间距，并尽量沿等高线布设。隔一定距离可修筑土埂，预防水流汇集；横向比降宜保持在1%以内，在田面中部挖树穴种植果树。

图1 反坡梯田整地（左）与水平阶整地（右）剖面结构

水平阶整地技术适用于15°至25°的陡坡，阶面宽1.0m至1.5m，可具适当反坡，上下两阶间的水平距离，以设计的果树行距为准。各水平阶间斜坡径流应在阶面上能尽可能全容纳入渗，以此确定阶面宽度或阶边埂；亦可设计为隔坡形，隔坡距离根据现场确定。树苗植于距阶边 0.3m 至 0.5m（约1/3 阶宽）处。

（2）植物拦截

在果园等集约化农田中推行水肥一体化灌溉施肥结合植物篱措施能够有效降低氮、磷径流流失，减缓农业面源污染物的排放。植物篱拦截分坡面等高植物篱、护埂植物篱、隔离植物篱。

（3）合理径流疏导

径流导排与果园建设同步设计、施工，与蓄水系统有机结合，充分蓄积利用自然降水，减少灌溉用水提升动力消耗。果园径流导排应因地制宜，推荐李子塘截洪沟、竹节沟、山边沟、挡水堰等工程。

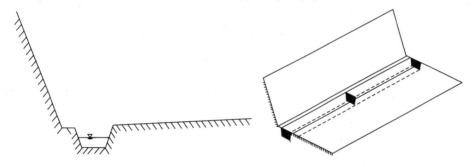

图 2 竹节沟正视及侧视图

（4）蓄水灌溉

径流导排沟与沉沙池、生态滞留塘（因地就势，结合雨量、汇水面积、地表植被覆盖情况等因素确定，一般是在天然洼地或汇水区的基础上改造而成）等径流过程控制环节相衔接，亦可与生态沟渠等深度净化环节结合，建设生态导流沟。

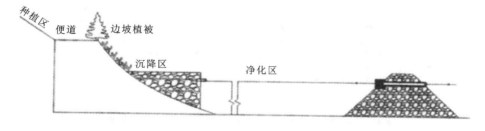

图 3 生态滞留塘示意图

灌溉水源应优化配置、合理利用、节约保护水资源，发挥灌溉水资源的最大效益。可使用喷灌技术、微灌技术、滴灌技术等。

3. 构建果园林下覆盖体系

果园生草及梯壁植草技术、苔藓与秸秆覆盖技术以及地膜覆盖等，拒绝地表植被单一化。

果园生草及梯壁植草植物选用多年生草本植物，高度适中，根系浅，耐贫瘠，对水肥要求低，避免与果树争水、争肥，无与果树共生的病虫害。果园生草应优先选择豆科植物（绿肥）、趋避植物、本土植物，引进外来物种时，应进行充分论证，避免引起生态入侵。

苔藓在林下阴湿环境适应能力强，枯草、落叶、残枝等可作为地表覆盖材料。既可以减轻降雨对地表的冲刷，又有一定保温作用。地表覆盖后生态环境优化，病虫种群及其发生规律也将发生相应变化。应对果园进行系统的病虫预测预报，制定相应的综合防治措施。

4. 监测与科学管理

（1）环境监测与整治

经济快速发展实施过程以及后期管理速度滞后，将会使关联问题显现。开展污染调查，把握污染源分布与污染物排放情况，预防消极情况的出现，整治污染问题。这是环境保护的有效手段，既是弥补过去不足，又是对现行的指导，也是对未来发展可持续的负责。

（2）把握土壤有机质转化因素

在农林生产过程中，应注意肥料的 C/N 比值高低对土壤本身及土壤生物、微生物与地表植物的影响。改善土壤通气状况，常见方法有增加土壤中植物根系和土壤生物与微生物、人为翻耕表土层，村民要合理选择方式或次数安排。在农林发展过程中采取有效措施把控土壤水热状况，尽量避免土壤温度、湿度过高或过低造成的有机质分解强度削弱。

（3）药肥减量增效

做好高产、高效、环保技术。分区测土配方、后肥科学施用、生态防治等。

开展土壤氮、磷、钾及中、微量元素养分测试，科学评估果园土壤肥力质量。根据测试结果，结合果园树种对养分需求及专家意见科学设计施肥配方。

结合土壤理化性质，合理选择肥料品种，做到基肥与追肥相结合，肥料施用方式应结合肥料性质而定，基肥要深施，宜选择在果树收获之后；追肥应结合果树对养分的需求分次施肥不过量。积极推广缓释肥料、生物有机肥等新型肥料，有效控制养分释放速率和释放量，提高肥料利用率，防止土壤板结，增加土壤空气通透性，提高土壤肥力。

辅以病虫害生态防治技术时应遵循"预防为主、综合防治"原则。有物理防治技术（杀虫灯、防虫网、果实套袋、人工捕杀等）、生物防治技术（采用生物化学农药扰乱害虫交配信息；利用木质藤片引诱成虫产卵并杀灭等）和科学施药技术（在喷施细菌粉剂时可趁早晚露水未干的时候，以便使药剂能很好地黏附在茎叶上等）。

（二）人文

1. 协调经济

（1）强化果园产出与反哺功能

充分发展果园旅游经济，成为增长极产生极化效应的同时产生回馈作用拉动区域经济增长。李子塘村人文发展受限于经济，旅游经济是未来发展趋向，利用好李子塘村果园旅游，不仅发展了经济，解决李子塘村人文发展的根本问题——资金缺乏，势必也将李子塘村的环境设施发展起来，适配更高的经济模式。

（2）优化交通网

完善交通网，提升便捷度，需注意线路可支持流通量。

如拓宽原有小道与新修道路，连接亲子公园与高山岭黄桃采摘园，提升贝塔指数的同时对农用地、经果林产生便利。

2. 提升文化软实力

（1）干部均衡职责与党建引领

先富带动后富是根据已有经验所知的发展模式，但尽力均衡全村发展是村委干部职责，不能过度将发展机会留给经济条件较好地区。安抚好发展稍落后地区群众，不能打击群众的发展积极性，在较落后地区也要全力发掘发展的可能性。

依靠信息技术与党史学习教育基地等加强党建引领。推动乡村振兴与脱贫攻坚有效衔接，就必须牢牢抓住党建引领这个"火车头"，激发党员的先锋模范作用，整合引导动员各方力量来实现乡村振兴战略梦想。

（2）人力与人才引流机制

基础设备与人力资源可以是互补关系。通过基础设施提高自然资源的利用率和保护反馈或增加村内优质的人力资源。

联合政府采取有效激励措施引入人才，助力合理规划与利用当地资源，全面布局统筹发展。

（3）激发内生动力

加强扶贫同扶志、扶智相结合，激励和引导，激发贫困群众积极性与主动性，使脱贫具有可持续内生动力。干部多采纳群众有效意见，加强村民集体意识，培养村民主人翁精神，提高村民对村内事项参与率和献策经济发展，提高村民生态宜居建设建设参与率。

（4）加强乡村文化发掘、多方特色融合发展

发掘乡村文化，满足当地居民精神文明需求，培养其对家乡的热爱，促进文化的传承，有利于当地旅游业发展。

从产业复兴、主题特色、空间格局、建设配套、乡村风貌多方面情景交融进行社区建设。充分考虑李子塘村地理空间、生态格局、功能分布、乡村文化的基础，进行功能分区，留出适配于旅游经济的工业用地后，充分结合村民意愿进行新农村建设改造，让村民们真正感受到乡村自然美，体现幸福村特色，塑造乡村风光。

五、结论

生态是乡村振兴的资源与财富是我们的宝藏。深入推进农业产业生态化、农村人居美丽化，重视生态本身的价值以及树立正确的生态观、发展观是构建宜居农村幸福家园的重点。

目前果园型经济发展模式在农村非常常见，此类村镇的生态人文状况是宜居度的衡量点，协调生态、人文与经济以谋取最大发展是建设的关键点。李子塘村是果园旅游型经济的成功示范，出现的问题也是广大乡村的典型。其果园内水土流失、面源污染、径流调控不足导致水源补给不足的问题较为明显，土壤与植被质的改变也不容忽视。在人文方面发展失衡、意识薄弱的问题最为突出。

对于同类型经济模式的村镇，在发展中可能会遇见相同的难题。要打破生态与经济的矛盾，需要提升村民们生态、人文、经济互惠互利的思维模式。同时，在生态可持续发展的前提下，充分利用现代科技技术来整合水源与土壤资源，以求实现利益最大化。

参考文献

[1] 李天杰，赵烨，张科利，等．土壤地理学［M］. 3 版. 北京：高等教育出版社，2004.

[2] 马丹炜．植物地理学［M］. 2 版. 北京：科学出版社，2012.

[3] 仝川．环境科学概论［M］. 2 版. 北京：科学出版社，2017.

[4] 梁音，杨轩，潘贤章，等．南方红壤丘陵区水土流失特点及防治对策［J］. 中国水土保持，2008（12）：50 – 53.

[5] 莫明浩，方少文，涂安国，等．水土流失面源污染及其防控研究综述［J］. 中国水土保持，2012（6）：32 – 34.

[6] 杨洁，谢颂华，喻荣岗，等．红壤侵蚀区水土保持植物配置模式［J］. 中国水土保持科学，2010，8（1）：40 – 45，70.

[7] 胡建民，胡欣，谢颂华．南方红壤坡地几种典型治理措施的径流调控效应［J］. 水土保持通报，2013，33（6）：32 – 36，41.

[8] 刘文飞，樊后保，黄荣珍，等．红壤侵蚀区不同生态修复措施对凋落物量及其养分归还的影响［J］. 水土保持学报，2012，26（1）：58 – 61.

[9] 宋科，秦秦，郑宪清，等．水肥一体化结合植物篱对减缓果园土壤氮磷地表径流流失的效果［J］. 水土保持学报，2021，35（3）：83 – 89.

统筹推进乡村振兴和
生态文明建设
——以江西省铜鼓县及其周边地区为例

课题组成员：童　海，唐　蓓，蒋秀金，郭小勇，陈紫淇
指导老师：张明明，杨　蕾

摘要：江西省宜春市铜鼓县被生态环境部授予第四批国家生态文明建设示范市县称号，在决胜全面建成小康社会、决战脱贫攻坚之年，凭借自身生态文明建设优势打赢了脱贫攻坚战。生态文明建设产生的效益往往体现在整体，县乡基层的人民群众并不能全面理解其中的重大意义，在传统思想限制下，局限于浅层。为探讨生态文明建设新模式，提升人民健康意识水平，助力健康中国，指导乡村振兴。此次通过问卷调查、实地视察、访问访谈调查等方式在铜鼓县各镇针对生态文明建设的满意度、认识度、成效举措等进行了调查，通过 EpiData、SPSS 分析，发现目前存在一定的问题。

关键词：生态文明建设；脱贫攻坚；乡村振兴

一、前言

中共十九大到二十大的五年，正处在实现"两个一百年"奋斗目标的历史交汇期，第一个百年目标要实现，第二个百年奋斗目标要开启实现。打赢脱贫攻坚战、全面建成小康社会后，想要全面建成社会主义现代化强国，需在巩固拓展脱贫攻坚成果的基础上，进一步推进乡村振兴与生态文明建设。

江西省宜春市铜鼓县，是"中国南方红豆杉之乡"，境内有世界上面积最大的红豆杉群；是"中国黄精之乡"，富产黄精；是中国百佳深呼吸小城，全县森林覆盖率高达 88.04%，居江西省之首；同时也是中国红色福地，秋收起义所在地和指挥中心就在这里。2020 年铜鼓县被生态环境部授予第四批"国家生态文明建设示范市县"称号，生态环境状况指数连续三年评价等级为优。作为长江以南地区的"生态绿肺"，铜鼓县深入践行"绿水青山就是

金山银山"的发展理念，坚定不移实施"生态立县"战略，独辟"绿"色蹊径，将自然山水"绿色效应"向产业延伸。2019 年实现城镇居民人均可支配收入年均增长 10%，生态旅游带动当地群众就业增长率达 43%。全县建档立卡贫困户 3431 户，贫困人口 10434 人，占总人口 9.36%，现已全部实现高质量脱贫，脱贫工作卓有成效，其方式概括为"易地改善—就业帮扶—支持发展"。

从江西省宜春市铜鼓县的扶贫入手，通过预调查，我们发现生态文明建设在铜鼓县脱贫攻坚过程中发挥了很大的作用，因此我们团队于 2021 年 7 月 12 日至 8 月 1 日前往铜鼓县进行实地调研，从基层乡镇实际情况入手，并结合对江西省各县市政府有关文件的研读，来试图分析观察铜鼓县当地乡村振兴与生态文明建设的现状。

二、研究方法

1. 文献研究法

在设计撰写报告的过程中，我们团队在学术期刊网站、论文网站等搜集相关文献资料以及研究成果，并及时对相关文献资料以及研究成果进行整理分析与归纳总结，同时结合前期实践调研的成果，从中寻找理论支撑，提出自己的观点，形成自己的论文。

2. 社会调查法

团队面向江西及其周边省市居民进行问卷调查，线下采用自填式与代填式的方法进行调查，线上采用"问卷星"系统进行发放和填写。在正式发放问卷前预发放问卷 100 份，并根据预发放结果对问卷内容进行调整与完善；之后正式发放 430 份问卷，筛选出有效样本 424 份，利用 EpiData 进行数据录入，并利用 SPSS 软件进行问卷分析。后期访问员还就访谈问题对调查对象进行了访谈，并按照问卷的格式和要求记录调查对象的答案。

三、铜鼓县在乡村振兴和生态文明建设方面的主要做法及成效

1. 采取"生态+"新模式，打造乡村振兴新道路

铜鼓县发展"生态+扶贫"，在进行生态文明建设的同时，解决贫困群众就业问题；发展"生态+党建"，以党员为主体，带领群众对全镇重点区域进行全面整治；发展"生态+产业"，利用当地丰富的自然资源和森林资

源，大力推动林下经济的发展，吸引企业投资；发展"生态＋乡村旅游"，打造田园浒村和诗画公益等多个乡村旅游点，带动乡村经济发展。

2. 打造"旅游＋"新形式，带动乡村振兴新发展

铜鼓县大力实施"旅游＋"战略，以"1＋N（文化、体育、农业、研学、生态、大健康、商贸等）"为模式，从产业生产到商务观光、健康运动、文化体验等旅游新兴业态的不断衍生，培育出产业内容新增长点，实现了"旅游＋"的全新转变。同时铜鼓县坚持"以红色、绿色为主，客家为辅"的发展理念，并将民宿产业作为重点发展对象，出台一系列政策，打造其自身"小而美、小而精"的发展路线。

3. 紧抓林区秩序管理，加强森林资源保护

铜鼓县重视林区环境管理，积极落实"林长制"工作，在 2021 年上半年召开县级总林长会 2 次，并强化铜鼓县赣林通巡护系统信息平台运用，加强对区划 306 个网格护林员巡林管理。同时针对野生动植物保护、自然保护地管理和林业灾害防治等方面制定相应措施，具有较好成效。除此之外，政府将林业防治与扶贫工作相结合，组织贫困群众成立护林员队伍，每周对责任区山林进行两次巡查打卡，严厉打击盗砍盗伐和猎捕野生动物行为。

四、铜鼓县在乡村振兴和生态文明建设方面存在的问题

（一）意识层面

1. 部分居民对于生态文明发展建设参与感低

调查分析发现，虽然有 54％ 的本地居民认为当地生态环境与特色/文化产业对于铜鼓县的发展很重要，但有 33％ 的本地居民认为当地生态环境与特色/文化产业的发展对其生活无影响。这反映出部分本地居民潜意识里明白生态文明建设对于家乡发展的重要性，但不能与个人相联系，并认为生态环境的改善对自己没有太大意义，部分人的思想观念并未融入当地的发展格局之中。居民参与感不高，配合政府实行计划的积极性不高，这会给后续相关政策的实施带来阻力。

2. 部分居民对于生态文明发展建设认同感低

铜鼓县大部分本地居民认为生态环境对当地发展很重要或者比较重要，但仍有少部分居民未认识到其重要性，人们的重视程度对于当地生态环境建设能否顺利进行有很大影响，所以仍需加强当地居民的生态文明建设意识。

表 1　不同文化程度居民认为生态环境对当地发展的重要程度卡方检验分析

重要程度	居民文化程度：（%）						总计	χ^2	p
	未接受教育	小学	初中	高中/高职	专科	本科及以上			
很重要	30.00	62.86	63.46	82.67	53.85	76.92	68.25		
比较重要	40.00	25.71	32.69	16.00	42.31	23.08	26.54	30.254	0.001
不太重要	30.00	11.43	3.85	1.33	3.85	0.00	5.21		

　　由表 1 卡方检验分析结果可知，居民的不同文化水平层次对于生态环境于发展的重要性的认知存在显著差异，这表明在对居民进行生态文明建设相关宣传和教育时应充分考虑到受教育水平的不同给居民带来的认知影响，做到因材施教，真正让居民意识到生态文明建设的重要性。在对部分居民的访谈过程中我们了解到部分当地居民对于当地发展关注不够、了解不足，并且缺乏发展自信。许多居民对于生态文明建设的发展持观望态度，并未认识到其中的发展潜力和长久利益，还有部分居民认为铜鼓县没什么发展优势从而选择外出打工，造成当地人口流失。

　　3. 部分居民发展观念传统

　　调查显示，当地居民认为所居住村庄最重要的资源是当地传统特产、自然景区，认为中草药为重要资源的为极少数。很多居民表示不了解当地特色产业类型及相关扶持政策，例如部分居民提出种植黄精时间成本大，种植完成后又没有销路，在这种投资需求大、风险收益不明确的情况下，居民并不愿意以此谋生。并且大部分居民更希望有实体经济支撑，对于第三产业信心不足，这也成为旅游业发展的一大阻碍。

　　（二）物质层面

　　1. 生态文明建设潜能待激活

　　根据调查，当地养老停留在敬老院、幸福食堂等基础层面，没有良好的养老医疗支撑。当地赣西客家文化底蕴较为深厚、红色教育基地丰富，但乡村旅行服务形式落后。调查结果表明，外来游客最愿意选择的旅行方式中，景点旅行比例为 55%，乡村旅行比例为 21.7%，事实上乡村也可以发展为景点，建设乡村就是在发展当地第三产业。目前相对自然环境，居民更加希望生活区域环境能得到优化，其中垃圾处理、房屋修缮的需求较迫切，当地需要进一步采取完善城乡环境基础设施、强化城乡环境综合整治、促进城乡人居环境改善的措施。

88.41%的外地游客表示当地生态环境良好，但是49.28%的游客认为当地特色产业不够丰富，根据实地调查，当地很多产业成效还不明显，许多景区正在结合特色进行开拓创新，但部分自然景区开发受限，且一些景点、种植产品存在季节性，丰富业态还有很长的路要走。

2. 乡村振兴发展基础薄弱

（1）资金制约严重

铜鼓县经济体量小，发展支撑点少，除政府资金，企业资金投入也十分有限。这与当地补贴政策有关——先见成效，再根据成效给予奖补，这意味着需要企业先进行资金垫付，许多规模较小企业因此不敢尝试。调查居民中半数认为当地经济实力不足，不论是旅游产业还是中药材种植一类的新兴种养产业，其所需要的资金与本地居民预算都存在矛盾，亟待解决。

由于全国文旅市场的不景气，加上近年来疫情的冲击，相关产业的发展受限，资金支持不增反减，政策制约也在增加。部分居民认为铜鼓县很多景区开发、文化资源、项目开发不到位，合理组织投资开发非常关键，仍需深化生态文明建设体制改革、大力发展循环经济、多渠道筹措资金，以此进一步推进县域经济与生态文明建设协同发展。

（2）人口结构不协调

当地常住人口数量相较于其他县人口数量偏少，居宜春市第10位，全国第2544名。由于三个大型军工企业的搬迁以及教育资源缺乏，人口流失问题严重，常住人口由80年代约14万人到如今11.64万人。人口数量减少的同时，大量青壮年外出务工，使得当地居民多是老人与孩子（当地人口结构中0~14岁占比21.09%，60岁以上占比17.52%），人口结构难以支撑当地发展。同时，当地相关行业人才引进不足，大多为家族企业，难以进行服务业的良莠评定。外来企业的进入导致当地居民受教育程度、收入呈两极分化，对当地统筹发展阻碍大。

3. 对外宣传通道未打开

由图2可知，85.45%的外地游客认为当地宣传力度不够，除开经济因素，本地居民认为宣传是制约当地旅游业发展的首要因素，在对相关部门的采访中，本团队了解到许多景区都存在宣传投入不足、宣传意识薄弱的问题。要打造旅游特色城市，必须使其走进大众视野，宣传对象与宣传方式都须考虑到位。除此之外，虽然当地政府在相关方面出台了许多政策措施，但不论是本地居民还是外地游客，基本上都不太了解当地政策的支持力度，说明当地政府相关政策的宣传还存在不到位的地方。

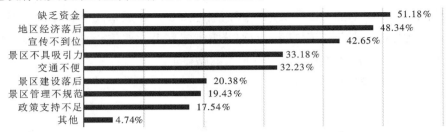

图 1　本地居民认为当地旅游业发展制约因素

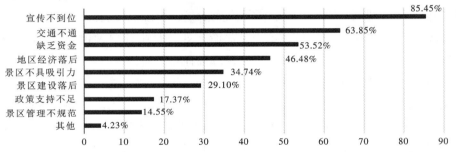

图 2　外地游客认为当地旅游业发展制约因素

五、以人为核心的生态文明建设助力乡村振兴

从生态文明建设出发实现乡村振兴，重点处理人、社会、自然三方关系，以人为核心统筹推进生态文明建设，把握各个层面的协调推进。引导当地居民将生态文明建设应用于发展，让居民切实体会生态文明建设对生产和生活的改变，让居民自发地推进生态文明建设与经济建设、社会建设、政治建设和文化建设相融合。在实现乡村振兴内在要求的同时，逐步实现乡村振兴与生态文明建设的正向循环，推进乡村振兴进程。

（一）注重人与人的和谐

1. 巧用"小成果"消除村民"大疑虑"

要保障首批村民投入收益，加强村民信任，同时多方面寻找长期有效的合作市场，让村民付出有回报，这样才有利于产业的循环可持续发展。当地发展不仅需要资金投入、企业支持，同时也要符合当地居民和外来企业的发展期望，要营造外来企业与当地居民和谐发展的发展氛围，要注意从发展观念上培养产业开发商和当地居民的大局观念，这样生态文明建设才能走得更加长远。要从建立健全三品工程、系统完善营销链条和构建多元治理格局等方面入手解决农产品受气候地理位置影响较大、缺乏县域扶贫产品主打品牌、扶贫产品价格偏高等问题。同时丰富扶贫产品类型，不局限于农副产品，同时也植根于当地文化底蕴与文明建设，发展文创、传统手工艺，走乡村文化兴盛之路。

2. 种养业重在明着发展

针对村民更为关心种养业的实际情况，大力推动林下经济发展，在宣传、指导当地村民时不夸大、欺骗百姓，各级各方实事求是地说明发展目的、方法、风险，共同解决困难，不让百姓、企业、政府间存在隔阂和不信任。

3. 旅游业更应潜移默化

旅游服务业的发展是趋势，但不是目前的核心。旅游业重在服务，好的服务需要当地居民共同经营，营造好人与人之间的生态，在县域开展各种文化活动、客家活动、红色教育活动、打造以"党建引领＋红色历史＋脱贫攻坚＋乡村振兴"为主题的乡党史馆等。在此过程中，需要注意加强当地居民对家乡的认同感，避免恶性竞争，营造和谐人际关系，形成良好风尚，实现共同富裕。

4. 寻找发展与信念的落脚点

部分当地居民对于铜鼓县建设情况并不满意，潜意识里仍保留"铜鼓穷、没有钱发展"的观念，长期贫困让当地居民产生了倦怠心理，因此加强人与人之间的正向激励很关键。应通过各种方式让当地居民发现发展潜力，改善全县的发展氛围，使之焕发新的生机。需要找到最适合的发展方式，传统模式不一定符合乡村振兴的要求，需要不断了解民意、考察地情，积极组织调研、试点，调动社会各方，寻找自己独特的优势，把握方向，再立足根本，才能真正带动一方百姓实现乡村振兴。

（二）促进人与自然的融合

1. 加强美丽乡村的基础建设

由于当地交通并不发达，导致游客对象受限，为了使当地更具有周边吸引力，应该注重经济有效的建筑群生态改造，如进行绿化美化、垃圾处理模式的探索。发展模式可以更加精细化、专门化，依托当地资源，不同乡镇合理选择不同发展重点，采取新理念、新模式，用新产业、新能源构建新乡村，实现由生态宜居环境向服务宜居环境的跃进。

2. 坚持生态扶贫的实践范式

在补偿型生态扶贫、产业型生态扶贫、移民型生态扶贫、修复型生态扶贫方面，铜鼓县皆有实践经验，取得成效众多，诸如"聘用贫困户作为生态护林员，解决一部分贫困户的就业问题"的补偿型生态扶贫；"'点线面'相结合、'村企社'帮带，发展乡村休闲旅游、种鸡养殖、中药材种植、果蔬加工等扶贫产业"的产业型生态扶贫；"将居住在深山区、地质灾害隐患区，以及不利于生存和发展的边远山区的贫困群众搬迁出来，并落实后续帮扶措施"的移民型生态扶贫；等等。现阶段主要任务是坚持已有政策，继续采取以生态文明建设助力乡村振兴的扶贫模式，并在已取得成效的基础上，注重人与自然的生态文明建设，发展绿色友好型经济，保护好绿水青山。

（三）推进人与社会的融合

1. 积极应对人口结构问题

加强当地居民思想文化教育。依托各级宣讲团（队）、"草根宣讲员"、"访惠聚"驻村工作队、深度贫困村第一书记、"民族团结一家亲"结对干部职工等力量，持续开展面对面宣讲，运用习近平新时代中国特色社会主义思想武装居民头脑。

进一步加强对重点行业人员的指导与培训。科学处理提升质量、效率与推进安全发展的关系，发展农业农村服务业与坚持"双轮驱动"的关系，发挥政府、市场、社会组织三者作用间的关系。加强规划、战略和政策统筹，加强财政金融支持，引导农业农村服务业增加多层次多样化供给，创新农业农村服务业支持方式，完善利益联结机制。

推动人才引进战略。聚焦江西特色富民产业，突出人才与产业的匹配度、与地方经济社会发展的衔接性，打好"乡情牌"，做优服务保障，推动形成人才汇聚、环境优化、产业发展的良性循环。除了出台相关就业政策，可以逐步推动社会实践基地、研学基地发展，组织社会活动，借青年之力焕发生机，着手开展志愿者活动，鼓励科学的志愿者团队参与当地工作、走进百姓，借助铜鼓的情感张力，进一步激发当地内生动力。

2. 统筹内外塑造良好形象

对内组织好动态更新。全县旅游需要每个居民加强对自己家乡的了解程度。城市形象对周边乡村具有重要的辐射带动作用，宣传片是当下建构城市形象的天然载体之一。植根当地文化，构建一个各界认同的文化形象意义重大。

对外多方面采取宣传措施。调查表明，当地宣传受亲友推荐影响很大，可以通过加强网络文化建设方式等加大宣传力度。灵活运用新媒体平台，多渠道传播，通过宣传报道搭建城乡居民之间的沟通桥梁，为受众恢复农村基层的真实形象，使广大人民群众看到农村的发展。

3. 加强交流合作体系建设

目前当地生态基地影响力并不大，应加强与外来企业、高校合作打造创新创业基地、人才培育实践基地，深入推进跨区域产学研合作，鼓励在当地进行小微型创业实践，留住人才，让当地更具活力与知名度。加强与周边地区的交流合作，通过各地区互动带来人流，相互帮扶，合办主题活动，并顺应生产方式转型，利用"云+"模式搭建合作交流平台。同时整合资源重点搭建人文生态圈，建立微差别的规范环境，充分发挥公共文化机构的传承发展作用，加强区域文化互鉴、深化国际文化交流，等到构建出当地的特色品牌，再寻找更加广阔的贸易合作。

参考文献

[1] 陈楚楚. 江西省县域经济与生态文明建设协同发展研究——以资溪县为例 [D]. 南昌：南昌大学，2019.

[2] 马一源，刘晓路. 清远市消费扶贫的创新实践与提升策略 [J]. 经营与管理，2021（9）：177-181.

[3] 郑继承. 中国生态扶贫理论与实践研究 [J]. 生态经济，2021，37（8）：193-199.

[4] 郭文惠. 走乡村文化兴盛之路 提高乡村文明程度 [N]. 新疆日报（汉），2019-01-15（008）.

[5] 姜长云. 后小康社会推进农业农村服务业高质量发展的思路与对策 [J]. 开放导报，2020（5）：54-69.

[6] 胡学英，胥金发. 破解乡村人才"四困"问题 大力推进乡村人才振兴——以江西省为例 [J]. 山东农业工程学院学报，2021，38（6）：1-8.

在乡村振兴下乡村美育的
发展可行性调研
——以花园阁为例

课题组成员：张紫馨，夏　添，黄子维，刘　昊
指导老师：李思达，戴霁斌，杨　果

摘要："三农"问题是全党工作的重中之重，加强乡村美育的呼声也由来已久。审美教育是时代责任，美育正发挥着越来越显著的作用。为了研究在乡村振兴下乡村美育的发展，2021 年 7 月，实践团下乡深入湖南省邵阳市绥宁县关峡苗族乡花园阁进行社会实践活动。15 天的实践生活让我们对乡村的美育有了更真实的感受。团队采用了问卷调查法、观察法等研究方法，深入民众，结合花园阁村当地情况，从政治、经济、文化、地理等多方面辩证地、客观地讨论乡村美育发展的可行性，同时根据问卷调查的结果，对乡村的美育发展展开了一次分析。我们发现了乡村经济增长迅速，美育发展存在巨大的可能性，同时也从现状中感受到了重重困难和阻碍。

关键字：乡村振兴；乡村美育；花园阁村

一、乡村振兴路，美育不缺席

（一）全国乡村振兴现阶段成果

党的十八大以来，党中央带领全党全国各族人民，把脱贫攻坚摆在治国理政的突出位置，充分发挥党的领导和我国社会主义制度的优势，组织实施了人类历史上规模最大、力度最强的脱贫攻坚战。经过 8 年持续奋斗，我们如期完成了新时代脱贫攻坚目标任务，消除了绝对贫困和区域性整体贫困，近 1 亿贫困人口实现脱贫，取得了令全世界刮目相看的重大胜利。在 2021 年 7 月，国家发改委 2021 年专门安排 5 亿元中央预算内投资，撬动地方财政资金、社会资金等 4.1 亿元，在前一年相关试点工作的基础上，选择 22 个省份

62 个已脱贫摘帽县，开展以工代赈巩固脱贫攻坚成果衔接乡村振兴试点示范工作。同时调研显示，知道"乡村振兴战略"的农民占全部受访农民的比重达到 82.8%，乡村振兴战略得到广大农村居民的积极拥护。受访农民最认可"道路变宽"，占 66.1%；其次是"医疗更方便"，占 49.8%；认可"房子变大""上学更容易""工作机会变多"的分别占 29.4%、28.8%、21.9%。可以发现，科学合理地发展乡村地区的特色农业，有助于提高生活水平和生活质量。

（二）实地调研花园阁村

"山清水秀像花园，巫水环抱似城廓"形容的就是邵阳花园阁村这个美丽的地方。远眺花园阁村，一面靠山，三面环水，状似莲花。近些年来，花园阁村大力发展旅游业，村里成立了花园阁民族艺术团，搭起了花园阁戏楼。与此同时，大力举办节庆活动，村民们都尝到了旅游业发展的甜头。

2021 年 7 月，实践团深入湖南省邵阳市绥宁县关峡苗族乡花园阁开展社会调研。调研团以调查问卷、上门走访形式向村民了解花园阁村乡村美育现状并分析可行性。根据结果可知：数据显示有 36.36% 的人身边参加艺术培训的人有很多，有 50% 的人身边参加艺术培训的人比较少，有 4.55% 的人身边没有参加艺术培训的人，还有 9.09% 的人不清楚身边是否有人参加艺术培训。可以看出村民对美育有初步感知，重视美育教育，美育培训，同时也反映出村民对美育的需求比较大，但是途径比较少的现状。

二、乡村美育发展的必要性

（一）新时代农村的必然要求

新时代农村的发展在我国的国家现代化进程中占有重要地位，习近平总书记高度重视农村精神文明建设，指出"农村精神文明建设很重要，物质变精神、精神变物质是辩证法的观点"。各地认真贯彻落实习近平总书记重要指示精神，大力加强农村精神文明建设，切实提升农民精神风貌，不断提高乡村社会文明程度，推动乡风民风美起来、人居环境美起来、文化生活美起来。

时代在不停发展，以在乡村振兴战略助推下脱贫后的新时代农村广泛存在的审美现象和审美范式为对象进行深入思考，发掘农村地区审美泛化、符号化倾向的生成途径和存在表现，梳理农村接纳现代审美潮流以及审美理想的内在逻辑，以抓住新时代农村审美现象之后的美育需求本质。所以说农村要搞建设，美育是必不可少的。

（二）乡村人民日益增长的美育需求得不到满足

调研数据显示，觉得美育"很重要"的占比人数是最多的，觉得美育"重要"的为其次，只有微乎其微的人觉得美育"不重要"。说明人们对美育重视度日益增长，也侧面反映出需求的增多。数据显示，50% 的人都是有参加美育活动，但是参与频率不高，同时我们对城市人口的调查结果则是 80% 以上的人都参加了一个以上的艺术培训班，这也从侧面反映出乡村人口美育教育的确是落后的。

乡村发展美育是迫切的、必要的。为了给我国现代化建设培养和输送全面发展的人才，为了减小教育差异，我们必须把美育同德育、智育、体育一样纳入乡村发展的轨道，因此我们必须以强烈的社会责任感和时代紧迫感，加快发展乡村美育。

三、乡村美育发展的重要性

美育学者李学明说："美是人类物质与精神创造的动力之源，美育归根结底是创造力教育、是美化心灵和陶冶情感的教育。"在推进乡村振兴、建设美丽乡村进程中，不仅要找到促进乡村经济发展的产业机制，同时还要加强农村地区的教育工作，改变封闭落后的思想观念，找到促进乡村经济发展的内生动力，彻底阻断贫困的代际传递，培养德智体美劳全面发展的教育人才。2020 年 10 月，中共中央办公厅、国务院办公厅《关于全面加强和改进新时代学校美育工作的意见》中明确提出，要"建立美育基础薄弱学校帮扶机制"，由此可见美育的重要性。

（一）美育能激发乡村经济的创造活力，推动乡村振兴

调研显示，发展特色优势文化和旅游业是各地共同抓手，已形成农村新的经济增长点。海南大力发展"一村一品"绿色支柱产业，发展"互联网＋农业"拓宽农户增收途径，推进"旅游＋农业"优化乡村产业结构。重庆大力发展特色农业和乡村旅游，创建"三品一标"基地，做好山区村民搬迁安置工作，促进贫困户贫困村脱贫摘帽。

在乡村建设中融入艺术的创造灵感已经成为了农村发展的新潮流，邵阳市绥宁县花园阁村以前是个偏僻的贫困山村，在当地政府的带领下，以乡村旅游为突破口，拓展了森林公园游玩项目、苗族文化建设之乡等多种经济发

展产业链，为乡村经济发展提供了更多路径。如今的花园阁村在美育的助力下蜕变成远近闻名的国家级旅游景点，村民们安居乐业。

（二）美育能改变乡村农民的精神风貌

耳濡目染着艺术氛围，村民的艺术感知和艺术审美都会发生改变。花园阁村的村民们主动投身于乡村的美育建设，积极配合湖南师范大学暑期社会实践团的美育工作，全力支持美育建设事业，艺术养心，美育益智，艺术陶冶情操，美育将会培养新时代乡村的淳朴民风和良好家风。

开展一系列美育教育活动恰好能在陶冶人的情操、温润人的心灵、培养人的兴趣、提升人的整体素养等方面，潜移默化地发挥积极作用，帮助村民在美的浸润中激发对美好生活的热爱，培养积极乐观的生活理念和健康向上的生活方式，构建起丰富的物质和精神家园，有助于培养高尚情操，提高社会主义觉悟，鼓舞村民为实现共产主义理想和创造一切美好的事物而奋发向上。所以说，美育在培育乡村文明乡风、提升乡村文化品位中可以起到积极作用。

全国也早有案例，江西铜鼓县通过开设道德讲堂、民心讲堂以及制定村规民约等方式，推动农村移风易俗，树立了尊老爱幼、邻里互助、丧事简办、热心公益等文明新风。北京仙人洞村开展"五好家庭"评选等活动，积极倡导遵守社会公德。农村不良风气和陈规陋习有很大改善，新时代的新农民正呈现出崭新的精神风貌。

（三）美育有利于乡村生态可持续发展

乡村建设离不开绿水青山、离不开人与自然和谐共生。在乡村这一片净土上，我们如何在保护生态环境的同时，充分挖掘和运用艺术感知力和创造力，实现民俗文化品位与民宿建筑风格的和谐统一与提升，实现乡村的持续发展呢？美育的到来就给了我们答案。地处深山中的河南省修武县金陵坡村，经过匠心独运的艺术设计，将废弃的房舍改造成古色古香的精品民宿，受到游客青睐。将艺术融入生态，是对生态最大的保护。

（四）美育对乡村的文化建设有推动作用

"乡村美育既要塑形，也要铸魂。"乡村文化建设好比是整个乡村美育的"灵魂"，而广大乡村的文化建设又与中国传统文化建设息息相关。一方面，乡土文化精华是我国数千年农耕乡土文明的智慧结晶，促进乡村美育的发展不仅要把乡土文化精华传承保护好，还要不断取其精华、取其糟粕，将乡土文化推向新高度。例如浙江先后评选公布了两批 55 个传统节日保护基地、26

个春节文化特色地区、65 个省级民俗文化村、32 个省级非遗主题小镇、70 个传统戏剧之乡，这些保护基地和特色地区带动了乡村传统文化的传播，是实现乡村文化振兴的重要路径；另一方面，中国传统文化的根基在乡村，守护好乡村文化根脉，有助于中华民族文化的繁荣和昌盛，有助于增强中华民族的凝聚力和生命力。

因此，美育建设在社会主义核心价值观的统领下，在牢牢把握传统文化精髓的基础上发挥出其独特的文化推动作用。

四、乡村发展美育的优势分析

经过我们对花园阁实地采访和问卷调查，有一个可喜的发现——大家普遍上都是认同美育之重要性的，这个前提将对我们整个美育的发展有着重大意义，村民们对工作的积极配合，小孩们的热情好学都会成为美育发展的莫大动力。

（一）地域优势

原生态的美丽风景是农村发展美育的宝藏资源，鸟语花香，流水潺潺，让人心旷神怡。花园阁村是一块被誉为"神奇绿洲"的地方，同时也是花园阁国家湿地公园的核心景点之一。有"情水乡""诗意的家园""养生的福地"等称号。

花园阁的巫水河湿地生态环良好，景区内湿地生态链中有苔藓、蕨类、裸子、被子等植物 500 余种，有天鹅、鸳鸯等鸟类 300 余种，有黄刺骨、鳜鱼等淡水鱼类 100 余种。巫水河畔水天一色，芳草萋萋，湖水清澈见底，水中水草茂盛，随处可见鱼儿戏水嬉闹、白鹭候鸟齐飞的独特风光。每个乡村都有自己独特的风景，花园阁也依靠着优美的风景美和悠久的历史，孕育了丰富的文化。

（二）经济优势

2019 年中央一号文件发布以来，各地结合本地实情和特色，积极制定乡村振兴战略实施意见，因地制宜推进乡村振兴战略实施。如湖北统筹山水林田湖草系统治理，大力推进造林绿化和精准灭荒。福建大力发展休闲农业和森林生态旅游，提升乡村新产业新业态。黑龙江、江苏等地实施农业质量提升工程、农业绿色发展工程、农村脱贫攻坚工程、农村环境整治工程及农村基层党建工程等"振兴工程"，全面破解振兴乡村难的问题。

7 月 25 日至 26 日，我校党委副书记周俊武赴花园阁村调研乡村振兴工作。周俊武一行先后调研了花园阁村罗汉果基地、荷花鱼养殖基地，详细了解了该村产业发展情况，绥宁县关峡苗族乡花园阁村政府充分利用当地有利资源，做大做强罗汉果，荷花鱼等优势特色产业，不断延长产业链，增加产业产出，巩固拓展脱贫成果，取得了显著成效，为乡村美育的发展奠定了良好的经济基础。

（三）政治优势

2017 年，习近平总书记在十九大报告中提出乡村振兴战略，实施乡村振兴，是解决新时代我国社会主要矛盾、实现"两个一百年"奋斗目标和中华民族伟大复兴中国梦的必然要求，具有重大现实意义和深远历史意义，所以美育作为乡村振兴的重要组成部分，受国家政策支持不断规范发展。

同时花园阁村也是我校定点扶贫工作点，绥宁县委书记佘芝云代表县委县政府诚挚感谢我校全体师生在对口帮扶工作中的倾情付出，充分肯定了我校在脱贫攻坚工作中取得的骄人业绩。他认为，在中央和省委做出乡村振兴部署后，我校迅速派出工作队继续帮扶绥宁县，体现了高度的政治担当和对绥宁人民的厚爱，希望我校能够依托强大的教育资源，继续关心、支持绥宁乡村振兴和教育事业发展。

（四）文化优势

在多民族文化争相辉映的花园阁，民俗文化是一大亮点，这里的苗族群众至今保持着敬狗、敬树等祭祀礼仪习俗。每年四月初八"姑娘节"，这里还将举行盛大的纪念活动。节前，各家忙着采黑树叶做黑饭，杀鸡宰鸭，把嫁出去的姑娘接回娘家过节。

此外，巫水河流域盛行着神秘的巫傩文化，有还傩愿、跳傩戏、耍傩技等多种表现形式。其中，傩技多达二十种，主要有上刀梯、踩火犁、吃竹筷、吞瓷器、画符水等，令人眼花缭乱，瞠目结舌。可见，我们各具特色的民间艺术十分繁荣昌盛，为我们美育的发展奠定了良好的文化基础。

五、乡村美育发展的市场分析

（一）全国教育转向新阶段，美育行业前景光明

伴随政策转向、经济高质量发展及教育理念转变而兴起，1999 年起的高

考扩招政策和高考改变命运的教育理念影响下，我国青少年学科培训行业迅速发展起来。随着高等教育人才供给增加、经济向高质量发展转变、新生代家长教育理念和消费水平升级，素质教育迎来发展新阶段，所以说作为乡村振兴下的乡村美育也会随着新的教育理念普及迎来更多的教育途径和教学需求。

同时国家教育改革全面升级，艺术教育被纳入综合素质评价体系我国素质教育的重要性正在不断提高，艺术教育作为素质教育的重要组成部分，受国家政策支持不断规范发展。2017 年江苏、河南两省份率先将音乐、美术考试纳入中考考核范围，明确规定音乐、美术考试分数计入中考总分。由此可以发现美育教育行业的发展前景十分光明，有政府的支持和客户的需求，具有十足的市场潜力，但是我们目标市场和目标客户都是在乡村，结合特殊背景，我们需要进一步分析

（二）消费者群体分析

以花园阁为例，我们的消费人群主要为当地居民以及他们的孩子，男女占比相当。同时数据显示高达 90% 的家长认为美育重要，高达 60% 的家长愿意为教育投入资金。同时数据显示在美育活动中存在的问题，家长和孩子们票数相当，同时"活动数量少，校园气氛差"和"经费不足，设施设备欠缺"两个占比较高，侧面反映出在乡村学校开展美育建设还是有诸多困难，可能是师资缺乏、学习任务繁重、设备欠缺等导致学生们在学校接受美育不足。

从理想的角度来讲，无论是通过学校教育、家庭教育还是校外教育等任何教育形式，美育作为基本国策有必要覆盖到整个群体的成长当中去。所以说我们各种美育培训机构的发展是为了给他们提供更多的美育途径，让他们接受更普及的美育，是容易被人接纳的，是有市场潜力的。

（三）乡村美育培训机构外部环境和市场竞争变化

外部环境变化：政策规范下的新挑战和新机遇，乡村振兴的经济扶持，和美育的全面升级，开启企业一个新的市场，行业发展更加良性，利好规范经营和具有优质教育理念的机构；但是机构行业合规成本提升，在乡村，交通不便，运行方式和规模可能需要调整。家长代际变迁下的素质教育理念升级；在乡村也不例外，除关注显性技能外，新生代家长更加重视子女底层思维和品格的塑造；社会发展、脑科学研究持续推进驱动下的教育内容和方式

变革；科技进步、疫情冲击下的创新与嬗变。

市场竞争变化：如今玩家涌入、科技渗透、资本加持、竞争加剧，教育行业进入精细化运营时代，行业入格局重塑窗口期。投资乡村美育建设，既可以加大自己的品牌度盖度，又可以支持乡村振兴工作，树立良好的品牌形象，有利于在变幻多端的市场竞争下，开辟一条新的战略性道路。

（四）市场评估与趋势展望

其一，教育直接以优质内容变现，无法实现"羊毛出在狗身上"的盈利模式，素质教育机构正普遍通过扩科提升 UE 模型健康度，建立一站式学习平台，将更多维度，更全面的美育教育扩展和实现到乡村里。

其二，竞随着素质教育行业走向规范和成熟，具有优质的教育理念以及优秀的产品体验和效果的优秀公司将脱颖而出，并获得长期的品牌竞争优势，同时优秀的公司能够对乡村美育打造和培育出一套乡村结合实际情况的教育模式和师资力量，为乡村振兴注入一份崭新的血液。

据艾瑞咨询统计测算，2020 年中国艺术教育市场规模为 1354.9 亿元，同比下降 28.6%。艺术教育市场规模巨大，受政策红利、消费升级、技术发展等因素推动，未来将持续稳定增长，预计 2021 年市场规模可达 1950.5 亿元。从已有市场看，艺术教育、语言培训刚需性强，且已形成较大市场，是众多新进入者喜欢布局的重要品类。此外，从发展趋势看儿童底层素养和面向未来的能力的培养愈加重要社会化素养培养儿童财商教育等领域值得关注。

视线回归花园阁村，数据显示家长的重视度高，消费水平和生活质量在乡村振兴下有了稳步提升，同时小孩需求高。由此可见，中国艺术美育市场在乡村开拓新的蓝图也是不二之选。

六、乡村发展美育的劣势分析

经过我们的实地采访和问卷调查，虽然乡村发展美育呈现乐观趋势，但是也发现了一系列存在的问题。数据显示每个选项都有票数，其中"活动数量少，校园美育气氛差""经费不足，设施设备欠缺"占比最大。可以看出来美育想要发展，必须要找出问题，解决问题。

（一）政治阻碍

乡村振兴规划和美育机制均刚起步，还有待完善和加强。在东部一些发达地区已经开始研究和着手编制乡村振兴的初规划，部分地区已经编制了乡村振兴规划，如北京市平谷区、泰安市肥城市等；有的地区提前还对本地区的项目进行了较为细致的设计。但总体看来，这些乡村振兴规划的总体设计和行动计划尚不够完善，存在就事论事、定位不高、缺乏详细可操作的制度框架和政策体系等问题。需通过进一步调查研究，明确工作思路和推进行动计划。同时劳动人手的缺失和交通的不顺畅，直接导致政策落实的效率低、成效慢，给乡村美育的落实造成困难，将我们的美育工作推入一个窘境。

（二）经济阻碍

不管是乡村美育还是乡村振兴，基层反映的共性问题就是资金不足。如安徽淮北市百善镇有 200 多个自然村，有效治理污水需要铺设排水管网，资金投入巨大，百善镇财政无力承担。同时各地农村产业现状和经济基础状况差异较大，各地发展优势、重点和发展模式也各不相同。经济发展的规划也要更加有针对性和可行性。这无疑给乡村美育添加了难度。

一方面在学校，课程配置的硬件设施是一块短板，无法提供美育所需要的设备，缺乏书籍，电脑，钢琴等物件，导致美育的发展受限。同时美育消费水平不高，家庭经济困难无法支撑孩子学习提升额外的费用，导致师资薄弱，相比较城市的娱乐性、便捷性、舒适性，就业机会和工资水平，更多的老师是不愿意下乡教学，年轻人不愿意来，来了也留不住人，师资队伍知识严重老化，年龄结构、专业结构、梯次结构不合理现象普遍，美育发展大大受限。加上城乡互联互通不顺畅，城市优质资源下乡缺乏有效联结渠道和承接平台，支持鼓励资本下乡、返乡创业的机制还不够健全，不利于实现乡村振兴与乡村美育"共赢"、城乡美育融合发展的良好局面。

另一方面，农村基层组织力量薄弱，数据调研显示，基础设施和公共存在年龄老化、知识结构不合理等问题，已经严重制约了农村经济发展和美育实施。同时缺乏对村干部和创新带头人的激励机制，目前村干部收入较低，普遍在 1000～3000 元/月，远低于外出打工收入。此外，村干部政治和荣誉方面的待遇少，缺乏激励机制，年轻人普遍不愿意留在村里做村干部，影响了村干部队伍的稳定性，制约乡村"人才振兴"的实施，更加别谈美育建设了。

（三）社会环境阻碍

王佩瑜有句话说得好："世界上没有不喜欢京剧的人，只有还不知道自己喜欢京剧的人。"我也想说世界上没有不喜欢或不接受绘画艺术的人，只有还没开启自我探求自我的人，而且绝大部分人是封闭的，不仅封闭而且是人造的，由内到外都是他人塑造的，这些孩子也是，社会环境可能让他们的内心比较紧闭，缺乏创造性和好奇心，性格比较内向和胆小，对美的追求热情也不高。

同时家庭重视美育程度都不高，父母学历水平较低，对美育的重要性意识不足。部分家长思想封建固执，育儿方式不科学，导致孩子的成长出现心理问题。加上乡村思想解放不够到位，唯分数论的思想还未改变，存在对美育没必要的观念，这种思想根深蒂固，我们只能循序渐进地推进思想建设工作，移风易俗，让美育教育的进行更顺利。

七、结论

最后引用梁文道在讲威廉·退尔时的话：美育不只是一个狭义的艺术教育——怎么画画，怎么唱歌，怎么弹钢琴……不是，而是要透过艺术去陶冶人的性情，培养人的理性，让一个人产生一种人格上高尚的变化，这个就是美育的思想。社会主义美育是为建设社会主义精神文明和培养学生心灵美、行为美服务的。它可以鼓舞学生热爱劳动人民，努力成为社会主义接班人。在乡村由于种种阻碍，让孩子们的成长缺乏思想性与艺术性相结合，祖国在变得繁荣兴盛，但是她们却享受不到，童年中看不到一场电影，也走不到山的外面去看祖国的万家灯火，她们迫切需要我们的帮助去减小教育的差距，不仅仅是美育，还有更多其他的方面。

同时，从许村计划到青田范式、从羊蹬艺术合作社的艺术实践到为乡土振兴的西南田野创作社，从"川西近代史"的安仁古镇到松阳的建筑传奇、从艺术的有限介入到艺术的深度融合，10余年来艺术家们跨越南北地域的乡村实践使艺术进入乡村或者艺术乡建成为一种趋势，并得到不断推动。这种趋势也使乡村审美得到不断推动，进而又反哺了美丽乡村建设和乡村振兴。中国美术学院教授、策展人孙振华说，艺术进入乡村不仅提升了村民的艺术自觉，也将农村传统的生活方式变成了更具现代感的新方式，这也是艺术在乡村审美功能建设中产生的重要作用。

关于湖南省资兴市绿色
发展的调研报告

课题组成员：傅一晨，王开妍，吴晓莉，雷国顺，李杰娥
指 导 老 师：李传斌，焦晓云

摘要： 资兴市是一座因资源而兴的城市，纵观其从煤炭工业重镇转型为绿色生态之城的过程，资兴市都无法离开其丰富的资源。面对煤炭资源枯竭现状，资兴市调整发展方向。近十年来，资兴市围绕东江湖发展特色产业，走出了一条集生态保护与经济发展共赢之路，形成三大移民支柱产业，大力发展生态旅游，并积极开发高新技术产业，成为"绿水青山就是金山银山"实践模式与典型案例。但随着保护生态政策的不断收紧，环境保护与生态发展产生了新的矛盾，高污染第二产业大力清退后转型后劲不足，第三产业发展不充分等问题成为新的瓶颈。面对新的挑战，资兴唯有坚持绿色发展的道路，打造绿色生态城市名牌，优化相关政策，加大集群优势与生态补偿，才能进一步发挥"绿水青山"的魅力，创造新的资兴辉煌。

关键词： 资兴市；绿色发展；生态

一、前言

（一）调研背景

2005 年的 8 月，时任浙江省委书记习近平便提出了"绿水青山就是金山银山"这一重要理论。党的十八大以来，党中央高度重视社会主义生态文明建设，坚持绿色发展，加大生态环境保护建设力度，推动生态文明建设在重点突破中实现整体推进。到本世纪中叶，要建成富强民主文明和谐的社会主义现代化国家，就必须要走出一条新的绿色发展道路。

湖南郴州的资兴市是一座因矿产资源而兴的城市。但随着国家政策转变和资源的枯竭，资兴也悄然发生转变。2008 年，资兴市被列为国家第二批资源枯竭型城市，面对资源日益枯竭的情况，资兴市主动走出一条转型发展之

路。近年来，资兴市始终贯彻落实绿色发展理念，努力探索实践资源枯竭城市可持续发展的转型之路。如今，资兴人在国家倡导绿色发展的背景下，发奋图强、锐意创新，走出资源枯竭型城市绿色蜕变的资兴之路。

（二）调研目的

本次的调研主要有以下两个目的：

一是通过实践了解基层县镇的生态保护与绿色发展情况，深入理解习近平总书记提出的"两山论"以及生态文明建设的重要性，从中探索资兴市党政领导下的道路转变，献礼党的一百周年。

二是探索资兴市从红色革命根据地到煤炭工业重镇，再到如今走上绿色发展道路的历程，重点考察、发现、解决其现阶段绿色发展过程中的问题，聚焦于群众需求与城市发展，从实践中探求解决问题的方法，以期能为资兴市的未来发展及处于转型中的城市提供新思路。

（三）调研对象

资兴市，位于湖南省东南部，是郴州市的下辖县级市，同时也是湘、粤、赣三省交界处。境内东江湖蓄水 81.2 亿 m^3，水域面积 $160m^2$ 左右。库区自 1987 年建成以后，极大地改变了资兴市人民的生产生活模式。作为湖南省重要的林业基地、能源基地和战略水源地，作为三省交界的县级市，资兴市面临着生态保护与经济发展的双重考验。

（四）调研方法

1. 问卷调查法

针对资兴市民与东江湖游客拟制了不同的问卷，在资兴范围内进行发放。采用匿名填写的方式进行调查，了解并征询市民与游客对东江湖发展的意见。

2. 访谈调查法

实践团与资兴水利局等政府部门联系，拟定采访提纲，对政府各部门负责人、典型移民大户、资兴地方党史专家等人进行采访，了解当地绿色发展的现状及红色文化历史。

3. 实地调研法

实践团队全体成员前往东江湖景区，对东江湖旅游发展现状进行实地考察。同时，为了解 1986 年东江水库移民初期及当代生活现状，实践团前往店上移民新村与清江大龙村等地，抽样采访调查了部分移民。

二、"三水林游"的绿色产业发展

自 2008 年被列为资源枯竭城市后，资兴的发展道路发生了转变。资兴一改原有的发展模式，开始走上绿色发展道路，大力发展林、果、渔、工、游等产业，并在东江库区形成"三水一游"（水产、水电、水果、旅游）四大主导产业。

（一）守护东江，生态养鱼

伴随着东江水库建设提供的优质水环境，资兴移民的三大产业中的渔业逐步发展起来。资兴市在 1987 年设立了渔业股份有限公司作为渔业发展的公益类事业单位进行东江湖的渔业检测，引进新技术、新品种并进行养殖的试验示范。同时专门设置了院士工作站，与湖南大学、湖南农业大学等多所高校及中科院院士桂建芳进行合作，进行课题研究与试验，培育新的优势鱼苗。渔业公司除了作为一个公益性的事业单位，还兼具着基层科研任务，也为日后资兴渔业的繁荣奠定了技术与团队基础。在此背景下，渔业公司成功引进太湖银鱼，在东江湖形成优势种群，最早探索出适合当地的网箱养殖模式，在发展成熟后向个体散户进行推广，出现了"万口网箱下东江"的繁盛景象，带动众多移民致富，但这一养殖模式的大面积推广也给东江湖的生态环境造成压力。

如今，国家长江十年禁渔政策出台，资兴的渔业发展面临全新挑战，资兴市政府及库区管理局提供一系列补贴并为渔民提供就业技能培训，开展了"一户一产业工人"培养工程烹调技法和各种早点职业技能培训班，许多渔民开始新的职业生活。而渔民大户在积极应对政策的转变，转换养殖场地与养殖模式，添加增氧设备，调整养殖品种与养殖结构，改变过去以家养为主的常规优势，主要养殖高端鱼苗，如三角鲂、翘嘴鱼、鳜鱼等名贵鱼以弥补成本提升，并且利用合作社优势，帮助转型困难的渔民。

总的来说，资兴市的渔业逐渐平稳，慢慢走上了转型后的全新模式，在发展与保护中找到新的平衡点。

（二）重建绿色，科学育林

改革开放后，资兴市以黄草镇为试点率先在全省实行林业股份制，为资兴高效林业的发展奠定基础；1990 年，资兴市与省林业厅签订了《中国国家造林项目执行协议书》，拉开了发展优质、高产、高效林业的序幕；1992 年，资兴把林业工作重点转移到了大力推广林业科技，加快发展高效林业上，通过开展市院合作，建设林科教工程和充实壮大林业科技队伍，走出了一条科技兴林的新道路。进入 21 世纪以来，资兴市林业发展更加注重生态效益。

如今，资兴市作为湖南省林业十强县（市）和重要的林业基地，拥有天鹅山国家森林公园和东江湖国家湿地公园两个"国字号"品牌，林业实现了总量、质量和效益的"三提升"以推动林业高质量发展。资兴市林业工作中充分运用林木测土配方信息系统，严格按测土配方技术要求指导林农进行科学造林；大力推进低效林改造，大面积完成油茶低改和楠竹低改等，聚焦原有的树林向经济林转型。

此外，资兴市充分利用森林资源优势，努力调整产业区域结构和林产品结构，大力发展林下经济、森林旅游、竹产业等绿色富民产业，逐步形成林果、林药、林蜂等森林旅游产品。同时，资兴市全面实施景观绿化改造，建设"美丽资兴"。

（三）因地制宜，绿色种植

1986 年东江水库建成后，资兴市依托山水优势，在较平缓的山地、丘陵区种植果树与茶叶，一改往昔主要依靠水田进行农业生产的局面。

东江库区水果种植采取移民局统一规划的方式，通过对土壤、温湿度、降水等指标的测定和移民的自身原因规划果园，同时与湖南省农科院合作，传授农民果树种植技术，而后以合作社的形式将果农集中起来。由此，大多数移民果园形成了高标准的鲜果种植方法，发展生态果业。由合作社社长带头，实施精品果园建设、低产园改造，采取假植大苗节水灌溉、推广应用频振式杀虫灯和胶粘式杀虫板。果实成熟后，合作社贯彻落实"采购做减法、销售做加法"的经营模式，统一对外推广宣传，提高产品竞争力。与此同时，实行兜底收购，保障社员的基本收入，采取不强制收购的办法，给予果农很大的自主性。与果园经营模式相似，茶园也进行着合作社的生产和管理模式，统一进行规划，实行因地制宜的茶叶种植方法。

东江库区的水果种植有着科学的田间管理方法。移民办、农业局等政府机构对果农进行统一的技术培训，按照作物的生长周期和要求，按时派出农艺师直接前往村庄、下到果园对农民授课。2015 年，东江库区柑橘园经历了大面积的溃疡病，染病的植株高达果园总数的 95%。危急时刻，市移民办组织农民统一采购农药，领导村民统防统治，挽救了整个果园的经济利益。在近年来的木虱病防控中，郴州市农业局要求每个果园设立负责监测病虫害的果农观测员一名，并要求其每周检测记录，发生病害及时上报，再派出专业人员对果树进行检测，形成科学的防治办法并下发农民实施。

（四）以水为媒，激活旅游

资兴市的生态旅游依托东江湖逐步发展，从无到有，由弱到强，并逐步发展到如今的以"水"生态文明为特色的全域旅游，不断探索绿色发展的经验模式。同时，资兴市实施"旅游+"和"+旅游"工程，逐步形成了观光旅游、民宿旅游、乡村旅游、体验旅游等旅游模式。在此基础上，资兴市努力为游客提供良好的景区设施与环境，提升景区硬实力，打造了多个国家级旅游景区。资兴市的生态旅游业逐渐成为资兴市的重要支柱产业。

据此次调研团队关于游客对东江湖印象的调查问卷中，有 97.72% 的游客对东江湖景区总体印象达到满意及以上，其中很满意的占比 33.55%。同时，有 86.64% 的游客是以休闲观光的目的来到资兴，表明资兴市打造休闲度假旅游的战略是正确的且成效颇丰的，受到广大旅客欢迎。

通过游客对景区满意度的回答情况来看，近几年来景区设施是在不断完善的，品牌打造也是有所成效的，其中以景点风光最为显著。在诸多特色景点中，雾漫小东江最为游客喜爱，进一步说明东江湖景区的宣传、环境景观保护工作落实到位。

（五）产业转型，助力可持续发展

至 20 世纪 90 年代中期，资兴煤炭年产达 340 万吨，生产能力和产量规模达到最高峰，资兴成为湖南省重点能源基地。2007 年，资兴市煤炭及其关联产业占资兴全市经济 GDP 总量的七成，财政收入的一半以上来自煤炭及其关联产业。湖南三大煤炭矿务局之一的资兴矿务局就坐落在三都镇，但因长期开采，资兴煤炭资源日趋枯竭，发展也陷入困境。资兴矿务局和 10 多个镇村煤矿先后改制关闭。随后资兴市委、市政府科学谋划，借力国家资源枯竭城市转型战略部署，按照绿色可持续发展思路，一边提升传统产业，一边探寻转型发展的新路子，确定了"生态立市、开放活市、产业强市、文化兴市"四大战略思路，着力打造景区、园区、城区、现代农业示范区等"四区"，推动经济社华丽转变，实现了从资源枯竭城市向绿色新兴城市的蜕变。随着资兴市矿区的改造和关停，资兴市努力使工业经济发展从"地下"向"地上"、从"黑色"向"绿色"、从"冒烟"向"无烟"转变。

近年来，资兴以生态文明建设为抓手，积极推进资源枯竭城市转型，促进"黑色经济"转型"绿色经济"，被纳入国家可持续发展先进示范区、国家重点生态功能区，实现成功转型。

三、资兴市绿色发展过程中面临的问题

（一）乡村建设问题：城乡发展差距大，乡村青壮年劳动力流失严重

资兴市作为湖南南部的县级市，经济发展水平不高，城乡发展差距大。在对资兴市东江库区农民的访谈中，他们多次表达了劳动力人口老龄化的问题，移民中约有1/3果农、茶农在60岁以上。东江湖库区管理局对移民子弟采取鼓励政策，奖励考上大学、专业技术学校的学生回乡就业。然而，进入各大城市高校学习的大学生很少返回资兴市乡村从事第一产业。这些都造成了资兴市农村劳动力流失严重和人口老龄化的问题。低质量农产品产量大，高质量农产品产出不足，市场"供过于求"和"供不应求"，资源浪费大，农民收入低。此外，农业生产周期长、成本高、效益低的特点以及农业生产的不确定性也使青壮年劳动力不愿留在农村。

（二）平衡问题：生态环保政策收紧，中小企业发展困难

环保与发展的问题一直是资兴市发展中需要平衡的重点问题，而随着近年来生态环保政策愈加收紧，资兴市原有的稳定产业也正面临着转型。

就渔业而言，受十年禁渔政策影响，以前遍布的网箱全部退出东江湖；又受到严禁动用农田地规定的影响，无法改田为塘，并且转型起步阶段需要大量尝试，支出增多，收入锐减，因此一些养鱼大户也面临着破产、转行转业的风险。而在林业方面，政府下发的文件明确表示禁砍禁伐，没有了树种，砍伐规模受限，使得一些制纸企业也面临着发展困境，出现了生产资料不足、发展资金见底等问题。

（三）产业结构问题：第三产业发展不充分

资兴市在生态城市建设和发展的过程中，第一、第二和第三产业的比重仍然存在不合理的地方，影响了经济社会的可持续发展和进一步的跨越发展。

第三产业是资兴生态城市建设中的重点，虽然近年来有所发展，但无论其比重还是产值都能不能大幅度增长进而成为资兴经济的支柱。主要存在的问题有：旅游业发展受季节影响大，东江湖景区每年夏季接待游客最多，其他

季节相对较少；红色旅游发展还充分，资兴市红色旅游资源虽然丰富，但由于宣传力度不够、交通不便利、景点之间联系不强等因素，红色旅游未能形成完整的体系和响亮的名片，目前主要还是依靠东江湖为中心的生态旅游。

（四）产业配套问题：高新技术产业配套设施建设不到位

从三次产业上来讲，资兴市在陆续关停其境内的矿产企业后，除去前文所提到的以东江湖为核心的旅游业外，其已经面临中国内陆山区城市所共有的问题：农业比重在其经济中占据了主导地位，特别是近年来随着上文所提到的长江十年禁渔期等政策的实施，其农业内部结构亦呈现了单纯以林果业为主的极不合理的状况。这对于资兴市走绿色发展的道路是极大的挑战。

面对这一严峻挑战，近年来资兴市也做出了一系列努力，但从上文的数据来看，这显然是不够的。就大数据产业而言，可以看到资兴市是具有较大发展优势的，但实际情况却是产业园建起来了，但配套设施却不完善，园区内更是缺乏大数据产业中的龙头企业落地。而这便是资兴市目前且在未来发展中应思考的主要问题：如何在技术科技条件已经得到较大发展的今天利用好先进的技术手段，盘活其境内第二、三产业，在绿水青山与金山银山之间架起桥梁，利用好其境内的优势资源，通过长远的战略眼光、科学的谋篇布局、绿色的产业调整、全面的技术升级将绿水青山变为金山银山。

四、资兴市绿色发展的建议

（一）乡村振兴：建设美丽乡村，提高乡镇居民生活水平

面对资兴市城乡发展不平衡及乡村劳动力流失的现象，资兴市政府应加快完善基础设施建设，提高乡村环境舒适度。

针对乡村占比较大的农业，我们认为应注重发展高质量农业，增加农民收入。利用人工科学管理与种植，生产高质量农产品，面向城市高端市场，形成稳定的供求，从而提高农产品收益，增加农户收入。同时，鼓励农民创新，将新型技术、新型管理、新型耕种的方式运用到农业实践中。除此之外，第一产业在工业化社会中的占比逐渐缩小，其产量、产能均有限，鼓励农民兼业第三产业，提高农民收入的稳定性及其总值，促使农民富起来。

（二）政策扶持：加大生态补偿力度

针对目前中小企业转型困难问题，首先需要实施政策扶持，加大对相关

中小企业的政策优惠力度，在特殊情况下可适当降低企业的市场准入门槛，具体来说加大对因生态保护政策而被迫转行或转型企业的资金支持，加大生态补偿力度，让企业负责人在银行贷款中能"贷得到款、贷款有优惠"。增加渔业中养殖户的运营成本补贴。

（三）红绿结合：优化全域特色旅游，推动第三产业深入发展

资兴市目前仍存在产业结构未优化，第三产业发展仍然不充分的问题，针于此，生态旅游可以结合流量，打造品牌节日，利用湖南省长沙市的媒体优势，运用承办综艺节目等方式打响知名度，讲好资兴绿色故事，大力开发特色休闲度假和专项旅游产品。

其次，挖掘资兴市丰富的红色资源，将红色景点路线化、体系化。资兴市需要充分发挥生态旅游对红色旅游的带动作用，依托现有的生态旅游资源和游客群体，逐步联动资兴全市或郴州市及周边各省市，引导游客体验红色旅游，打造开发全域旅游，形成红绿旅游联动发展。

（四）利用水库优势：承接大数据产业，打造云上互联经济

在沿海产业迁移的大背景下，资兴市的区位地理优势较为明显，同时资兴拥有丰富的水电资源，因此资兴市应全面深化创新改革，着重在强化产业引导、支持企业创新和品牌创建、扶持小微企业做大做强等方面支持产业发展。积极承接大数据产业，大力打造大数据产业园，努力打造资兴云上互联经济。

除此之外，资兴市要明确其产业转型升级的方向，在承接产业的过程中有意识地进行选择，围绕工业转型升级主线，大力实施"传统产业提升计划"和战略性新兴产业实施"倍增计划"。在资兴市内要淘汰一批高污染产能，以高新技术手段改造一批落后产能，同时针对省外，吸引一批新兴产能，并在条件允许范围内深化产学研合作实现高效、智能化的发展。

五、结语

总的来说，十八大以来，资兴市在产业转型和绿色发展中都做出了较大努力，并取得了一定的成效。但是，在资兴市取得这些成就的同时，我们也看到资兴市在发展中所存在的一些不足。地方财政以及政策对于产业转型的支持力度不足、产业结构性失衡、绿色产业发展缓慢等都成为了资兴市现阶段发展所必须突破的瓶颈，可持续发展是一项长久的系统性工程，需要我们

几代人的共同努力。当然资兴的现状和未来还有许多方面值得探究，也还有更多的可能性，还需要持续的关注。

在下一个十年，让我们期待见到环境更加美好、人民生活更加幸福的资兴！

参考文献

［1］吴学智，曹方莉，陈永华．资兴市林业生态建设规划探析［J］．河北农业科学，2009，13（5）：122 – 123，143.

［2］李学文．湖南省资兴市林下经济发展现状问题及对策［J］．农业与技术，2015，35（3）：76 – 78.

［3］戴冬香，曹慧玲．东江湖乡村休闲旅游发展研究［J］．旅游纵览.2018（16）：145.

［4］陈雪骅，肖敏，雷卫兵．三岔口：资源枯竭城市转型出路［J］．国土资源导刊，2009，6（4）：44 – 47.

［5］中共中央文献研究室．习近平关于社会主义生态文明建设论述摘编［M］．北京：中央文献出版社，2017.

［6］《资兴年鉴》编辑部．资兴年鉴（2019）［M］．成都：四川科学技术出版社，2020.

后 记

　　《湖南师范大学大学生 2021 年暑期社会调研报告荟萃》由湖南省高校思想政治工作创新发展研究中心（湖南师范大学基地）、湖南师范大学马克思主义学院和团委共同牵头，各二级学院协同组织大学生利用暑假深入社会调研撰写而成的成果。

　　大学生们坚持实践活动开展与理论成果撰写相结合，紧紧围绕"学习党史·牢记初心使命"庆祝建党 100 周年活动、"聚焦乡村·勇担时代重任"科教文卫下乡活动、"深入群众·共话党政时事"红色论坛进农村、进社区活动、"着眼基层·关注民生百态"大学生国情考察活动、"守护蓝天·共创美好家园"共建绿色文明家园活动，形成了 250 余篇调研成果。

　　2021 年 10 月 26 日，校团委和马克思主义学院联合举办了暑期大学生社会实践调研报告评审会，评审会由王辉副校长担任组长，马克思主义学院副院长谭吉华主持，校团委书记龚舒（时任）、副书记周旺蛟、胡滢，马克思主义学院党委书记陈红桂、副院长刘先江等 10 位老师参加评审。经专家盲审会审后，从中精选出 27 篇编辑出版。杨果、瞿理铜、焦晓云、邢鹏飞、罗薇、杨蕾 6 位教师又对 27 篇调研报告的修改完善进行了精心指导，整个调研报告荟萃最终由谭吉华、龚舒定稿，曾默为老师负责出版相关工作的推进。湖南师范大学出版社社长吴真文、编辑孙雪姣给予了大力支持，在此一并致以诚挚的谢意！

湖南师范大学马克思主义学院

共青团　湖南师范大学委员会

湖南省高校思想政治工作创新发展研究中心（湖南师范大学基地）